色史
本历

————— 不知历史者，无以图未来 —————

中国古代改革家丛书

华夏第一相
管 仲

史海渔夫◎著

中国铁道出版社
CHINA RAILWAY PUBLISHING HOUSE

图书在版编目（CIP）数据

华夏第一相——管仲 / 史海渔夫著 . —北京：
中国铁道出版社，2017.3
ISBN 978-7-113-22641-1

Ⅰ . ①华… Ⅱ . ①史… Ⅲ . ①管仲（？－前645）－
传记Ⅳ . ① B226.1

中国版本图书馆 CIP 数据核字（2016）第 312974 号

书　　名：**华夏第一相：管仲**

作　　者：史海渔夫　著

责任编辑：刘建玮　　　　　　　　电　　话：（010）51873038

装帧设计：天下装帧设计　　　　　电子信箱：liujw0827@163.com

责任印制：赵星辰

出版发行：中国铁道出版社（北京市西城区右安门西街 8 号　邮编 100054）

印　　刷：北京鑫正大印刷有限公司

版　　次：2017 年 3 月第 1 版　　2017 年 3 月第 1 次印刷

开　　本：710mm×1000mm　1/16　印张：15　插页：1　字数：240 千

书　　号：ISBN 978-7-113-22641-1

定　　价：36.00 元

距今两千七百多年前的中国，正处于东周春秋时期。此时的华夏大地上，周室王权逐渐衰落，诸侯的违礼僭越逐渐公开化，各自为大，基本不再定期朝拜周天子。孔子谓之"礼崩乐坏"。

王权衰落，使春秋时期出现权力真空，形成诸侯争霸的局面，天下乱成一锅粥；礼崩乐坏，导致人们价值观念和道德观念的混乱，引发了旧有秩序的改体。

这样的时代自然是乱世。

乱世虽然往往伴随着食不果腹、衣不蔽体、居无定所，然而乱世却又是出英雄的时代。春秋前期的齐国，就出了这么一位惊天地、泣鬼神，扭转乾坤，改变中国历史的英雄。时至今日，华夏之生灵，仍然在沐浴着这位历史人物的恩泽。诸多我们今天耳熟能详的国策，如关税协定、招商引资、盐铁专卖、物价政策以及商战等，很多都出自他的首创。假若没有这位人物的出现，没有这位人物的变革，中国的历史很可能就是另外一番模样。

这位大名鼎鼎的英雄人物，就是中国古代著名的经济学家、哲学家、政治家、军事家，有"圣人之师""华夏文明的保护者""华夏第一相"之誉的管仲。

管仲生于公元前 721 年，卒于前 645 年，在他七十多年的人生岁月中，他精心辅佐齐桓公，内修国政，外图霸业，通过不懈的努力，终于使国富军强、人民安居乐业的齐国称霸于诸侯，实现了自己的人生理想和政治抱负。同时，他因时制宜，打出"尊王攘夷"的旗帜，保护了中原经济和文化的发展，为华夏文明的存续作出巨大贡献。时至今日，管仲仍受到人们的景仰。

管仲居相位四十余年，除了政绩斐然，还为后人留下了诸多思想遗产。"仓廪实而知礼节，衣食足而知荣辱"；"礼义廉耻，国之四维。四维不张，国乃灭亡"；"政之兴，在顺民心。政之废，在逆民心"；"凡治国之道，必先富民"；"善人者，人亦善之"……这些伟大的思想，已成为中华文化的瑰宝之一，至今仍闪耀着不朽的光辉。

　　本书在尊重史实的基础上，以真诚的笔触、风趣的语言，全面演绎了华夏第一相管仲波澜壮阔的传奇一生，希望能带给您不一样的阅读感受和人生感悟。

管仲大事年表

前 721 年　管仲出生。

前 698 年　管仲、召忽成为公子纠的老师。

　　　　　鲍叔牙成为公子小白的老师。

前 692 年　鲍叔牙和公子小白投奔莒国。

　　　　　管仲、召忽和公子纠投奔鲁国。

前 686 年　齐襄公打猎时跌伤，不久去世。

　　　　　公孙无知篡位，不久被杀。

前 685 年　公子小白即位为齐桓公。

前 684 年　齐桓公不顾管仲反对，率兵伐鲁而败。

　　　　　齐桓公拜管仲为相。

　　　　　管仲开始对齐国进行大规模变革。

前 681 年　齐国与宋、陈、蔡、邾等国在北杏会盟。

前 680 年　齐鲁两国在柯地会盟。

前 679 年　齐国德威并举，使宋国归服。

前 670 年　齐桓公与鲁庄公结成联姻之好。

前 667 年　齐桓公在幽地会盟诸侯。

前 664 年　齐国讨伐山戎，历时一年，凯旋而还。

前 656 年　齐国组成八国联军，南下讨伐楚国，后达成召陵之盟。

前 651 年　齐桓公在葵丘会盟诸侯。

前 645 年　管仲去世。

前 644 年　鲍叔牙去世。

前 643 年　齐桓公去世。

书中主要官职注释

县 尉：主持一县的治安和士卒训练的官员。相当于现在的县公安局局长。

邑 官：相当于后世的县丞，约同于现在的县长助理或县政府办公室主任。

圉 人：掌管养马放牧等事的官员。

司 寇：行使司法权的官员，类似于现在的法院法官。

上 卿：春秋时的高级长官，分为上、中、下三级（即上卿、中卿、下卿）。上卿约相当于后世的丞相（宰相）。

大 夫：春秋时期，诸侯国中的爵位一般分为卿、大夫、士三级，各级又分为上、中、下三等。一般指称的大夫多指大夫中的中等，大体相当于现在的厅级干部或副部级干部。

太 傅：又称太子傅，即太子的老师。

大行令：掌管少数民族事务的官员。职位相当于现在的部长。

大司田：掌管农务的官员。相当于现在的农业部部长。

大司马：掌管军事的官员。相当于后世的"天下兵马大元帅"，现在的"武装部队总司令"。

大司理：掌管狱讼刑罚的官员。相当于现在的最高法院院长。

大谏官：对君主的过失直言规劝并使其改正的官吏。

亚 相：官位仅次于相国的大臣。相当于现在的副总理。

卿 士：周朝官名，是三公、六卿的通称，为周王室执政之官。

千夫长：古代武官名，指可以指挥千人部队的长官，约相当于现在的团长。

Contents

目录

第一章 乱世中长大的不屈少年

"不合时宜"地来到了世上

每个人都不能选择自己的出生。管仲当然也不例外。当他呱呱坠地时，迎接他的，除了父母的欣喜外，还有一份生活的无奈……

前 721 年的冬天，不知什么原因，天气出奇地寒冷，千里淮北平原覆盖着一层厚厚的积雪。横亘在广阔原野上的颍河（发源于河南嵩山，为淮河最大支流），也失去了它那往昔潺潺的流水声，静静地睡在软绵绵的白絮里。

有道是"人间万苦人最苦"。天气再冷，村民们也不敢稍有懈怠，天刚蒙蒙亮，就纷纷起床到田间忙活。只是在劳作的同时，他们也有一搭没一搭地闲扯着：

"这才刚入冬，天就这么冷。是不是又有什么灾祸要降临了？"

"灾祸？天塌还是地陷？我看啦，一定是有个大英雄要降生在咱们这个地方了。"

"何以见得？"

"天不欺人。老天有颗怜人的心，不会让苍生永远悲苦的，一定会降生一个非凡的人物来拯救我们。"

……

就在人们有一搭没一搭的或抱怨或哀叹或乞求声中，颍河岸边颍上（今安徽省颍上县）的偏僻山村管家庄里，突然传来一声又一声女人的惨叫。

声音是从一家矮小破旧的茅屋里传来的。村民们的心不禁提到了嗓子眼儿，不知道接下来会发生什么事。过了一会儿，茅屋里又传出了一阵婴儿响亮的啼哭声。人们这才放下一颗久悬着的心，纷纷扬扬地议论开来："管家的媳妇生了？"。

邻里相帮向来是中国人的传统，何况生孩子也不是一件小事。村里的女人们放下手中的活计，纷纷拥向管家，一边帮忙，一边道喜。可是，当人们见到管家的破落相时，欣喜之余又不免为这个家庭的未来发愁。多个孩子多张嘴，这管家以后的生活可如何是好啊？

让人略感安慰的是，这个孩子的哭声似乎预示着他有一个别样的人生——生下来就会哭，本是每个婴儿的天性，说明孩子是健康的。可是，这个孩子的哭声特别洪亮，简直是如雷贯耳，这就显得有些与众不同了，似乎他在用自己的哭声向人们宣布：我来了，一个与你们不同的人来到了这个世界……

就在这个管家孩子出生的同时，一个衣衫褴褛的中年人，正迈着疲乏的步子走在村头的小路上，一个大大的背篓压在他的背上，几乎把他整个人都遮盖住了。当响亮的婴儿啼哭声从远处传来时，他停下了脚步。当他确定哭声是从自己家的破茅草屋里传出的时候，脸上的愁云即刻被喜色和惊讶冲淡。他几乎是一路小跑地向家门口奔去。

这个中年男人名叫管严（一说管庄），是这个刚出生婴儿的父亲。天还未亮他就背着背篓去山里捡拾柴禾去了。因为天冷，老婆又快生产，他必须要捡到足够的柴禾来取火御寒。当他气喘吁吁地赶回家，顾不得喝上一口水，就直奔床前。当他看到母子平安时，才安心地放下背上的柴禾，然后抱起刚出生的婴儿。

这是一个男孩。管严细细端详自己的儿子，只见他长得如粉雕玉琢一般，而且天庭饱满，相貌堂堂，很是招人喜爱。

"这孩子长相非凡，哭声洪亮，说不定将来会有出息的。就叫他

'夷吾'吧。"管严一边把孩子交还给老婆，一边喜滋滋地说着。

躺在木板床上的女人，尽管产后虚弱，却仍然洋溢着一脸的幸福。

我们知道，"夷"有"消灭"的意思，如"夷其三族"；而"吾"就是"我"。那么，管严给自己儿子起名"夷吾"是什么意思呢？莫非这个名字的用意和孔子的弟子"宰予"之意相同——起个贱名好养活？

也许吧。

其实，想想也是，就算在今天，普通人家养个孩子又谈何容易，何况在两千多年前一贫如洗的管家，更别说那时医学是如何落后。因此古时的人们往往喜欢给孩子起个贱名，如"李狗儿""刘化子"等，以便能顺顺当当地将孩子养大。又由于管严之前已经有了一个儿子，按照中国古人的习惯，管家这个二儿子通常又被人们称为"管仲"，其意大抵如今天我们称呼某人为"王老二""张二"一样（为了阅读和行文的方便，若无特殊情况，后文一律以"管仲"称之）。

小管仲的出生给父母带来了片刻的欣喜，而接踵而至的便是无尽的烦忧——本就吃了上顿没下顿的贫穷之家如今又添了一口人，日子该怎么过下去呢？

作为一家之主的管严不住地叹息。

其实管家原本也辉煌过。他们的祖先是姬姓的后人，与周王室同宗。管严本人也曾在齐国为大夫多年，只是一直不被当时的齐庄公吕购所重视。

前746年，晋文侯去世。因为晋文侯曾经对周王朝有过贡献，他去世时，各诸侯国均要派使者前去吊唁。齐国便派管严作为使者前去。晋国当时的太子姬伯在与管严交谈中，深感管严学识渊博，因此很是看重他。当太子得知管严丧妻多年却未续弦时，不由感叹：齐庄公身边美女如云却舍不得赐一位给管严，可见君臣关系不怎么样。于是，趁酒酣耳热之际，晋国太子将一美女赐予管严为妻。

管严推辞不掉，加之自己又正值盛年，总不能一辈子都抱枕入眠吧，也就恭敬不如从命，带着这位美女回了齐国。

身边多了一位美丽的新妻，管严是高兴了，齐庄公的脸上却挂不住

了。当他得知美女的来历后，心里老大不痛快，由此更加疏远管严，还时时给他"小鞋"穿，最后干脆找了个理由剥夺了管严的家产，并将他赶出齐国。无奈之下，管严只好带领家人回到了颖上老家。

在老家偏僻的小山村，管家虽然耕种了 4 亩多田地，但由于税收很重，交了税就剩不了多少粮食了，每年冬天一过，穷得连锅也揭不开，更别说养育儿女了。因此，管严曾一度有将管仲送人的打算，但在妻子的哀求声中，他又于心难忍。

此后，为了维持一家人的生计，管严除了耕种自己的土地外，大部分时间还需要去富人家做帮工。他的妻子则整天纺线织布，应付官府的苛捐杂税。虽然夫妻俩终日劳碌，却还是连温饱问题都难以解决。

小管仲就是在这样的环境中"不合时宜"地来到了世上。

童年，不只有辛酸

管仲的童年时光无疑是辛酸的，衣不蔽体、食不果腹是他生活的常态。然而，他又是幸运的，因为他有一位颇有见识的母亲……

日子难过还是得日日过。在管严夫妻俩没日没夜的操劳中，小管仲渐渐长大了，他长得眉清目秀，一双又大又亮的眼睛，炯炯有神，用今天的话说，简直是"小帅锅一枚"；而且还聪明过人。管仲深得亲戚朋友、东邻西舍的喜爱。

时光飞逝如电。小管仲很快就长到了 7 岁，邻居们都劝管严夫妇给孩子请个老师教他学文习字。管严的心里又何尝不想呢？但有想法不等于有办法，他只能苦笑着说："这年头，吃上顿没下顿的，哪还能请得起老师啊？还是让他种地吧！"

每逢田间劳作时，管严总是带着管仲。小管仲虽然时常穿着"走光"的衣服，不露胸脯就露出大腿，也时常饿得肚子咕咕叫，但他似乎不以为然，而是对田间地头充满了好奇，对什么事都感到新鲜，总爱打破砂锅问到底，看到什么问什么。比如，春天庄稼为什么是绿的？到秋天为啥又变黄了？天上的小鸟为什么会飞？牛羊为什么吃草不吃肉？猫狗为什么吃肉不吃草？月亮为啥有时圆，有时又缺少一块？……这些，父亲倾其所有给他解释，有时也说不知道。父亲不知道的，小管仲就去问别人，直到弄明白为止。对于问题的答案，他都牢牢地记在心里。

秋后，众人要将收获的粮食交给官府。管仲不明白，问父亲说："自家种的粮食，为什么要交给他们？"父亲要去官府服徭役，他总是不让父亲去，说："为什么要给他们干活？"在管仲幼小的心灵里，对这一切很是看不惯。他曾咬牙切齿地当着父亲的面说："你把粮食交给了他们，我长大后，不但不交，还要叫他们把粮食还给我们。"

父亲听了儿子的这些话，想想自身的遭遇，又怕隔墙有耳，因此免不了要训斥他一顿。

母亲非常疼爱儿子，听到管严训斥他，便总是把管仲拉到一边，悄悄地说："孩子，等你长大了，一定不能像你父亲那样只懂得忍气吞声。娘希望你快些长大，当个大官，顶起管家的门户来。"

望子成龙、望女成凤，乃父母天性。在今天，我们知道，虽然这种天性有时也难免夹带着许多非理性的成分，有的还由此带来了让人痛彻心扉的人间悲剧。但也有无数的事实告诉我们，凡事不可绝对，为人父母的这种天性似乎也不应该一棍子打死。至少，管仲母亲对儿子的殷切期望，使管仲从小就树立了一个远大的抱负。这种抱负不能说与他日后的成功没有丝毫关系。

——人们不是常说"人生因梦想而精彩""目标是人生的灯塔"吗？

当然，有了抱负和志向并不能必然导致成功，只有正确的引导才能为它们装上飞翔的翅膀。

管母就做得不错。

一次，管仲跟母亲去挖野菜，他望着南飞的大雁问母亲："现在大雁为什么又往南飞？要飞到什么地方去？"

管母耐心地告诉他，要飞遍五湖四海，飞到天涯海角。

管仲听了，感慨地说："做个大雁多好啊，能飞千里之外。"

管母听了心里非常高兴，说："做人嘛，就要像大雁那样，具有鸿鹄之志，展翅千里；不要像家雀，绕梁旋转，离不开那一亩三分地。"母亲的话语，说得管仲不停地点头称是。

管母还是个有见识的人，她经常给儿子讲大禹如何治水、武王如何伐纣、周幽王如何亡国等故事，教育管仲要做个有用的人，要做个为民造福、顶天立地的英雄。

母亲讲述的故事，管仲都愿意听，而且还经常加以评判。有一天，管母给他讲了"郑庄公掘地见母"的故事。故事说，郑庄公出生时母亲难产，他的母亲姜氏于是厌恶他，而爱他的弟弟段，便千方百计要让段代替庄公。庄公设计，逼段兵败自刎，并发下誓言，与其母"不及黄泉，勿相见也"。"黄泉"即中国人所谓的阴曹地府，此言的意思不言而喻。但母子亲情岂能轻易断绝，因此庄公不久后就后悔了。但"君不戏言"，而且还事关君王的"面子"问题，该怎么办呢？大臣颍考叔说："这好办。我们可以掘地道至泉水出，筑成甬道和庭室，在那里，你们母子不就可以见面了吗？"庄公深感此法妥当，就委托颍考叔办理此事。于是颍考叔迅速行动，在京襄城（今河南荥阳东南）很快挖成了一个地道，请庄公和母亲在那里见面。母子二人见面后抱头痛哭，从此言归于好。

讲完这个故事后，管母问儿子："如果你是郑庄公，该如何处理？"

管仲说："郑庄公很聪明，他弟弟段要推翻他，抢他的君位，他设计逼段自杀，这样做很对，比他亲自杀段效果要好得多，可对他母亲的做法就不妥当了。他母亲是有过错，不该因为她的喜恶，干预社稷大事，可母亲就是母亲，郑庄公当上了国君也还是他母亲的儿子。因此，他立下黄泉才见面的誓言就不对了，做得太绝情。好在他能知错，但改正错误又羞羞答答的，端着个国君的架子放不下。要是我，知道自己说错了，马上改过来就是了。"

母亲又惊又喜，笑道："儿子呀，看来你以后真会有出息的。"

在母亲的谆谆教诲和循循善诱中，小管仲越来越懂事。他除了种地以外，对于养牛、养羊、养蚕也都很精通，还经常帮助父母干些力所能

及的活儿。

此外，他还经常拿着父亲的宝剑，在房后、河边或者树林里挥来砍去，练习进攻和防守的技巧。对于父亲打猎的弓箭，他也爱不释手，从小就学着拉。起初由于力气小，怎么也拉不开，他就刻苦地锻炼臂力，用手掌托十几斤重的大石头，不停地举起又放下。等到可以拉开弓箭后，他在房屋的墙上画上了很多圆圈，当作靶子，一有空就练习射箭。久而久之，房屋的土墙壁被他射得到处都是窟窿。起初父亲也没在意，后来见到屋墙被射得乱七八糟，才狠狠地训了他一顿。从此，他再也没有在墙上射过，就以树叶、小鸟当靶子。后来他射得很准，树上的小鸟，一箭就能射下，以至于村里的人见到他，都会竖起拇指给他点个"赞"，夸他有百步穿杨的本事。

还有一个传说，管家所在村庄的后山上曾居住有一位隐者。他于山中筑庐而居，从不以真面目示人，也少与世人来往，以至于人们都不知其真面容。

一天，管仲上山打柴，因遇大雨而避于老者庐中。交谈之中，隐者察觉到这位少年谈吐不凡，是个不可多得的可造之才，便主动向管仲提出，愿以平生所学倾囊相授。

管仲大喜过望，立即回家禀报父母，然后定期入山中向隐者求教。三年之后，尽得隐者真传。兵法纯熟，武艺超群，尤其是箭法，更是神出鬼没，出神入化。

忽然有一天，管仲又至隐者幽居之庐中，却已是人去庐空。这位神秘的隐者就像天上的一片浮云，飘然而来，飘然而去，无人知其行踪。

在管仲求教的三年中，隐者从不道姓名，也不许管仲询问。师徒一场，管仲竟不知恩师姓甚名谁。他一连几天上山等候，终不见恩师归来。知其再也不会回来后，便只好怀着无比眷恋的心情，下得山来。

传说虽然可信度不高，但它至少从一个侧面说明，管仲之善射应当是可信的。但是否真能百步穿杨，就很难说了，否则，中国的历史或许就会改写了。

就在管仲学习武艺的同时，他也到了读书识字的年龄。可是那时没

有学校，识字的人很少，况且他家里又是这样贫穷，找个老师就更困难了。因此，管仲只能每天看着别人背着书包欢天喜地地上私塾，而自己却只有羡慕的份儿。

管家庄北面三里处的鲍家庄有个孩子叫鲍叔牙，聪明伶俐。管仲和他在一次下河捕鱼中相识，由此结为朋友，经常在一块玩耍，十分要好。

鲍叔牙与管仲同年出生，只是小几个月。两家相距很近。鲍家虽然不是大户人家，但比管家富裕得多。

一天，得知鲍叔牙要去念书了，管仲很是羡慕，回到家给母亲说了自己的心愿。母亲也想让孩子念书识字，可是怎么能拿得起学费呢？所以一直也没敢给丈夫提这件事。

无学可上的管仲仍然在家做些杂活，有时练练武艺。但只要鲍叔牙一放学，管仲就去找他玩。有时鲍叔牙不能按时回来，管仲就去接他，因为鲍叔牙上学的地方离村子有好几里的路程。

每当鲍叔牙放学回来，管仲就问他学了些什么功课，叫鲍叔牙把这些功课教给他。后来干脆在晚上把鲍叔牙的书拿回家中，抄写一夜，第二天一早再送给鲍叔牙。

就这样，鲍叔牙白天学，管仲夜里学。两年过去了，管仲的字写得很工整、秀气，学习的成绩也超过了鲍叔牙。

一次，管仲让鲍叔牙帮忙把自己做的作业带给老师看。老师一见，赞不绝口，说："这是个有才华的孩子，为什么不来念书？"

鲍叔牙回答说："他家里很穷，拿不起学费。"

老师听了，不由自主地摇头叹息说："可惜啊！人才！贫穷埋没了多少人才啊！"他想了想，走到鲍叔牙跟前说："你明天就把管仲领来念书吧！"

鲍叔牙知道老师爱惜人才，但他还是不无担心地问："老师，管仲家里很穷，他拿不起学费啊？"

"没关系的，明天就叫他来吧！"老师认真地说。

鲍叔牙高兴极了，放学后直接跑到管仲家告诉了他。突如其来的喜讯让管仲兴奋得差点儿蹦上了天。他一溜烟地跑到母亲跟前，上气不接下气地说："明天我要和鲍叔牙一块去念书啦！"

母亲愣愣地看了看他，转身自言自语说道："唉，这孩子想读书都想出毛病了……"一边说一边偷偷地抹了抹眼睛。

管仲急忙解释说："真的，是老师让我去的，是不收学费的。"

"哪有那么好的事啊！上学还能不交学费？"母亲还是不信，伸手摸了摸管仲的额头。没发烧啊，这孩子今天是怎么了？

鲍叔牙拉住管母的手，立即把事情从头至尾说了一遍，管母这才相信了。管严听说这件事后，也很高兴。二人商量后，决定第二天由管母领着孩子一块去拜见老师。

这天晚上，管母几乎一夜没睡。她把管仲的衣裳补得整整齐齐，第二天一早就领着管仲去拜见老师。管仲向老师使劲地磕了一个头，算是给老师的见面礼。

从此，管仲就和鲍叔牙一同上学了。这一年，他9岁。

进入私塾的管仲深知学习机会的来之不易，因此学习很刻苦。无论刮风下雨，还是严寒酷暑，他从不旷课，也没有迟到和早退，每天放学回家，都学到深夜。

人们常说：字如其人。古时的人们对写字更是讲究，常常通过一个人写的字来衡量这个人有没有才华。管仲也知道这个道理，于是便倍加刻苦地练习写字，每个字都写几十遍，往往使得手臂酸疼。有付出自然会有收获。管仲的字在私塾学生中写的是最好的。

不光是字写得棒，管仲对于老师讲授的各种知识，都用心思索，博学强记。因此，他的学习成绩在近百名学生中名列第一。

学习成绩好，又乖巧懂礼貌，这样的学生要让老师不喜欢，难。因此，私塾老师恨不得把所有的知识都教给他，还把自己多年珍藏的典籍都毫无保留地借给他阅读。那时书都是用竹片和绳子连成的，一卷书就有好几斤重。这样读起来很麻烦，但管仲乐在其中。

管仲除了学习功课外，还阅读了大量的历史、地理、天文、兵法、诗书等经典书籍。而且，由于白天要上课，他大都在夜间阅读这些书。

那时既没有电灯，也没有蜡烛或煤油灯，照明全靠烧松明子（一种由松树经长时期形成的物质，易燃）取亮。淮北平原松明子很贵，管仲点不起，就在院子里，借月光阅读。如没有月亮，冬天靠白雪照明，夏天捉些萤火虫照明。虽然囊萤映雪之类的典故与管仲无关，但他无疑是这一举动的先行者。

所谓学问，就要边学边问。管仲总是千方百计地把从老师那里借来的书按时读完，很快便还给老师。一有空，他就向老师请教各种问题，比如如何治国，如何治民，如何治兵，等等。这些都深深地印在了少年管仲的脑子里。

就在管仲于逆境中顽强地成长时，一场灾难不期而遇……

江湖险恶，幸有朋友相助

人们常说，多个朋友多条路，朋友多了路好走。除了鲍叔牙，在出外经商的艰辛过程中，管仲还结识了另外一个给了他无数帮助的朋友——召忽……

民间曾有一个故事，就在管仲入私塾后的一天，鲍叔牙一个人到村边的河里玩，忽然在河底见到一条长着两个头的长蛇，蛇嘴里吐出血红的长信子，向鲍叔牙游来。鲍叔牙吓得大叫一声，转身就跑。

第二天，鲍叔牙把看见蛇的经过对管仲讲了。管仲说："你带我再去看看。"

鲍叔牙说："不能去的，大人说这是蛇精，如果被咬了，人就不能活。"

管仲拍着胸脯说："你甭怕，它若敢来咬，我就射死它。"

于是，鲍叔牙带路，管仲手拿弓箭跟在后边。走到河边，二人寻找一会儿，才在河边的墒沟里见到了蛇。

这条蛇很粗大，见了人就"嘶嘶"地叫，并且迅速向他俩袭来。鲍叔牙吓得脸变了色，急忙往后退，管仲伸手拉住他，让他站在自己身后，然后拉弓搭箭，只听"嗖"的一声，恰好射中蛇头，蛇身突然现出一道刺眼的霞光，直冲天空而去。

两人低头一看，只见地上有一个五彩花包裹。管仲大着胆子，弯腰打开包裹一看，"啊"，原来是一大块闪闪发光的金子！

两人又惊又喜。

管仲把包裹往鲍叔牙怀里塞，鲍叔牙说什么也不肯要。管仲抓住鲍叔牙的手说："这条蛇是你先看见的，金子应当归你，你若不收就不对了。"

鲍叔牙又推还给管仲说："兄弟，这蛇是你用箭射死的，你若不射，哪能变成金子呢？理当归你。再说，你家里穷，正好能用上！"说罢用力抓住管仲的手，硬把金子朝管仲怀里装……

这个传奇故事当然不可信，但它却从一个侧面说明管鲍二人的友谊是从小结下的，也说明少年管仲生活之困窘。

可屋漏偏逢连夜雨，一天放学后，管仲一边背着"之乎者也"，一边兴冲冲地往家赶。然而家里的状况让他惊呆了。

原来，管仲有个同父异母的哥哥，从前由于管家生活艰辛，早在管仲出生之前就已过继给临村的一个亲戚。这天，大儿子趁赶集的机会顺路来看望一下亲生父母。管严高兴之余，见儿子已是个半大小子，遂决定带他去山里打猎。没想到的是，突遇山洪暴发，父子二人遭遇不测。

噩耗传来，管母哭成泪人。

从此，失去父兄的管仲，跟着母亲艰难度日。家中常常遇到挑水劈柴之类需要男人们才能做的事，孤儿寡母无能为力，管母只能抱着年少的管仲，边哭边喊："夷吾，夷吾，这日子还怎么过呀？"

年幼的管仲抱住寡母安慰道："娘亲，不要怕，我会长大的。"

娘问他："你这么小，地里的活没人干，我们靠什么，吃什么？"

别看管仲人小，脑子却好使，他当即指着一大堆祖上留下来的书说："娘亲，我昨天看到爷叔们来借看，我们为什么不可以向他们索要一些钱呢？"

娘不解："要钱？读书人，是不可以讲钱的。"

管仲说："非也。祖上用性命换来的这些宝贵书籍，为什么不能用来养活他的子孙呢？娘亲，你听我的，每借一卷，出贝钱（中国古代钱币的一种）一枚！限期三日，逾期不归，再索一枚。"

正说着，家族里一位好读书的长辈来访，希望能借阅《伊训》一读。管母正要搬《伊训》。管仲赶忙过来朝长辈施礼道："爷叔在上，能否允小侄说几句话？"

长辈说："请讲。"

管仲说："我父兄弃我母子而去。我年幼，肩无扛锄之力，手无缚鸡之能。如何是好？"

长辈叹道："真是可怜。我们也没有好的办法……"

管仲说："办法倒是有。我想以家存书籍作为我与母亲的生活费用，谁来借阅，均以一卷一枚三日为代价。爷叔以为如何？"

长辈一震，看看他说："你何以想出这样的馊主意？莫不让人说你读书人钻进钱眼里？"

管仲说："如果没钱，曲沃庄伯有什么力量去杀晋孝侯？晋大夫又如何驱逐庄伯，立孝侯儿子郤为鄂侯？周天子若有钱财，能不管束晋国的内乱吗？"

长辈赞道："好！好小子。你才几岁，能有如此头脑，奇才，奇才！这样吧，我与族人再行商量，就依你的话，谁想借阅你家的书籍，一律都要付贝钱。如此既解决你母子的生活困难，也帮助了那些追求功名之人的需要。"

管仲说："这也是权宜之策。"

长辈问："此话怎讲？"

管仲说："待我将来长大成人后，当将你们借阅我家书籍所付贝钱，照算利息归还！"

长辈说："这又是为何？"

管仲说："我母子寡弱，生存艰难，故借书籍而苟活；祖宗之德不可为我之依赖，只是借助而已！他日有能力，自然要报答乡亲们的相助之恩。"

这席话，让长辈大为吃惊。经过商量后，族里订下规矩，到管仲家借书籍阅读，都只能在他家读，不能带走，阅读前先付钱……

在管仲家的墙上，记载着所有借阅人所付的钱数，无一遗漏。每当一天开始时，弱小的管仲都要站到树墩上垫高自己，然后去数那些记下的数字，随后对娘亲说已经欠下了乡亲们多少钱……

管母心里明白，儿子的志向已经远远超越了他的父亲。

这样的日子维持了两三年后，由于操劳过度，管母得了慢性病，家境更加贫困了。管仲不得不离开私塾，回家种地，但他还是坚持借书阅读。

管仲是个极其孝顺的孩子，每天给母亲做饭、熬药，小心翼翼地伺候母亲。为了给母亲治病，他把家里的4亩地卖掉了3亩。家里穷得连锅也揭不开了，管仲有时一天只能吃一顿稀饭，但他仍设法保证母亲能吃饱。

不久，管仲开始靠打猎谋生。

日子就这样一天天过着，一晃就到了管仲15岁的年纪。这年秋天，周桓王率领诸侯讨伐郑国（今河南省郑州一带），继而各诸侯国之间发生了混战。郑、齐、鲁三国联合伐宋（今河南东部一带）。百姓死伤无数，人们为了保住性命，都纷纷逃亡外地。管仲读私塾时的老师也逃往齐国，临走前给管仲和鲍叔牙留下了一些书籍，还有一部《兵法》，并嘱咐管仲和鲍叔牙，长大后，应到齐国谋生。

鲍叔牙也失学了，他便天天和管仲在一块学习，研究兵法，还时常从家里拿些米面来接济管仲。管仲想，光靠鲍叔牙的帮助不是长久之计，必须自己谋生。他和鲍叔牙商量，最后两个人决定合伙做生意。可是做生意需要本钱，鲍叔牙就一口答应把本钱全都承担下来。

一开始，他们在当地做一些小生意。后来他们跟从别的生意人从颖河下游买些粮食、布匹、食盐之类，到西边的许国（今河南省许昌市一带）去卖高价。

一来二去，大钱没赚着，小钱还是赚了点儿。每逢分钱的时候，管

仲总是比鲍叔牙多分一半。同他们一起做生意的人看见了，觉得不公平，就在鲍叔牙面前说管仲的坏话。鲍叔牙说："管仲家里很穷，老母又有重病，等着用钱，是我自愿多给他的。朋友之间，相互帮助，这有什么奇怪的呢？"

为此，管仲感动得不得了，哭得稀里哗啦。

就在管仲憧憬着靠做生意赚钱养家糊口时，一场麻烦不期而至。

一天黄昏，管仲和鲍叔牙卖完一堆货，在回家的路上遇到一个穿着华衣丽服的中年男子正在调戏一个年轻女子。管仲很气愤，将中年男子痛打了一顿，然后保护年轻女子回了家。

然而令管仲没有想到的是，这位中年男子是一位有"背景"的人——他是当地县尉的哥哥。

"背后有人"，那就只有欺负人的份儿，岂能被人欺负！这也算是中国若干"传统"之一。

因此，中年男人的弟弟很快找上门来。这样一来，管仲自然没法继续在家乡待下去了。

于是，经过和母亲商量后，管仲决定跟随经常到泗州（位于今江苏省盱眙县境内）做生意的邻居管才，外出经商。管仲做他的伙计。

虽然管仲与管才同为一族人，但管才一开始并不愿意带这么一个书呆子出门，嫌累赘。但听说只管饭不要工钱，再看看管仲很机灵，便答应了。管才出门前与管母立下字据，声明万一遇上天灾人祸，管仲生死与他无关。

管才的生意，就是将家乡的药材与山货运到交通便利的泗州城里换回贝钱或者咸鱼干、日用百货什么的。虽然算不上什么大买卖，养家糊口还是没问题的。

管仲好像天生是个经商的料。他随管才跑了几趟，就渐渐摸清了生意中的门道。一天晚上回家时（为了避免被县尉抓住，管仲每次都是晚上回家），他让母亲也收购一些药材与山货，以便下次出门时，带出去换些家里需要的日用品。

管才知道后，非常生气，坚决不同意。管母找到管才求了半天情，管才勉强答应了。但二人到了泗州城后，管才却压着管仲的货不让他出手。

管仲有些闷闷不乐。一位熟悉的老客户见管仲就像"霜打的茄子——蔫了"一般，便开玩笑地问他是不是想女人了？

管仲撇撇嘴，见四下无人，便悄悄地把这事告诉了他。老客户看了管仲带来的私货，成色好，就主动出高价给他收下了。

管才知道后心里很不是滋味，借机寻事为难管仲。管仲问他："你与我母亲订立的字据上，并没有不准夹带私货这一条嘛！现在，你答应了我母亲，又不让我出手，这就是你的不对了。其实，我们赚的都是辛苦钱。你看那个收山货的货栈，你一斤山菇四个贝钱，他出手就九个贝钱！这是多大的差价啊！咱把精力用在怎样想办法多赚点钱身上，行吗？"

管才一怔："你怎么知道的？"

管仲笑笑："你也别管我是怎么知道的，你只管把你的货交给我来出手，我保证你的货款比以前多。你如果愿意，我们不妨做一回。

管才轻蔑地笑笑："你才几岁？毛还没长就能啦！"

管仲说："这与年龄有什么关系？你若愿意，我们就合伙干。你不愿意，我就单干。反正你对我也不信任，强扭的瓜不甜。"

管才突然感觉到，这个 15 岁的孩子已不再是自己身边随便使唤的伙计了，而是生意场上的竞争对手了。

俗话说，卖石灰的见不得卖面的。同行相妒是必然。管才认为这孩子跟自己还不到一年时间就敢于单挑独立，往后一定不是个省油的灯，要不了几年，从前的商路还不全给他霸了？不成，得给他一点颜色瞧瞧！

管才决定使阴招。

二人再次出门卖货时，管仲果然提出了单干。

这次，管才和管仲的货需要走水路先运到颍邑（位于今河南襄城东北），再从那里运到泗州。当时同船的商家比较多，由于大家的货都差不多，便靠装货的皮袋子来辨别，如果是相同的袋子，各家就在上面押

上各家的记号。管才与管仲也在各自的货袋上打上了记号。

中途在一个码头靠岸休息时，管仲发现自己的货少了一件，仔细一查看，居然在管才的货物堆里。管仲货物皮袋的封口，是母亲亲手缝的针线活，他再熟悉不过了。

管仲找到自己那袋货细看，记号被涂抹成管才的了。他问旁边人是怎么回事，旁边人纷纷说，看到管才涂抹的，至于原因不清楚。

管仲四处去找管才没找着，便自己先改回去了。

开船时，管才才醉醺醺地上船来，上了船倒头就睡，怎么推也不醒。

到了第二天下午，等管才醒时，船已到了颍邑码头。管仲喊住管才要问话，管才匆匆说："我先去客栈一下，马上就回来"。

管仲没办法，只好任他去。

货物运到客栈，管仲将管才和自己的货分别放一边，然后去请以前联系好的店家来看货。那店家派了个叫召忽的伙计随管仲前来。两人刚进客栈，就见管才已将那袋管仲改过记号的货放在屋中间，并大声质问是谁干的。

"是我的东西！"管仲抢上前说道。

"好哇！"管才一边叫着，一边对旁边两位官差说，"你们听到了吧，他居然说是他的……"

两位官差不由分说，一把抓住管仲。管仲一边挣扎一边问道："你凭什么抓我？"

官差说："他报案说你偷了他的东西，有事去衙门说。"然后拉了管仲就走。

随同管仲前来的叫召忽的伙计忙阻拦道："怎么只听一面之词呢？好歹也得先调查调查吧？大伙儿拦下他们，请大人到这里来升堂问案！"

如同人们经常耳闻目睹的那样，官差以盛气凌人的口气怒斥道："躲开，少在这儿捣乱！否则，以'妨碍公务罪'连你一起带走！"

管仲道："这是周天子管辖的地方，是有王法的地方。周天子尚且有深入民间判案的先例，为什么不可以请求邑官到现场来断案？"接着，他引经据典说了一大通，大致就如今日的律师引用法律条文一般。

管仲说什么，这些不学无术的官差自然听不懂，就算听懂了，估计也要装糊涂。因此，他们一边喊着"闪开，闪开"，一边强行拽着管仲就走。

"且慢！"就在这时，人群后面走出来一位官员模样的人，他先示意官差放了管仲，然后笑着对他说，"不错！你说得很对。"接着又对着管才问道，"刚才是你去报官的？他偷了你的货，你的证据呢？"

管才认出来人是颍邑邑官，赶紧行大礼。

邑官看看管仲："你还是个孩子嘛，就会做这等事？家风不兴，庶子难教也！"

管仲不亢不卑地回答说："老爷能到现场断案，说明老爷清明，有'甘棠遗爱'之风。可您人虽来了，却不经调查就做出武断的结论，不过又是一昏官尔！"

邑官笑道："本官是否昏庸，不是你说了算，念你年幼，姑不计较。不过你小小年纪，倒懂得不少！好吧，本官现在听你说说，所谓'甘棠遗爱'之风是怎么回事？

管仲也不怯场，侃侃而谈。

原来，周武王灭殷商建立周朝后不久就死亡了，把江山传给了儿子周成王。周成王即位的时候年幼，幸好有两个贤臣辅佐他。这两个贤臣，一个是周公，一个是召公。召公配合周公做工作，他为辅佐周朝呕心沥血，政绩也非常显赫，因此大家又尊称召公为召伯。

召公有一个特点，就是喜欢到基层去，深入各地方去办公。有一次，召公到他的分封之地召地（今陕西省岐山县西南）去办公。当时天气炎热，召公却不在屋里待着，而是每天在一棵甘棠树下办公。他对乡亲们说，我来替你们排忧解难了，有什么委屈冤情，快快来找我！说完，他就在甘棠树下开始受理民事，听讼决狱，审案一直到月亮高挂。他无法回去了，只好就地搭了个草棚安营，一连好多天，让民众深受感动。

召公办事非常认真公正，给老百姓解决了很多生活中的具体难题。

他走了之后，老百姓十分怀念他，说："这样的好官太少了。不仅到我们百姓中来，而且就在一棵甘棠树下办公。办完了公，也不吃我们老百姓的东西，也不喝我们老百姓的东西。如果天下的官员都像他这样的话，那就太好了！"

由于百姓非常怀念他，所以不许任何人动他曾经办过公的那棵甘棠树。

管仲讲完后，静静地盯着邑官。

邑官笑笑说："我知道你的意思。好吧，现在让你看看本官究竟是不是真的有'甘棠遗爱'之风？来，你俩分别站两边。管才，你说这货物是你的，拿出证据呢。"

管才说了他做的印记。

邑官看看管仲。

管仲说："如果我说出袋里有什么货物，他若说他也是这样装货物的，你怎么断？"

邑官觉得管仲虽然人小，但心眼还挺多，心里有一些不乐意，于是带着点呵斥的语气对管仲说道："那如果先让他说，他说了，你说的也一样，那货就是你的啦？"

管仲不禁笑了："那老爷能有什么好的方法呢？"

邑官愠恼道："本官断案，还用得着你教吗？"

管仲不再说话，后退一步，站到旁边。

这时，随同管仲前来看货的那位叫召忽的伙计悄悄靠近他说："你还真行，挺能干的，咱俩交个朋友吧，你有什么事，我一定帮助你……"

管仲点点头。

这时，邑官让管才与管仲各自把袋里货物的摆放位置画出来。管仲不着急画，只是与召忽聊天。管才却急得满头大汗。邑官问管仲为什么不画？管仲说："他画他的，我画我的，你说什么时间交，我就什么时间交。婆婆妈妈的什么事都管，是老爷您的风格吗？"

邑官被噎得差点儿说不出话来，顿了片刻，才怒喝道："好！现在就交卷。拿来！"

　　只见管仲不慌不忙地从袖袋里抽出画好的货物位置图交上来，而管才的手里却什么也没有。不过不要脸的人似乎反应都挺快，也挺能狡辩的，他镇静地说道："货物是伙计装的，我没看见。"

　　邑官不动声色地把管仲画的给他看了看，然后说："行啦，你就别装着说没看见，我问你，是这样的吗？"

　　召忽急忙上前说道："老爷，你怎能如此？"

　　管才一把推开召忽，对邑官连连喊道："是的，是的，就是这样的！"

　　邑官看看管仲，问："你还有什么话说？"

　　管仲也不答话，而是从袖袋里又拿了一份货物位置图出来，走到邑官面前呈上说："青天大老爷，您就是当今的召公，秉承'甘棠遗爱'之风，前来断案，小的敬仰之极！"一面说一面将手中的图递上，"老爷，刚才那图上的货物位置管才说是对的，那好吧，我认为这张图上画的货物位置才是对的，您不妨打开检查检查！"

　　"你这是干什么？"邑官见自己居然被管仲戏耍了，有些生气地说道，"我还没见过你这样的孩子！你说吧，你想干什么？"

　　管仲也不说话，他笑着走到管才面前站住，两眼紧紧地盯着他看了半天，直看得管才浑身发毛，连连朝邑官喊："老爷，您看他，您看他……"

　　邑官示意手下的公差去拉开管仲。管仲不理睬，心平气和地说："你们不用拉我，他还怕我一个孩子吗？他难道连打架也打不过我？"

　　管才有些底气不足地说："我从不与小孩子打架。"

　　管仲哈哈大笑着说："你是不会与小孩子打架，因为你只会做'高尚'的事情。就刚才这一小会儿，我好好地想了想我们之间发生的事。我虽说是你带出来的，可我没有做过什么对不起你的事啊，你为什么要把我的货袋改写成你的？你大可不必这样做。你想要那袋货，与我说一下，我难道会不给你吗？当然喽，我想了又想，你肯定也不是故意想害我。否则的话，早就与人串通把我当奴隶卖了。所以，我还是应该感激你……"一边说一边给管才行了一个礼。

众人都怔怔地站着，邑官也不知道该说什么好。

只见管仲行完礼后，直起身体，向前一步，指着管才朗朗有声道："这位先生带我出来一起做生意，他是我的师傅。在下管仲，家遭不幸，贫寒一人也罢，恰有老母在家要奉养，故随他外出谋一碗饭。万万没想到，我们之间会发生这样的事！好在邑官断案公明，很快会判明是非，让大家知道，是他在贪占我的货物……"

"谁贪占你的货物了？你别血口喷人！"管才仍然嘴硬。

管仲不理他的话，仍然慢条斯理地对着他说道："你不就是觉得我碍你事吗？你何必用那么下等的小人手段呢？但我不计较你。因为我知道，小人是不能得罪的．只有团结好小人，让小人不坏事，君子的大事才能成功！所以，我一直让着你。现在呢，我仍然让着你。这样吧，现在青天大老爷手里有两张货物位置图，你去选一张吧，然后再让老爷开袋检查，如果和实际相符，那袋货物就是你的了。可如果你拿错了的话，那就看老爷怎么待你啦！如果他请你去上席就座，我不反对！若要你坐牢，我只能回去替你报信，帮你奉养二老！"

管才这时两腿都有点打战了，他高度怀疑那两张货物位置图恐怕都是假的，小小年纪的管仲竟有如此心计，这是他万万没有想到的，只好服输。

邑官见状，脸上挂不住了，因为管才与他早就相识，他从管才手中得到过不少好处，因而明摆着是在帮管才，于是色厉内荏地训斥道："小小孩子，是何方妖孽？敢把大人欺负到如此地步！"

管仲也不退让，一把抓住管才，大声问旁观的众人道："各位父老乡亲，你们说说，是我欺负他还是他欺负我？"

众人七嘴八舌地议论起来，大意都是指责管才的不是。

邑官觉得自己的官威受到了威胁，本想让官差吓唬吓唬这些"不识时务"的草民，但见围拢的人越来越多，毕竟众怒难犯，只好暂时隐忍不发。

这边管才却已脸色难看之极，灰溜溜地跑了。

管仲追上去拉住他说："你想要这货，就拿走吧！我家天生穷透了屋顶，靠一袋山货补不了那破屋顶！"

管才结结巴巴地一边跺脚一边说："你、你、你……我是要你的一袋山货吗？你、你、你、你……唉，你还让我的买卖怎么做下去……"

这时邑官与公差也跟过来了，围观的人群也重新聚拢过来。

邑官严肃地对管仲说道："你虽然说得很有理，但现在这货还没验明到底是谁的，这里人多，秩序有些混乱，你随我们去衙门验货去"。一边说一边指使公差扛起货往衙门走。

这时召忽上前拦住说："老爷，干吗要回衙门验呢？谁知道回了衙门，你们会不会在货里动什么手脚？我看就在这里验！"

众人也都随声附和，说就在这里验。

就在这时，只听管仲大声说道："我还年少，往后的路又长又亮，焉能被这一袋山货挡住！你们统统都拿去吧！我不要了。"说完，便转身而去。

大街上的人群见管仲突然离开，谁都不明白他心里到底在想什么。

召忽气喘吁吁地追上管仲，拉住他关切地问："你的货真不要了？"

管仲又气又恼道："没见过这样的昏官！货是小，人品是大！我宁可饿死，也不受辱而生。"

召忽点点头说："我观察你半天了，觉得你适合做官。"

管仲叹道："我才多大啊！再说……"

召忽鼓动他："有志不在年高嘛！"

管仲垂下脑袋，不说话。

召忽抚着他的肩，摇着，问他："你怎么啦？"

管仲抬起头，脸上尽是泪水。召忽更慌了，不知发生了什么事。过了好一会儿，管仲才平静下来，对召忽说了平生第一句假话："我想我娘了。"

其实这话也不算太假，因为他也确实想他娘，只不过召忽的话让他想起了父亲从前的教诲：衙门深似海，能避开就避开，别往里边凑。可现实又告诉他：衙门黑如炭，你不走进去，就只会被人"黑"。因此，就在刚才，他确实萌发了做官而且是做大官的念头，但父亲的教诲却又

萦绕在他的耳边，这让他无所适从，因而难过得哭了。

见管仲的情绪已稳定下来，召忽转身来到邑官面前，要替他拿走那袋货。

或许是迫于公众的压力，或许是良心发现，此时的邑官突然变得笑盈盈起来，他告诉召忽说："这孩子年纪不大，脾气不小。"接着又告诉召忽，自己是个好官，但需要秉公办事，如今已查清楚了，这袋货是管仲的。说完就招呼几个官差离开了。

在召忽的帮助下，管仲把自己所有的山货都送到了召忽老板的店里。然而两人刚刚坐下喝茶，账房就过来对召忽嘀咕：刚才在大街上的事，已经传得全城沸沸扬扬，老板不让收这货。

"他的货比所有人的都好，是不是？"召忽说。

"是的，店里的人都这样说，可老板不依啊！他怕惹了邑官，将来没有好果子吃。"账房小声说。

召忽看看管仲，管仲佯装不听，埋头继续喝茶。

就在这时，老板从后面出来，一眼见两人在店堂里大摇大摆地坐着，还喝上了茶，气得跑过来跺跺脚喊道："召忽，你好大胆！"

召忽仰起脸，不解地看着老板。管仲赶紧起身对老板施礼，然而他刚想说话，老板就用很生硬的语气说："你的货是祸根，我要不了。否则过不了几天，我就得店毁人亡。"说完，他转身大喊道："伙计们，赶紧把这些货给我扔出去，越快越好……"

店里的伙计们虽然同情管仲的遭遇，但也没办法，只好照着老板的吩咐做，把管仲的几袋山货全扔到了店门外。

召忽一边拦着，一边对老板好言相劝："眼光不用这么浅，管仲是个人才，将来会有出息的。如果你现在待他好，将来他会报答你的。"

老板大笑："出息？有出息的人多了去了，每个都需要我照顾吗？再说了，鸡就是鸡，再有能耐，它能飞多高？能长出漂亮的尾巴，成为凤凰吗？当然不能，绝对不能！他永远都只能是我们常见的短尾巴的鸟！"

召忽听了这番话，气得直跺脚，狠狠地喊道："你要后悔的。"

老板大怒，指着召忽骂道："你少在这儿给我胡说八道！要不是看在你舅的面子上，我早让你滚蛋了……"

"滚蛋就滚蛋，有什么了不起！此处不留爷，自有留爷处。我还不稀罕了。"

说完，召忽拉上管仲说："走，我们走。"

管仲与召忽刚走出店门，便见旁边暗处有人朝他们招手。两人过去，暗处走出几个人，召忽与他们都认识，是平时玩得比较好的店里的同龄人。

以为是自己的事连累了大家，管仲赶紧向他们赔礼。

一个胖胖的男孩子笑着说："你没错，是你那同乡不该那么待你。"

另一个瘦子说："要说这里的邑官还不算太坏，换作是其他地方的，你啊，少则让他剥层皮，没准还要敲你俩骨头熬汤哩！"

"是不是出了什么事了？"召忽着急地问道，"我们还得赶紧出货啦！"

"我们就是来说这件事的。"胖子告诉召忽和管仲，现在满城都知道他们与邑官在大街上发生冲突的事，大家怕得罪邑官，都不敢要管仲的货了。

召忽一听，急了："那怎么办？"

管仲不以为然道："鸡不撒尿，也没见它们被尿憋死！天下那么大，还能没我们的生存之地？"

召忽说："听你这话，好像你早有准备？"

管仲带着大家来到一个高地上，指着东方说，这淮水一直朝东去，在那里入海，如果我们顺着这河水朝南去，那是什么地方？

胖子说："海边啊。我知道了，你是想让我们捕鱼去？那敢情好，我可喜欢吃海鱼海虾了……"

瘦子拍了胖子的脑袋一下说："除了吃，还能干点正经事吗？人家分明是说去广陵（今江苏扬州），明白不？"

大家都笑了起来。管仲也笑着说："这就对了。广陵可是个做买卖的好地方哩。而且我还听说，在它的东边好像又起了个新城，叫郧（今江苏如皋东）吧！"

召忽说："这个我知道，我还去那边做过生意。郧邑人把楚国出产的山货运到他们那里，然后将郧的盐与海味运到楚去，靠的就是大江与船。广陵虽然也在大江边，离大海也很近，但他们做的是吴国的生意。吴国的丝绸、麻布从大江南边过江北上，要先在广陵歇脚……"

"太好了！"还没等召忽说完，管仲就接着说，"我们就去那里。但我们得想办法租条船，把货运到广陵去。从那里换些丝绸布匹，还有吴国的什么东西。我们也可以从广陵顺河到郧，在那里贩盐回颍邑。"然后，管仲看着大家，有些依依不舍地说，"你们都回去吧，我一个人去就行了。如果你们愿意，帮我租条船吧，因为租船要这里的商家担保，我一个外地人没办法。"

胖子倒挺仗义，立刻就说："没事，我回去让我爹帮你租吧，他和那些船家熟。"

管仲正说谢谢的时候，一眼瞧见召忽满脸的不高兴，便问他："怎么啦？"

召忽说："你记性真好，你不知道我失业了吗？我该怎么办呢？"

管仲一拍脑袋，叫道："哎哟，我怎么把这事给忘了，真不应该。这样吧，我们先去胖子家看看，再做打算。其他兄弟先回吧！"

在胖子父亲的帮助下，管仲很快租到了一条船。

在付租金时，管仲为难了，手上没那么多钱。召忽说："这样吧，租船的费用我出，我们合伙做生意，怎么样？反正我现在也没事可干了，总得找个吃饭的活来干。我觉得你做生意一定不赖，跟着你不但能学到东西，而且还能挣大钱……"

胖子的父亲也看到了管仲在大街上与邑官和管才等人交锋的一幕，他也觉得管仲是个人才，于是把胖子推到管仲面前说："把我儿子也带上吧，随你们去操练操练，我们不要工钱，你们当他是学生意的小徒弟就行。"

"这怎么行呢？"管仲看看召忽，然后对胖子的父亲说，"我们也不过是刚学着做生意，此去风险很大，万一出了什么事，我们如何担当得起！"

胖子说:"我爹都答应了,你们就当带我出去玩玩吧!"说着,便站到管仲和召忽的中间,拉着二人的手,嘴里嘀咕着,"你们带也好,不带也好,反正我跟定了你们。"

管仲和召忽都笑了,既然是这样,二人只好同意了胖子的要求。管仲告诉胖子说,钱是身外之物,学问是自身的修养,朋友是助你成事的桥梁和助推剂,我们拉拉手,一起做好朋友吧。

胖子高兴得不得了,赶紧拉住管仲与召忽的手,使劲地晃着。见三人如此,胖子的父亲在一旁咧嘴直笑。

第二天一早,管仲与召忽带上胖子和那几件山货一起上了租来的船,直奔广陵而去。

一路上,召忽和管仲互相告诉了对方从前的经历。原来,召忽是齐国人,比管仲年纪稍小,小时家境富裕,受过良好的教育,而且他胸有大志,喜研军国治理之术,只可惜在十多岁时,父母因病而去,留下他孤身一人,生活难以为继,只好在舅舅的帮助下,到颖邑一家专营山货的店里帮工,这才得以结识管仲。

二人越谈越投机,很快便成了无话不谈的好朋友。

命悬一线的兵营生涯

看过《西游记》的人都知道,齐天大圣孙悟空曾做过一段时间的弼马温。其实,早年的管仲也有类似的经历。只是,他的这段经历比孙大圣要凶险得多……

由于有了召忽和胖子的相伴,管仲一路上也不觉得无聊。经过差不多一天一夜的航行,船到了广陵。

此时,恰逢当地大节,四海商人云集。管仲先让船家将船泊在岸边,然后和召忽、胖子上岸,来到紧靠码头的集市。

集市上热闹非凡,吃的,穿的,玩的,应有尽有。一行人正准备打

听山货的行情时，忽然听见远处有一个声音大叫道："客官！客官！"

三人不约而同地往远处一瞧。只见是船家站在码头上大声地呼喊着。看那急切的样子，三人不知道出了什么事，赶紧迎过去。

待三人匆匆赶到河边，不由得大吃一惊。一群士兵正在河边驱赶着船家，并将船上的货物统统拿走。胖子的反应比谁都快，他三步并作两步地冲上去，拿出自己的"过关契书"（相当于今天的身份证）喊道："我们是有身份的商人！"

"有身份？有什么身份？"只见一个士兵走过来，夺过胖子手中的"过关契书"，看也不看，直接扔到了河里，然后轻蔑地说道："你现在还有吗？"

"你这不是欺负人吗？这是周天子管辖的地方，是讲王法的，你还有王法吗？"胖子大吼道。

"哈哈哈，"士兵大笑起来，直到笑弯了腰，才吃吃地说道："王法？老子就是王法！"

怒不可遏的胖子与那士兵打起来。召忽身强力壮，急忙上前帮忙。眼看那士兵要吃亏，另外几个士兵拥了过来。管仲赶紧上前拦住说："你们为什么这样做？"

一个兵头上下打量了他几眼，哈哈大笑着说："哪儿来的野小子，还敢质问我？好吧，我就告诉你，国君号令我们征用船只！只要是外地外邦的，统统没收！有不愿意的，就看看那边倒在地上的，漂在河里的，还有那些女人，他们就是榜样……"

管仲顺着兵头的手指一看，地上躺着许多被砍死的人，河面也漂着许多尸体。更令人触目惊心的是，不远处的沙滩上，好几个士兵正在轮奸一个年轻女子！

啊？这是什么世道啊！光天化日之下，你们居然如此……管仲又惊又怕地差点喊出来。

兵头忽然收敛起笑容，对管仲等人呵斥道："都给我滚到那边去！"

好吧，好汉不吃眼前亏。管仲转身就走。

"站住，朝哪儿走？告诉你，你们现在入伍了。"这兵头与那些娱乐明星有一比，调节情绪的能力真是高，忽然又变得温和起来，笑着说道，"随我们当兵去吧，当兵打仗，吃香喝辣！你看那几个人在干什么？这就是当兵的好处，哈哈，多痛快啊！你们难道不想吗？"

管仲正色道："不去！你们干的是禽兽不如的勾当，会遭雷劈的！"

"妈的，还嘴硬！来人！把他们先给我绑了。"兵头喊道。

召忽情知不妙，把胖子朝身后一推，暗示他快逃。管仲赶紧从怀里掏出自己的过关契书塞在胖子袖里。胖子虽说胖点儿，倒也机灵，趁着混乱逃走了。

召忽本也有机会逃走，但看到管仲被那兵头缠住，担心身单体弱的管仲吃亏，只好留下来陪着。

眼看走不掉，管仲倒也淡定，说："躲脱不是祸，是祸躲不脱。当兵也不坏吧，至少管吃管住。"

召忽恼道："你那几袋山货，得值多少钱啊！就这么白瞎了。"

管仲浅笑一声道："身外之物，去了都可以再来。唯有经历，那是别人无可替代的财富。这样的乱世，我们必须好好活着。只有活下去，一切才有希望。我们不但要活下去，还要改变这乱世，让天下苍生别像我们现在这样活着。这样才能无愧于这片养育我们的山河！"

召忽说："你的理想真伟大，可都什么时候了，你还想着这些，你真觉得你的理想能实现吗？"

"不知道。但有总比没有好吧？万一实现了呢？"

召忽听了管仲的话，从内心里肃然起敬，暗想：我没交错这个朋友，他一定会有出息的！

这时，有人过来对兵头传达将军的命令：朝廷来了大夫，将军喊你去。

兵头走时，对手下说："把这两个小东西带上。"

到了军营，兵头去见将军，也把管仲与召忽带着。

将军正受着大夫的斥责。大夫见兵头带着两个孩子进来，指着他们问将军："你连这些半大的小子都不放过？"

将军忙对兵头说道："我这里不养孩子，等到他们壮实起来，得喂

多少粮食啊！"

兵头掩耳悄声告诉将军："别看他们年纪不大，却会做生意，三个人弄一船货，正在广陵做生意，遇上将军下令征用……"

"别说了！"将军有些生气地说道，"谁叫你这样干的？别国已经向国君提出抗议，说这样下去，再也不会有商人敢来广陵做生意了。大夫就是为这事儿来的。"

兵头说："没事。没人来更好，我们自己快活。"

大夫指着兵头对将军说道："你看，你养的都是什么兵啊？还不赶快下令，让你的手下停止野蛮掠夺！"

"好吧！"将军应着，对兵头说，"你去通知手下，快住手吧。"

兵头无奈地应着，转身就走。

"等一等！"大夫喊住兵头，看着管仲与召忽说，"把他们也带走。"

兵头说："将军，给您养马的人病死了，我是让他们来给您养马的。"

大夫把将军拉到一边，悄悄说："你必须让你的手下将这里的所有人全部杀尽，一个不留。不能让人们知道这里的惨状是因你掠夺而造成的。只要还有一个人，消息就有可能走漏。"

将军不解地问："那您的意思是……"

大夫诡秘地笑着说："要让所有人知道，这是戎敌入侵，是我们把他们全部消灭了。我们又恢复了广陵天下货物贸易集散地的名声！如此，我们的国君才能声名远播……"

"哦。"将军应了一声，想了想，指着管仲与召忽说："看样子，他们还不明白世事，杀了有点可惜！"

大夫叹道："你自己看着办吧，如果能留下他们去养马，也行。大人是不能留的，都给我杀掉，一个不留。"

将军转身交代兵头："只要还在喘气的，一律杀掉，绝不能留一个活口！"

管仲悄悄吸了一口气，紧紧抓住召忽的手。世间的艰辛与不幸让这两个半大孩子突然长大了。

管仲与召忽被兵头领到了圉（yǔ）人处。

圉人正在火堆旁一边啃着一只硕大的狗腿，喝着酒，嘴里还开心地哼着小曲。看到管仲与召忽，他刚想说什么，兵头抢上前，一把夺下他手中的狗腿，朝火里一丢，大声说道："将军有令，马厩旁边一律不准生火！你难道想被砍下四肢，风干成食物吗？"

听了兵头的话，圉人突然变傻了似的，他怔怔地看着兵头，不知道说什么好，眼前出现了半年前那一幕：马厩起火，烧死了几十匹马；养马的小吏被活活砍去四肢，挂在一棵树上；一年后，人们还能看见那树上挂着的风干的肉……

兵头喝令圉人把火灭掉，然后指了指管仲与召忽，对他说："这两个孩子，负责看养将军用的那匹马。"

圉人说："长官，多谢您处处维护我，小的也替您准备了一匹犬戎上次逃走时留下的枣红马，很好的，也交给他们养吧！"

兵头露出了高兴的神色，说："带我看看。"

圉人领兵头看了枣红马，兵头果然很满意，对圉人郑重地交代说："你要亲自调教这两个小孩子，让他们养好将军和我的马。"

圉人诺诺应着。

兵头刚走出马厩没两步，突然又回过头来指着管仲和召忽对圉人说："我看这两个孩子，将来没准是个人才。你一定给我带好了，如果有半点差池，看我怎么收拾你！"

圉人谄笑着回答说："头儿，您就放一百个心吧！"

兵头满意地走了。

看到兵头走远了，圉人转身摆出当官的架势，开始训话。等他训完了，管仲赶紧递水上前。圉人看看他，心想：竖子可教，还挺机灵的。

管仲似乎知道圉人在想什么，赶紧说："头儿交代我们要养好将军的马，我们一定好好向您请教，一切听您指挥。"

圉人觉得这中间好像有哪儿不对劲似的，他仔细看了看管仲和召忽，小声问道："你们是头儿的亲戚？"

管仲用眼神悄悄暗示召忽，然后说："他是头儿的远房小表弟。"

"哦。"圉人若有所思地说道："我也多亏头儿常常照顾，要不，何

来这养马的官啊！你们可别小看这'圉人'，虽然是个小官，要是领队打仗，也得管上四五个兵卒！还有，在我这里，你们可以玩，有些事自有人替你们做的！"

言多必失，管仲不想多说什么，只是告诉圉人，头儿留下我们就是为养他的马的，咱们一定好好干。召忽也在一旁附和着说，不敢玩，把头儿的马养好才是正事。

圉人有些疑惑地问道："什么意思？因为是亲戚，你们就只管头儿的吗？将军的马不重要吗？"

召忽赶紧说："当然重要，只是……"他看看管仲。

管仲接过话说："将军的马更重要。我们的意思是，为将军养马，那是您圉人的福。咱们能不能分分工，那好的差事，将军的马，你养；头儿的马，我们养！"

圉人吼道："这能行吗？还给我安排工作了！告诉你们，两匹马都是你们养！两个人还养不好两匹马吗？我天天监视你们。"

召忽笑着说："您不用监视，我们会用心的。您该喝酒喝酒，该串门串门，我们能把一切都搞定的。"

圉人乐了："你小子才多大，也知道串门？"

管仲轻轻踢了召忽一下，示意他说不知道。见召忽回笑说不知道，圉人更乐不可支："知道串门是什么意思吗？就是去花柳巷看看那些个倚门卖笑的俊俏姑娘。你们想不想？"见管仲和召忽把头摇得像个拨浪鼓，圉人大笑着说，"等你们长全了，自然就知道啦！"说完，便打着口哨，逛荡去了。

马场的马并不多，养马的人也不多。管仲和召忽很快就与马夫们混熟了。所谓"马无夜草不肥"，所以半夜给马喂料是很重要的。但大家都很照顾管仲和召忽，基本不要他俩夜里起来喂马。

有一天，圉人半夜回来，见马夫们在喂马夜草，却不见管仲与召忽，问怎么回事。有位年长的马夫回说："孩子还小，夜里喂草的事就我们替了算啦！"

圉人说："这怎么行？这养马就好比孔甲养龙！稍微不注意，就上当了，被别人卖了还帮着别人数钱呢，我可不做这样的傻子。所以，你们和那两个孩子必须得给我好好养着。这马也是天上的龙下凡，得好好伺候！"

说着，他便下令把管仲与召忽从床上拖起来，让他们站在灯光下。圉人手里拿着浸泡过尿液的牛皮鞭，一扬一扬地，借着酒兴，问管仲："听说过孔甲养龙的事吗？"

管仲知道这个故事。

根据传说，夏朝时有一位叫孔甲的君王，整天沉湎酒色歌舞中，又笃信鬼神。一天天降二龙，孔甲大喜，认为是祥瑞之兆，就决定把它们养起来。

当时有个叫刘累的人，据说远古时期曾经在豢龙氏那里学习过驯服龙的本领，这个人在孔甲时还活在民间。孔甲就传令把他召来。这刘累果然名不虚传，真的会喂养龙。他喂养龙很有耐心，把龙喂养得体大力强。孔甲看了非常高兴，就封他做"御龙氏"的官。但是，龙这种神物是很难养的，刘累虽然受过专门训练，但也难免有失误。经过一段时间的喂养后，一条雌龙突然死去，这使刘累十分害怕。他偷偷地把这条雌龙的肉剁成肉酱，煮了给孔甲吃。孔甲吃了觉得味道鲜美，赞不绝口。过了几天，孔甲又要吃这种肉，刘累怎么能再杀活龙给孔甲吃呢？他因害怕而逃跑了，一直逃到鲁县，即现今的河南鲁山县。

孔甲得知事情缘由后大怒，命三百武士去杀那条龙。哪知龙是灵物，一翻身便把三百武士卷入龙池，霎时天昏地暗，大雨滂沱。龙腾空而去，而三百武士却全被淹死了。

这故事的结局很是悲惨，管仲不知圉人何意，便闭口不言。召忽见他这样，也赶紧摇摇头。

"都不知道吧，那我讲给你们听，让你们长点见识！"圉人觉得这是卖弄自己学识的好时机，便把皮鞭在半空中划个圈，站在那里神侃胡吹起来。当讲到龙被养死时，圉人突然不说话了。

管仲与召忽看着他。

圉人瞪了他们一眼说："看我干什么？"

管仲说："我在想，要是有一天你突然偷偷跑了，我们会有什么样的下场？"

圉人哈哈哈笑起来："你们可以把马肉做成肉饼，献给将军啊！"

"那可行！"管仲说，"马肉不能和龙肉比，马肉很酸，很难吃的。"

圉人说："你小子知道的东西倒还真不少。你吃过马肉？"

管仲摇摇头说："没有，但古书上是这样记载的，说马肉味酸，而且不能多吃。"

圉人又说："如果我哪一天真逃了，你们可以趁我没走远，去报告兵头抓我，赏钱一定少不了的。"

召忽正想说话，被管仲一把拦住了。管仲说："我们干嘛要报告？你逃了，一定有原因。如果我们不逃，这个原因就是我们被砍头的依据，我们留下也说不清楚……"

没等管仲继续说下去，召忽接口道：我们也会逃，但会朝另一个方向逃。就算兵头或者将军派人追，也很难把我们三个人都抓住。至少会有人活下去。"

管仲点点头说："对。这样说来，我们都是一匹马身上的一只蹄。马有四只蹄，才能奔跑如飞，少了一只，只能等死。我们的命运就取决于这里的马……"

圉人放下鞭子，走到管仲面前，摸着他的头夸道："你小子小小年纪，倒是聪明得很。将来一定有大出息，成就肯定不在我之下！就这么说定了，咱们谁也不做孔甲养龙里的刘累。"说完，圉人看着管仲又叹道："你这弱不禁风的样子，何时才能壮实起来啊？"

召忽笑着对圉人说："头儿，听我们家乡的人说，男孩子长身体时，如果吃上一两副猪下水，身体就能壮实。"

圉人半信半疑地问道："真的假的？"

召忽拍了拍自己的胸脯说："你看我这身板，就是吃了三副猪下水才这样壮实的。"

圉人也拍了拍召忽的胸脯说："还真是壮实啊，好吧，我试试。"

第二天，圉人果真找来一副猪下水，做成红烧肉的样子，味道非常鲜美。管仲并不知情，吃了一块，感觉甚好，竟然一人吃了半碗。看管仲吃得香，召忽赶紧收住筷子。圉人也只是随便地吃了几块，一大碗肉全给管仲吃了。

此后一段时间，圉人连续弄了几副猪下水给管仲吃。虽然看不出管仲的身体有多大变化，但帮圉人做起事来，似乎更有了些力气。

从此，圉人把这两个半大孩子视作小兄弟。管仲和召忽也暂时在这里安定下来。

几年的时光一晃而过。

这一年的夏天，江淮大地大旱，邻国派兵前来争夺资源。将军的马被管仲和召忽喂得很壮实，兵头的马也喂得膘肥体壮。两匹马在战场上纵横驰骋，敌人很快败退到自己的领地内。将军带着自己的军队乘胜追击，一直杀到敌人的大本营附近。

眼看胜利在望，然而处在兴奋之中的将军忽视了一个常识：骄兵必败！

这天，天色将晚。此时，敌人的军队已被逼到海边。如果将军的部队继续追击，就很有可能全部活捉他们。偏偏在这个时候，将军下了个停止追击的命令。整个部队都不能理解。管仲思考后告诉圉人，他想去面见将军，请将军收回成命，连夜布置防务，趁夜全歼敌人。

圉人觉得管仲的想法没错，便带着他去面见将军，把召忽留下看马厩。召忽有些犯疑，这空马厩有什么可看的？管仲也觉得有些不对，便递了个眼色给召忽，暗示他此去可能凶多吉少，你还是先有个应急准备。

管仲见了将军后，还没等他把自己的想法说完，将军突然暴怒起来："屁大一个孩子懂得什么？还需要你来教我！你怎么知道他们会利用夜晚袭击我们？莫非你是他们的细作不成？"

管仲听他这么说，便不再说话。

将军问圉人："这孩子是不是一直在你们的监督之下？"

圉人回答："是。除了睡觉，就没离开过我的视线。"

将军说："你先把他带下去。"

第一章 乱世中长大的不屈少年

圉人与管仲刚刚转身，忽然听得将军大吼一声："眼看我胜利在望，这小子居然跑来教导我！我是你能教导的吗？来人，将这灭我威风的小子砍头，丢到敌营去，让他们看看本将军如何治军！"

将军话音未落，刀斧手就已经冲了进来。

几乎同时，召忽也冲了进来，大喊道："圉人，将军的马……"

"马、马怎么啦？"将军与圉人异口同声道。

召忽拉住圉人说："将军的马好像有点小毛病，不吃不喝的，那马是管仲喂的，只有他能治！"

圉人突然醒悟过来，赶紧报告将军说："这小子喂那匹马尽心尽力，而且那匹马也最听他的话，如果没有他，您的战马……"

将军仍然怒气未消："好小子，敢欺骗我，是吧？来人，去马厩看看马怎么啦？"

一会儿，下人回报："马躺在那里不吃不喝！"

圉人说："这一两年都是管仲在喂养那匹马，只有他能弄好。"

将军心想，你就是想要奸，也逃不过我的手掌心。于是他吩咐圉人："你先把他带去看看马怎么啦？"

圉人赶紧把管仲带回，三人回到马厩。圉人见马躺在地上，一检查，发现没病。管仲上前在马头上轻轻抚摸了它一会儿，马很快就起来了。给它送来新鲜青草，马便大口大口地吃起来。

召忽朝管仲挤挤眼，二人会心一笑。

这几年的相处，管仲、召忽与圉人已经成了无话不谈的好哥们儿。管仲知道是说真话的时候了，于是他对圉人说："这马其实没什么毛病，是我这些年故意给它养成了一个习惯——不摸马头它就不吃草。我之所以这样做，就是为了在关键时刻，保自己一命，没想到今天居然用上了。头儿，我们现在赶紧逃吧，如果我们现在离开，我们的生命还都是自己的；如果不走，明天太阳出山时，我们就只有在黄泉路上相见了。"

见圉人还不明白。管仲解释说："这一带原来都是邻国的地盘，他们非常熟悉这儿的一丘一陵，一草一木。我们远道而来，如果不能在天黑之前消灭他们，天黑以后，他们必然利用地形袭击我们，我们的失败是必然的。"

"听你的意思，我们现在逃走？"

管仲点点头。

圉人没说什么，转身从身上掏出几枚贝钱交给管仲，说："我知道你是为我好，但我不愿意那样做。这几枚贝钱是我一生的 积蓄，微不足道，只是我的一点点心意，算是弥补平时对你关心太少的过失吧！"

说完，圉人趁着夜色，把管仲和召忽送到一条小沟旁，告诉他们："从这里一直往前走，不远就是大路，直通齐国。将军不会想到有人从这条路上逃跑的，你们放心逃吧。"

管仲和召忽对着圉人鞠了一躬，转身就跑。二人连夜走了七八十里路，天明时，到了一个高坡上。两人一边休息，一边朝来路看去，许久，看到了从那儿逃跑出来的一些骑着马的散兵游勇，到跟前一问，果然昨夜邻国士兵利用熟悉的地形夜袭了将军。将军全军覆没，头颅也被割了下来，而圉人则下落不明。

两人闻听，不禁掩面痛哭！

第二章 "好事"总是"多磨"

有真才实学，就不怕没人赏识

为了实现心中的理想，管仲、鲍叔牙和召忽来到齐国都城临淄，凭着自己的真才实学，成为国君儿子的老师……

前 698 年的初夏，齐国大地一片翠绿。通往都城临淄（今山东淄博市临淄区）的大道上，三条汉子在风尘仆仆地赶路。走在前边的那位，二十四五岁的年纪，中间那位，与他年纪相仿，拖在最后的那位，年纪略小。

这三位就是管仲、鲍叔牙和召忽。

原来，几年前，管仲和召忽在围人的帮助下，逃出兵营来到齐国后，由于召忽的舅舅已因病去世，二人生活无着，做生意又没本钱，无奈之下，只好投军。

在当时，当兵并不是一件好差事。因为民间素有"好男不当兵、好铁不打钉"的说法。但当兵总归能填饱肚子，因此二人也算暂时有了一个栖身之地。

半年后，鲍叔牙从管母处得知了管仲的下落。这时的鲍叔牙过得也不怎么样，虽然家境富裕衣食无忧，但自从管仲随管才出外做生意后，他便整日无所事事，靠打猎、钓鱼混日子。

记得从前鲍叔牙和管仲一起在河里游泳时，他老拿管仲胸前那颗硕大的黑痣说事，说他"胸怀大痣（志）"，将来一定会出人头地。其实在鲍叔牙的内心深处，又何尝不是胸有大志，梦想着出人头地呢？可这成天里钓鱼，打猎，饿了吃，吃了睡，要想实现心中的抱负，不是痴人说梦吗？

因此，一听到管仲的消息后，早就郁闷无比的鲍叔牙，立即辞别家人，喜不自胜地火速赶到齐国，找到了管仲。

身处异乡，管仲和鲍叔牙这对昔日的好友，真是"老乡见老乡，两眼泪汪汪"。二人畅谈了分别后的情景，鲍叔牙还在管仲的介绍下，结识了召忽。由于鲍叔牙也没有什么好的去处，便也在管仲所在的军营投了军。

当兵就免不了要打仗，何况还是在那样一个乱世。不久后，齐国和邻国开战，双方军队展开了一场大厮杀。管仲和鲍叔牙一同上了战场。可是不知何故，冲锋的时候管仲总是躲在最后，跑得很慢，而退兵的时候，管仲却跟飞一样的奔跑。当兵的都耻笑他，说他贪生怕死，领兵的想杀一儆百，拿管仲的头吓唬那些贪生怕死的士兵。

在这关键时刻，鲍叔牙站了出来，他替管仲辩护道："管仲的为人我是最了解不过了，他家有年迈的老母亲无人照顾，他不能不忍辱含羞地活着，以尽孝道。"

管仲听了鲍叔牙的这番话，再次感动得热泪盈眶。为此，后来功成名就的他曾不止一次地对人说："生我者父母，知我者鲍子也。"

俗话说：人往高处走，水往低处流。身在军营的管仲和鲍叔牙一心想谋个一官半职，可事不如己愿，两三年过后，三人仍是小卒一个。这让他们很是郁闷。

还是另觅他途吧，管仲和鲍叔牙不止一次地讨论着这件事。可去哪里好呢？召忽出主意说，齐国的都城临淄是齐国政治文化中心，凭他们的能耐，说不定能在那里找到一个好的出路。管仲和鲍叔牙一听，觉得有道理，于是决定前往。召忽也表示愿意和他们一起进退。由于那时的军队比较松散，大部分的士兵通常是在有战争的时候操起武器为战士，

而平时则扛起锄头为农夫。因此管仲、鲍叔牙和召忽三人很容易就从军营脱身出来，结伴直奔齐国的都城临淄而去。

进得临淄城来，管仲、鲍叔牙、召忽三人见都城的气势果然与他处不同。大街小街，车水马龙，熙熙攘攘，车连车，人挤人，道路常因之而堵塞，处处呈现一派繁荣昌盛、兴旺发达的景象。路口上、街角处，随处可见吹竽、鼓瑟、击筑、弹琴的艺人，吹、击、弹、唱，应有尽有，悠扬的乐声回荡在空中，使人听起来心旷神怡；斗鸡、杂耍、踢毽子、下棋的，围了一堆又一堆，时不时传出叫好声、吆喝声，好不热闹。

三人一路走来，已是疲惫不堪，顾不得欣赏眼前的热闹，先找家客栈住了下来，然后胡乱地吃了点东西，倒在床上美美地睡了一觉。

第二天一早，三人起床后，来到离客栈不远处的一个卖小吃的小摊点坐下，一人要了几个烧饼吃起来。

"老板，临淄近来可有什么好玩的事吗？"召忽边吃边问道。

"听口音你也是本地人吧？"摊主问道。

召忽笑着说："是呀，我也是齐国人，只是长年在外，对家乡的情况不是很熟悉。"

"想回家乡发展呀？"摊主问。

"嗯！还带来两个朋友，想在咱齐国讨生活。"召忽指指管仲、鲍叔牙说。

"讨生活？现在难了。"摊主说，"有本事，还是到招贤馆去吧。"

"招贤馆？"管仲问道，"什么招贤馆？"

摊主指了指不远处说："前面拐角处右转，走不了一会儿就是招贤馆，是朝廷招贤纳士的地方。三位若有真才实学，不妨前去试试。"

听后，三个人谢过老板。吃罢早点，召忽起身道："是不是去招贤馆看看？"

鲍叔牙说："好事不在忙上嘛，不如先在临淄城转转再说。"

管仲同意鲍叔牙的说法，于是三人先在临淄城转悠了大半天，饱览了都城的风土人情，直到下午，才向招贤馆走去。

齐国是古老的东方大国，早在西周时期便已国富民强。当时周武王为了酬谢周朝的功臣和宗室，大行封建制度，首封大功臣吕尚（即姜太公）于营丘（后改称临淄），国名为齐。因国君为姜姓，故又称为姜姓齐国，史称吕齐。太公至营丘后，因应当地风俗，简化礼节而修政。发展工商业，利用当地鱼盐之利，人口大增，使齐国成为东方大国。然而齐国发展到齐庄公继位初年（前795年）时，由于齐国内廷动荡不安，使得齐国元气大伤。好在经过齐庄公的一番努力，齐国终于出现了复苏的景象。

前731年，齐庄公去世，其子吕禄甫继位，是为齐僖公。齐僖公还算是一个想有一番作为的君主。他即位后，多次主持多国会盟，平息宋国与卫国之间的争端，以宋国、郕（chéng）国不向周天子朝觐（jìn）而出兵讨伐，平定许国、宋国内乱，与郑国击败狄戎，使齐国国力有了进一步的增长。特别是到了齐僖公晚年，他对齐国从前衰落的原因进行了认真的研究，认为除内乱之外，无良才辅佐也是一个重要原因。于是，他将临淄城一处公堂，辟为对外招贤纳士的场所，取名为"招贤馆"。派专人在招贤馆当值，专门招纳愿意为朝廷效力的贤良之士。

然而，天下的人不少，人才却不多。招贤馆开设了好长一段时间，应招者却寥寥无几，更无贤者至。齐僖公知道此事急不得，便派人常驻招贤馆，以待贤者来投。

当管仲、鲍叔牙、召忽三人来到招贤馆时，正是招贤馆"门前冷落鞍马稀"的时候。

实际上所谓的招贤馆，并非我们想象中的"五星级宾馆"或"国宾馆"，不过是由几间平房改造而成，里面摆了三五张桌子，派了几个人值班。

当管仲、鲍叔牙、召忽三人走进招贤馆的时候，馆内两名值班人员正坐在那里天南海北地闲聊着。或许是许久未见人来，他们居然有些兴奋，站起来热情地说着："各位请坐，请坐，这里是招贤馆，欢迎三位的光临。"

管仲笑着说："我们当然知道这是招贤馆，换成别的地方，我们还不来呢！"

两名值班员也笑了起来，连忙问道："三位客官，是自荐呢？还是为他人荐？"

管仲不卑不亢地说："当然是自荐。听闻招贤馆招贤纳士，不知是否属实？"

年长的值班员回答说："当然属实，我君上欲图国富民强，招贤良之士以为国用，只要是贤能者，定当受到重用。"

"何为贤，何为不贤，有什么样的标准？"管仲继续问道。

年少的值班员回答道："文人以文章论优劣，武将以武功定高下。君上会对招纳的贤才量才取用。"

管仲道："我等乃文士，欲在朝中谋个差事，如何应试，还请先生明示。"

"这个简单，这里有试题一道，题目是'国策论'，请三位各做文章一篇，我们将直呈君上，以定优劣，择优选用。"值班员客气地说。

"好，那就开始吧！"管仲招呼鲍叔牙和召忽坐下，值班员分别给三人送上文房四宝。

一个时辰未到，管仲即已交卷，鲍叔牙、召忽稍晚，但也不过一个时辰。年长的值班员收好三人的文章，年少的值班员询问了三人的住处后说："三天之后给你们答复，我们到时会到客栈去找你们。"

三人点点头，离开了招贤馆。

大约一顿饭的工夫，齐僖公即已得到了管仲等三人所作的文章。他起先并不在意，因为在从前那些应聘文章中，他从没见到过一篇让他稍微满意点儿的作品，以致他都有些心灰意冷，甚至怀疑是否祖坟的风水出了问题，导致齐国人才匮乏。不过，在看过管仲三人的文章后，他却不由地暗自心惊。三篇文章，不但书法好，内容更妙，特别是管仲的文章，是他平生之所未见。这段时间，他正在为自己的两位公子找不到好老师而发愁，看来此三人是上佳人选。

齐僖共有三位公子：长子诸儿，已立为太子，即后来的齐襄公；次子公子纠；三子小白。从前，僖公一直想为公子纠、公子小白选择良师，但苦于没有合适人选，只好放弃。现在看到管仲、鲍叔牙、召忽三人的文章后，又动了择师之念。

当然，仅凭一篇文章就判断一个人如何如何，是很轻率的。因此，齐僖公于第二天一早，便派了一个信得过的人到客栈对鲍叔牙、管仲、召忽三人进行了面试。面试之人回来介绍了面试情况，特别对管仲赞不绝口，说管仲言谈举止、举手投足之间，无不显示出大家风范，是个不可多得的人才。

听完汇报后，齐僖公很满意，当即决定任命管仲、鲍叔牙和召忽三人为太傅，并决定由管仲、召忽做公子纠的老师，鲍叔牙做公子小白的老师，择吉日拜师。

到了拜师吉日那天，齐僖公安排两辆车，分别去接管仲、召忽和鲍叔牙。

管仲和召忽乘车来到公子纠府第时，步履蹒跚的齐僖公已等候在那里。管仲、召忽得知眼前的老人就是齐国国君，慌忙俯伏于地叩拜道："臣拜见君上！"

齐僖公微笑着拉起二人说："寡人知二位乃当世之俊杰，有意聘请二位为二公子纠的老师，二位可否愿意？"

管仲、召忽听说要他们做太傅，心中早吃了一惊，但也惊喜非常，连连磕头道："臣才疏学浅，恐有辱君命。"

"寡人看过二位纵论时事的文章，字字皆珠玉，写得非常好。"齐僖公一边说一边拉过一个小男孩，对二人说道："寡人将公子纠托付给你们，望二位尽心教导于他，莫负寡人之托。"

管仲、召忽叩首道："臣等当竭尽全力辅佐公子纠，不负君上所托。"

齐僖公请管仲、召忽二人上坐，命公子纠向二人行了拜师之礼。

刚刚行礼毕，就有人来报告，说鲍先生有病，没有接旨前来报到。齐僖公问管仲："怎么？鲍先生生病了？"

"这个嘛，我也不是很清楚……"听说鲍叔牙有病，管仲也有些不相信，因为他们刚从客栈出来，临出门时，鲍叔牙还是好好的。为何突

然说有病呢？其中必有原因。于是他有些迟疑而含糊地说道："待臣等回客栈看看。"

回到客栈，管仲见鲍叔牙好好的，并无一丝生病的迹象，便有些生气地问他："你没生病啊，今天不是公子小白拜你为师的日子吗？你怎么不去呢？"

原来，当管仲和召忽坐马车进宫后，鲍叔牙经过问询，从接他的马夫口里得知，是让他做公子小白的老师后，便推说自己不舒服，不愿进宫。

当管仲问他原因时，他倒也诚恳地说："先人说过，知子莫若父，知臣莫若君。现在国君知道我无能，所以派我当他最小的儿子小白的老师。我不想干这种徒劳无功的事情。"

或许是当时的小白不显山不露水，看不出有多少能耐，因此鲍叔牙有些看不起他。

召忽在一旁用同情的语调说："你如果坚决不干，那也行，我去向国君说你快病死了，他一定不会勉强你的。"

鲍叔牙感激地说："那太好了。"

管仲不同意鲍叔牙的看法，他说："不行。想干大事的人，不能推辞工作，更不能贪图安逸，将来真正掌握齐国政权的，还不知道是谁呢！鲍子还是要出来干。你难道忘了我们的志向吗？"

似乎召忽对小白也没有多少信心，因此他不同意管仲的意见，说："虽然我们三人对齐国来说，好比鼎的三足，去掉一足就立不起来。但是，若要鲍叔牙做小白的老师，委实有些委屈了他。我看小白必定不会继承君位。"

管仲见鲍叔牙、召忽对小白都没有信心，就给他们分析说："我看不对。由于公子纠的母亲特宠而骄，人们很讨厌她，这必然会连累到公子纠本人，反而同情小白没有母亲。公子诸儿虽然年长，但品质卑劣，前途如何还不一定。看来将来能安定齐国的，除了公子纠与小白两人外，恐怕不会再有别人。公子小白呢？虽然性情急躁，但是能把握大方向。而公子纠呢？依我看，就算他将来能被立为君主，也不会成就什么大事。那时不靠你鲍叔牙辅佐公子小白来安定国家，还能靠谁呢？"

召忽是个耿直的人，他对齐僖公之后的政局非常担心，于是忧心忡忡地说："国君百年之后，如果我所拥立的公子纠没有成为君王，那么无论是谁得了天下，我也不愿辅佐他。身为齐国的下臣，接受君王的命令而不折不扣地执行，一心一意地辅佐公子纠，这就是我义所应当、万死不辞的事情。否则，我情愿去死……"

管仲是个注重大局而不拘小节的人，当然不会赞同召忽这种愚忠思想。他说："作为人君的臣子，受人之托、忠人之事，是应该的，但又岂能轻言死字？我只有在国家破、宗庙灭、祭祀绝的情况下才会去死。除了这三种情况，我就要活着。"停了停，管仲又非常自信地补充说："只要我管夷吾活着，就会对齐国有利；如果我管夷吾死了，就会对齐国不利。"

鲍叔牙听二人把话题扯开了，忙插话进来道："你们说的都是哪儿跟哪儿呀？现在关键的问题是，我到底该怎么办？"

管仲回答说："好办，你接受委任就是了。"

鲍叔牙想了想，可能也没有更好的办法，于是便听从了管仲的意见，担任了公子小白的老师。

管仲、召忽、鲍叔牙三人还相互约定，无论将来是公子纠还是公子小白做君主，他们三人都要相互引荐。

再说鲍叔牙自从担任了公子小白的老师后，心里还是觉得没底，又找管仲商量，问他："我怎么不踏实呢？究竟该怎样做工作呢？"

管仲回答说："作为人臣，如果对君王不尽心竭力，君王就不会相信。君王不相信，说话就没有分量。说话没分量，那你治国平天下的理想又何从实现？总而言之，侍奉君王，不可存有二心。"

鲍叔牙心想，这管仲的话也说得在理，还是干一行，爱一行，专一行吧。从此，鲍叔牙开始尽心竭力辅佐公子小白。

为避难，远走他乡

就在管仲和鲍叔牙、召忽一起，尽心尽力教育和辅佐公子纠和公子小白时，齐国发生了宫斗。无奈之下，三人只好逃往国外避难……

前698年腊月，在齐国君主的位置上干了三十多年的齐僖公，终于敌不住疾病的困扰，撒手人寰。他的长子诸儿继位做了齐国的国君，史称齐襄公。

齐襄公在中国历史上绝对算得上是一个"另类"和无耻的君主，在他还是世子时，就和同父异母的妹妹文姜乱伦，搞得后宫一片乌烟瘴气。

后来，齐僖公察觉后，就给诸儿娶了宋女、鲁女和莒女为妻。诸儿由于爱恋新婚，兄妹之间的来往才变少了。

而文姜呢，当时并没有出嫁。由于深闺寂寞，她便仍然时时想着诸儿，以致心中忧闷，不幸得病。但她又难以说出口，真是哑巴吃黄连，有苦自家知。

说来凑巧，正在这时鲁国人前来求婚。齐僖公就把刚满16岁的文姜许给鲁桓公做夫人，并约定于齐僖公二十四年（前709年）九月亲自送文姜到鲁国成婚。文姜得的本是心病，一听到这喜事，病也轻了。

诸儿听说文姜要嫁到鲁国，从前的狂心，不觉复发，就给文姜写了一首诗，让宫人送给文姜。诗中抒发了想念和留恋之情，文姜看后，深解其意，也复诗与诸儿，表示惋惜和留恋之情。

这年九月初，鲁国应约来娶文姜，诸儿欲代父为文姜送行，齐僖公不许，诸儿只得退下，文姜心中也如有所失。临行那天，文姜别过六宫妃眷，到东宫来告别哥哥诸儿，诸儿设酒相待。两人四目相观，以目传情，各不相舍，只是多了诸儿的宫妃在座，不便交谈，暗暗叫苦。临别之际，诸儿再也忍耐不住，挨到车前，提醒她莫忘赠诗，文姜也叮嘱诸儿保重，并说相见有日。

却说文姜嫁到鲁国三年，于前706年九月生了一个儿子叫子同，就是以后的鲁庄公。她自从 16 岁出嫁到鲁国，就再也未见过诸儿，旧日情谊日夜折磨着她，她就这样熬过了整整 16 年。

到了前 694 年一月，32 岁的文姜总算找到了一个合适的机会来见诸儿。丈夫鲁桓公要到齐国访问，她要求同去。

鲁桓公没感觉到文姜的去与不去对他的计划与行动会带来什么麻烦，顺口就答应了。万万没想到的是，这在朝堂遇到了阻力，鲁国大夫申繻（xū）首先上言反对。

文姜与其兄齐襄公瓜葛不清的传闻，估计在鲁国已经不是新闻了。妻子红杏出墙，丈夫总是最后一个知道的。于是申繻找到一个堂而皇之、义正词严的理由劝说桓公不要去齐国："女有家，男有室，无相渎也，谓之有礼。易此，必败。"大意是说，主公外出有公事在身，怎么可以带夫人呢？你难道忘了周幽王的下场？

鲁桓公说："这次会面还有一个议事，那就是我做大媒，齐襄公要娶周天子的侄女儿。你说，能没有个女的在一边陪着说话吗？"

申繻，忠义之士也，当即回应说，那只是一个提议而已，况且都是主公与主公之间的谈话，周天子也不会到场，没女眷的事儿。言下之意还是说，完全没必要让夫人参加。

鲁桓公也觉得申繻说得有道理，于是退朝之后设法把朝堂公议的结果告诉了文姜。文姜就问他，你究竟是否真想带我去？如果你真想带我去，朝堂公议能决定您的行动吗？周王姬嫁到齐国，是要做夫人的，是我的嫂子，我作为夫人陪你去，有什么不可以？值得你们在朝堂之上议来论去吗？大男人之间谈论这些，合适吗？这是礼仪之国应有的风范吗？

文姜一席话噎住了鲁桓公。

文姜见鲁桓公哑口无言，接着又说，到了齐国，我站在一边，你与我哥哥多交流交流，也可以了解了解我在娘身边的故事啊！

文姜这句话一下子就勾起了鲁桓公的"探秘心结"。历史上的鲁桓公虽没有什么大的作为，但也不是一个愚钝之人，他是不会忘记文姜嫁给他时已非处女之身之事。虽然春秋战国时期是中国历史上最为光辉灿

烂的开放时期，所谓"男女授受不亲"还远未如后世那般严重，但有关文姜的风言风语是不可能一点都不传到鲁桓公耳朵里的。作为男人，他还是有想弄清楚自己的老婆过去跟谁好过的心思的。

就这样，在几种因素的掺和下，鲁桓公架不住女人的唠叨，却镇住了满朝文武，忘掉了申繻的劝告，带上文姜浩浩荡荡去洛口（今济南市天桥区，是古代泺水入济水的地方，所以又叫"泺口"）与齐襄公会面去了。

泺水两岸，柳芽初绽，大地回暖，气温骤升。车一到洛口，文姜就急急卸掉了裹着的冬衣，飞快地下车去尽情享受春天的快意。鲁桓公望着充满少女般活力的老婆，当然也是十分高兴。他们在洛口待了多少天，史书没记载。

《左传》上说："公会齐侯于泺，遂及文姜如齐。"也就是说，这一行人在洛口见面后，很快就一起去了齐国。这一说法与野史上的记载也相符。《春秋衡库》上倒是记载了一些故事，根据这些故事，我们不难推断出当时在洛口出现的情景：

文姜见到了16年没见面的哥哥，当着鲁桓公的面就扑了上去，紧紧抱在一起，令众人瞠目结舌。鲁国使者提醒鲁桓公，此不雅之举，有伤国容。鲁桓公却回答说，兄妹情深，可以理解！到了晚上，文姜要到齐襄公住处去，被门口卫兵拦住，灯火烁烁之下，双方争执起来。鲁桓公出来了，齐襄公也出来了，大家站到灯火处，相隔很近。整个场面安静下来。僵持了一会儿，文姜感觉自讨没趣，眼巴巴地看着诸儿没个主动行为，只好随鲁桓公回去了。

鲁桓公夫妇随齐襄公到了齐国后，情况就完全不同了。这里是文姜儿时生活所在，自然处之如裕、游刃有余。之后几日，兄妹二人旧情复燃。文姜找准机会，晚上在齐襄公那里留宿，直到次日上午才回到鲁桓公身边。

俗话说，纸包不住火，动静搞大了，鲁桓公自然也坐不住了。从前，桓公十分宠爱这个女子，对她百依百顺。可这次文姜做得实在太过分了，居然在自己的眼皮底下跟旧情人重温旧梦，这不是当着自己的面打自己的脸吗？

一向宠爱文姜的鲁桓公这一次没有饶过文姜，他怒气冲冲地问道："夜里在宫中和谁一块儿饮酒？"

"同连妃。"文姜回答。

鲁桓公问："几时散席？"

"久别话长，半夜才散。"

鲁桓公又问："你哥哥有没有来陪你饮酒？"

"我哥哥不曾来。"

鲁桓公冷笑一声，说："难道兄妹之情，不来相陪？"

文姜说："饮到中间，曾来劝了我一杯，马上就走了。"

"你散席后，为什么不出宫？"

"夜深不便。"

"你睡在何处？"

文姜装作生气的样子说："你这是怎么了，何必如此盘问，宫中许多空房，岂能无我睡处？妾自在西宫过夜，那是我过去守闺时的住处。"

鲁桓公又问："你今天为什么起得这么晚？"

"夜里饮酒疲倦，今早又梳妆，不知不觉到了现在。"

"睡觉时是谁和你做伴？"

"宫女。"

"你哥哥在何处睡？"

文姜面红耳赤，说："当妹妹的怎能管哥哥睡处？言之可笑！"

鲁桓公冷笑道："只怕为哥的倒要管妹子睡处！"

"这话怎讲？"文姜反问。

鲁桓公说："自古以来，男女有别，你留宿宫中，兄妹同寝，寡人全都清楚，还想瞒我不成！"

文姜口里虽是含糊抵赖，哭哭啼啼，心中却感到理屈，不敢大声吵闹。

却说齐襄公早已派心腹跟随文姜回来，专门探听消息。鲁桓公和文姜的对话，心腹早已报知齐襄公。齐襄公想，如果不杀掉鲁桓公，文姜就性命难保，于是定下计策，设宴请鲁桓公。他把鲁桓公灌得酩酊大

醉，让一个叫彭生的大力士，把鲁桓公送往公馆。半路上，彭生用胳臂把鲁桓公夹死了。跟随访问的鲁国人提出抗议，齐襄公装作不知，为了掩人耳目，叫人拿住彭生。彭生本以为可以升官发财，没想到却被问罪。

这天，殿堂上，文武百官分坐两旁，齐襄公坐定，彭生双手被绑，立在台阶下。齐襄公大喝一声："斩！"

通常来说，到了这个时候，一般人早就吓得死猪一般，任人宰割了。没想到彭生却大叫一声："慢！"只见他面不改色，望着齐襄公大骂："不要脸的东西，奸污你妹妹，叫我杀死你妹夫，却拿我问罪，岂有此理！"

齐襄公只觉得脸如火烤一般，一句话也说不出来。文武百官也都用手遮着脸，偷偷地笑。虽然刀斧手很快就将彭生拉出去斩了。但正所谓"好事不出门、坏事传千里"，此事很快传遍天下，成了人们茶余饭后的谈资。由于大臣们也都憎恨齐襄公的所作所为，因此也都在背后偷偷地议论。

很难说人们的议论会不会传到齐襄的耳朵里，但对他这样没脸没皮的人来说，是不会放在心里的。

前 692 年冬，齐襄公又要到一个叫禚（今山东省济南市长清区）的地方打猎，并借此机会和文姜相会。公子小白早就对哥哥诸儿的做法十分不满，听说他又要去禚地与文姜幽会，就跑去坦诚相劝，晓以利害。

小白说："现在国人沸沸扬扬传播着您与文姜的流言蜚语，还说鲁桓公死得不明不白，对您颇多微词。现在您又要去禚地与文姜私会，我做小弟的不得不大胆进言，男女之嫌，不可不避啊！"

没想到小白的一番好心被当成了驴肝肺，刚愎自用的齐襄公哪容得了别人在自己面前说三道四！他又羞又恼之下，把小白臭骂一通，一脚踢出门外。

小白挨了一顿打骂，跟跟跄跄地跑到师父鲍叔牙府中。鲍叔牙不在，拜访管仲去了，小白又跑到管仲府上。

管、鲍二人见公子小白神色慌张，衣衫不整，额上鼓起一个大血泡，一副狼狈相，都很惊讶。急问发生了什么事？

小白苦笑着说："常听师父您教导。做臣子的要刚正不阿，如果国君做了危及国家的事情，哪怕失掉性命，也要毫不犹豫地进言。我听说大哥襄公要去糕地狩猎，又听人说，他其实是想去干一些为人所不齿的事，便前去劝说，没想到落了这个下场……"

虽然小白痛恨哥哥的行为，但家丑毕竟不好外扬，因此他说得吞吞吐吐。

管仲和鲍叔牙一听就明白了。管仲当下心里暗自感叹：公子小白果然具有忧国忧民的君王气魄。他沉吟半晌，方才喃喃说道："此事传出去，恐被天下人耻笑。如若现在停止下来，尚可掩饰一二，再继续胡作非为下去，势必成决堤之水，肆意泛滥。作为一国之君，因行为不端而失去国人乃至天下人的尊重，也就失去了威严与信义，国家必然危在旦夕，不可不虑。"

鲍叔牙也接着说道："是啊，有奇淫者，必有奇祸。国君既如此肆意行事，必然酿成大乱。"

管仲说："看来国乱不过是早晚之事，公子轻率进谏得罪了国君，一有风吹草动，恐怕先要祸及公子。"

听了管仲的话，公子小白不禁感到后怕，忙问："我该如何是好？"

鲍叔牙也急忙问管仲该怎么办？管仲说："事已如此，已不可挽回。依我之见，公子和鲍子只有暂到他国避祸，然后再观察局势的发展。"

鲍叔牙和小白想了想，觉得只有如此了，但到哪个国家好呢？管仲说："大国喜怒无常，还是到莒国最为保险。"

见鲍叔牙和小白露出了犹豫的神色，管仲已知他俩的心里在想什么了，忙解释说："二位不要以为莒国是弹丸小国就轻视它。俗语云'店大欺客，客大欺店'，国小，便不敢轻慢公子。更何况公子的母亲是莒国人。再说，公子出奔他国，只是暂避祸身，并非长久居住。莒国靠近齐国，一旦齐国国内有变，需要公子时，早上出发，黄昏就到了临淄，也不会耽误什么大事。"

鲍叔牙和小白这才同意了管仲的意见，连夜收拾行装，悄悄去了莒国。

平心而论，管仲建议公子小白和鲍叔牙外出避祸，确是出于真心实意。但他也打着自己的小算盘。因为公子纠尚在国内，一旦齐国出了变故，自己就可和召忽辅佐公子纠出来收拾局面，国君的位置自然唾手可得。公子小白避祸的国家虽然濒临齐国，但也毫无威胁。谁知，人算不如天算，最终管仲弄巧成拙，反而成全了公子小白。

再说公子小白逃到莒国后，齐襄公自觉除去了一块绊脚石，更加肆无忌惮。对外，想仗恃武力称霸诸侯，便穷兵黩武，四处征伐，弄得四邻怨怒；对内，横征暴敛，滥杀无辜，使百姓苦不堪言；在私生活上，更是放浪形骸，到了明目张胆的地步。几年下来，整个齐国已是天怒人怨，成山雨欲来风满楼之势。

管仲虽然抱负满身，但此时的他人微言轻，尚没有左右国家的能力，只能眼睁睁着好端端的齐国迅速走向衰败。为了自保，他和召忽商讨，欲步公子小白的后尘，保护公子纠暂奔他国，以避过眼看就要到来的祸乱。但公子纠毕竟年少，而且看不清大势，对外逃犹豫不决。就在此时，在齐襄公身边发生了一件极其怪异的事情。

这天，齐襄公出外游玩，在贝丘（一作沛丘，在今山东博兴东南）打猎时，看到一头大野猪，凶猛无比。齐襄公心里发毛，忙命身旁的随从射杀。随从应声搭箭，扣满弓，正欲一箭射出，突然惊恐大叫："那不是野猪，那是公子彭生！"

齐襄公勃然大怒道："彭生这个小畜生，居然敢挡寡人的道？"说罢，劈手抢过随从手中弓箭，"嗖、嗖、嗖"，向野猪连发三箭。奇怪的是，那箭却似长了眼睛一般，眼看射中，却又中途转弯，一支从野猪头上飞过，另两支从野猪两侧飞过，野猪毫毛未伤。

齐襄公虽然整日花天酒地，却也臂力过人，而且射得一手好箭，虽没有百步穿杨之术，但射这么一只庞然大物也不至于箭箭落空。因此，见此情景，齐襄公大为惶恐。

没想到，就在这时，那野猪突然像人一样站起身啼叫。声音极其阴森凄厉，直吓得齐襄公毛骨悚然，肝胆俱裂，从车驾上一头跌将下来，口吐白沫，昏死过去。

管仲当晚就听说了此事，知道齐国的内乱顷刻将至。覆巢之下，岂有完卵！于是他叫上召忽，拉着公子纠连夜跑到鲁国避难去了。

各自打着小算盘

由于齐国内乱，一时没了国君。而继位者又只能是公子纠和公子小白中的一位。面对机遇和风险，管仲、召忽和鲍叔牙都打起了各自的小算盘……

前687年，齐襄公派遣大臣连称、管至父到葵丘（位于今河南省商丘市民权县境内，亦有其他说法）驻守戍边，因该地驻防条件恶劣，襄公与连、管二人约定，瓜熟时节前往，到明年瓜熟时节再派人替换。

到了第二年瓜熟时节，连称和管至父已在葵丘驻守一年，但当连称、管至父请求派人替换时，齐襄公却不同意。

连称和管至父异常愤怒，心想，好吧，既然你不仁，也就别怪我们不义，于是策划叛乱。

齐僖公在位时，非常宠信侄子公孙无知，衣服礼仪等种种待遇都和太子诸儿一样，这也导致诸儿对公孙无知很是不满。等到诸儿即位为齐襄公后，便逐渐剥夺了公孙无知的待遇。这让公孙无知无比恼怒。

连称、管至父二人对公孙无知和齐襄公之间的矛盾心知肚明，便联络公孙无知，挑明联合叛乱的意图。三人一拍即合。

当时连称有个堂妹在齐襄公的后宫为妃，但不受齐襄公的宠爱，于是连、管二人就指使她侦察齐襄公的情况。公孙无知也答应她事成之后，让她做自己的夫人。

机会很快就到来了。

齐襄公那日打猎跌伤回宫后，因为当时惊慌过度，鞋子都跑掉了，

便责令管鞋人费（姓氏不详，名费）去找鞋。

这荒山野地的，如何去找一只鞋子？费找不到，齐襄公就抽打费三百鞭，打得皮开肉绽。

这时候，公孙无知和连称、管至父等人得到了齐襄公受伤的消息，便率众袭击齐襄公的住所。

公孙无知等人在宫门口遇到费，便把他劫走并捆起来。费说："我哪里会抵抗你们？我都恨着他呢！暂且不要进去惊动宫中，惊动宫中就不易攻进去。"

公孙无知不相信，费便解开衣服，让他们查验自己背后的鞭伤。见此，公孙无知相信了费的话。费表示愿意和他们一起行动，请求先进宫去。

没想到费虽然挨了打，却是忠臣一个。他进宫后，立即将齐襄公隐藏到门后。过了一会儿，公孙无知等人恐其有变，于是率众进去。费与宫中侍卫和齐襄公的宠臣一起，共同攻击公孙无知等人，但没有取胜，费等人全部被杀。

公孙无知进入宫中，将床上躺着的一个人杀死。但掀开被子一看不是齐襄公。他四处一望，一眼看到齐襄公的脚露出在门下边，于是将齐襄公杀害。

齐襄公死后，公孙无知自立为王。将连称的堂妹连妃立为夫人；封连称为正卿，号为国舅；管至父为亚卿。

再说鲁国自鲁桓公被彭生杀死后，公子同即位，是为庄公。鲁庄公的母亲就是文姜，公子纠是他的舅父。庄公是个极其孝顺的人，大概是爱屋及乌吧，齐国对他分明有杀父之仇，他还是以德报怨，对此时来到鲁国的公子纠、管仲、召忽一行盛情款待，让他们居住在宽敞舒适的府邸里，供给着丰盛的食物。可以说，公子纠在这里过得逍遥自在，"乐不思齐"。

管仲则不同，他密切注视着齐国的动静。有一天，他穿戴齐整找到召忽说："今日齐国会有使臣来，你要做好准备。"

召忽惊奇地问："你从何得知？"

管仲轻轻一笑，说："我们当初离开齐国，虽是避难，却也是为了保存实力，以便将来重整齐国国威。如若就那么匆匆忙忙地一走了之，耳聋目瞎，岂不要客死他乡？不瞒你说，离开齐国前，我早已隐伏下耳目，待国内一有风吹草动，便火速前来告知。所以，齐国的一举一动，都在我的掌握之中。"

召忽还是有些怀疑，正待再问，忽有家丁来报，说齐国有使臣到了。召忽这才大吃一惊，钦佩地望着管仲，一时说不出话来。

管仲又微笑着问："你知不知道使臣干什么来了？"

召忽摇摇头。管仲说："使臣前来，定是请我回齐国辅佐新君。"见召忽仍然半信半疑，管仲接着说，"你要不信，就等着瞧吧。"

齐国使臣是叛乱的主谋管至父派来的。原来，齐国经历篡位内乱后，文武大臣死的死，散的散，宫中清冷孤寂，公孙无知无人辅佐。管至父深知管仲满腹经纶，深谙治国之道，只要有他一人相辅，何愁大事不成。于是，他命人带着金银珠宝来请管仲回去辅佐新君公孙无知。

待使臣说明来意后，管仲冷笑着说："什么新君？说是新鬼恐怕更为贴切吧？你们看不见吗？刀都已架在他脖子上了，难道让我管仲回去替他陪葬吗？"

使臣知道和管仲说不通，正要退走。管仲又说道："请回去禀告你家主人。公孙无知乃一鼠辈尔，昏庸无能，应改名为'愚昧无知'才好。连称、管至父残暴凶狠，虽篡夺了齐国江山，也必定群臣不服，百姓不拥，变成孤家寡人。我管仲是一定要回去的，但我回去是为他们这群叛逆收尸的。"

听罢，使臣战战兢兢地退了出去。

一旁的召忽对管仲刚才的言语佩服得五体投地，见使臣退出后，他忙问管仲："你刚才说群臣都不服他们，岂不是提醒管至父之辈，为巩固公孙无知的君位，更凶残地镇压群臣吗？你为什么要这样说呢？"

管仲笑笑说："我正是要怂恿连称、管至父等与百官为敌。你想想，不以德服众，而是以残酷的手段压服，岂不是压而不服，火上浇油？放心吧，齐国不久还要大乱，你我还是做好回到齐国的准备吧。"

一切皆如管仲所料。

公孙无知自立为王后，干的第一件事就是杀尽齐襄公后宫的所有人。这主要是因为连妃不喜欢后宫的任何一个人，哪怕是自己的丫环也不想要。连妃说："后宫就留我一人，你要女人，以后再另选，连你原来的女人也不可靠！"

公孙无知慑于连称的势力，对连妃言听计从。他亲自跑到后宫，命令手下将后宫女性全部先奸后杀，不留一个活口。一连数天，临淄城被屠者数千人，一时街头血流成河。

消息传到葵丘。葵丘邑官渠丘大夫是齐僖公时代的老臣，深受上卿竖曼器重。他听说竖曼一家千余口全部遇害，悲伤得数度落泪。

恰在此时，连称与管至父前来告辞，因为他们拥戴公孙无知上位有功，因此要到临淄去接受公孙无知给予的官位。平时，渠丘大夫待二人不薄，二人才来辞行。见他们来告辞，渠丘大夫灵机一动，决定设宴送行。二人平时与渠丘大夫关系很好，加之此次辞行事先并无告知，因此并无防备。

席间，连、管二人很是兴奋，频频干杯，很快就喝得酩酊大醉，随来的几个护卫也醉得人事不省。

渠丘大夫见时机已到，立即下令将连称、管至父一行统统秘密杀掉，尸体秘藏不宣。同时，暗中派人前往临淄，悄悄找到幸存的大夫高傒（xī），和他合计好，希望他能够把公孙无知诱出临淄，再相机行事。

高傒（？～前637年），字祖望，号白兔，谥号敬仲，又称高子。高傒是齐太公的后裔，也就是齐国的贵族，他的另外一个身份是周天子赐封的齐国上卿，待遇相当于宰相，而且还可以世袭。

高傒在齐国卿大夫中声望极高，而且与齐襄公的弟弟小白交好。当他得知渠丘大夫的计划后，一开始心里很有些害怕，毕竟这是一件弄不好就要掉脑袋的事；但他权衡再三，还是觉得跟渠丘大夫走在一条路上才是正道。

于是，高傒让人告诉公孙无知，为了防止夜长梦多，应该让臣属尽快就位，特别是连称、管至父劳苦功高，应该速请他们到位任大将军一职。

公孙无知虽然在很多时候都显得无知，但他对高傒还是了解的，知道此人一向为朝廷中人所敬重，因此对他的话也不敢怠慢，于是便来到后宫对连妃说了此事。连妃说："我哥好酒，一定沉醉于幸福之中了，不如我们去看看他和管至父。"

公孙无知心想，没有管、连两人，自己别说称王了，恐怕这会儿都还受着齐襄王的气呢，于是同意了连妃的建议，当即带着一部分精干的下属前往葵丘。

葵丘与临淄相距不远，当天傍晚就到了。出来迎接他们的是葵丘邑官。公孙无知觉得有些奇怪，就问为何不见连称、管至父将军？

渠丘大夫镇静地回答说："两位大人正在醉酒之中，他们得知主公要来，想醒却醒不了，托我告诉您，明天上午一定来向您三叩九拜，以行周礼！"

公孙无知不知是计，高兴地听从了渠丘大夫的安排，因为这个地方是连称、管至父的辖地，他再怎么想，也不会想到有人敢在这里对自己怎么样。

然而公孙无知终究不是一个傻子，他在渠丘大夫的陪同下，在住处转悠了几圈后，似乎觉得哪里不对劲，便拔剑对渠丘大夫道："你从实说来，寡人到此，焉有连称、管至父不到场的道理？告诉我，你把他们怎么了？"

一旁的护卫见邑官有危险，也纷纷拔出剑来。渠丘大夫见状，厉声怒斥道："都把剑放下。新主公在此，怎可无礼！"

护卫见渠丘大夫这么说，就都收起了剑。

公孙无知一时不知应该如何是好，虽然自己此时是一国之君，但天下有多少人认同，他心里也没数。再加之这是在渠丘大夫的地盘上，而连称和管至父二人又不知身处何处，因此他没了主张。倒是连妃还算冷静，她说："主公不必着急，我哥那嗜酒如命的性格，不会因为你的到来而放下酒的……"

渠丘大夫笑道："还是夫人知情。"

公孙无知这才收起了剑。

渠丘大夫吩咐送公孙无知与连妃到行宫休息。

入夜，听从渠丘大夫的安排，事先早就藏在公孙无知卧室床底下的杀手，听得公孙无知与连妃疯狂云雨实在难忍，不想挨到渠丘大夫说的子夜动手，早早跳出，将正在寻欢作乐的一对狗男女砍下脑袋。可怜的公孙无知，头被砍掉，嘴里还在喊着快活，那连妃倒是看到杀手挥刀而来，惊得一双惊恐的大眼还瞪着……

到了子夜时分，渠丘大夫来到，听说公孙无知已被砍死，连忙过去举灯查看，只见两人居然还是赤裸裸的。

"好一对狗男女！"渠丘大夫一边骂，一边举刀朝公孙无知的尸体砍去，竟然将无头的公孙无知尸体砍为数段。砍完，他将刀一丢，坐在地上半天才缓过神，然后抬起那早已老泪纵横的脸，吩咐人去临淄向高傒报告："无知弑襄公自立，臣谨行诛。唯大夫更立公子之当立者，唯命是听。"

公孙无知死后，由于他生前屠杀数千人的罪行激起了新一轮的民怨，结果又激起新一轮屠杀，追随公孙无知谋反的人们遭遇了灭顶之灾。

能够在齐国这场混乱中幸存下来的文武大臣，都是不沾公孙无知与齐襄公边的"第三方"。现在，轮到他们来争主公之位了。活下来的大臣中，数公室国氏与高氏最强大。国氏、高氏两家都是周天子亲封的卿大夫，长期代表周天子监督齐国，在齐国朝野影响很大，并且掌握着一定的实力。特别是高氏家族的高傒更是如此。现在，看着大家公堂之上争吵不休，国氏的代表人物国子对高傒嘀咕："公孙无知一死，按礼制原则，当迎立在鲁国避难的公子纠即位。"

高傒没有立即说话，因为他很清楚，公子纠乃平庸之辈，继位后不会比他长兄齐襄公好多少。

国子也知道高傒的心思，长叹了一声说："公子纠确实不学无术，如果由他即位，太公所创的大齐祖业，恐怕要毁于一旦！"

"国上卿所言极是，你看公子小白怎么样？他虽比公子纠年轻，但聪颖过人，知书达理，不是糊涂之辈。"高傒看着国子，试探着说。

国子又长叹一声说："这事我也想过，公子小白确比公子纠更适合做主公。可毕竟长幼有序，你我又能怎么办？"

高傒语气坚定地说："我认为，唯贤是举方才是正道，如若我们拥戴平庸之辈，岂不更是辱没列祖列宗？"

国子点点头："你这话说得有道理。国难当头，那我们就别管那么多宗法啦，拥戴公子小白吧！"

听了国子的话，高傒立即从怀中掏出早已写好的帛书，递给国子说："上卿一心为齐国着想，可敬可佩。我已给公子小白写好帛书一封，请过目。"

国子匆匆看了一遍说："好！马上派快马火速赶奔莒国，请小白速回临淄即位。"

几天之后的一个夜晚，公子小白在反复观看着高傒、国子送来的急信。他的老师鲍叔牙正在算着卦。

"公子、公子，好消息、好消息！"鲍叔牙忽然高声叫起来。小白转过身来，俯身看着鲍叔牙手里拿着的用来算卦的龟板。

"公子你看，从龟板显示的卦辞来看，预示着将有飞龙在天。哈哈，齐国新君，非公子莫属！"

公子小白却激动不起来，而是显得心事重重。

"昨夜高、国二位上卿派人送信，用心良苦，就是要公子回国即位。"鲍叔牙仍然处于激动之中，连语气都有些发抖。

小白又把帛信读了一遍，然后问："太傅，二位上卿信上没有说让我回去继位呀？"

鲍叔牙接过信说："公子你好糊涂。"他念道，"今日群臣朝议公子纠为新君，即派宾须无大夫去鲁国迎接，五六日可回临淄。国不可一日无君，齐国积重难返，亟待一位贤明新君……"

"对啊，太傅，既然群臣已议定我兄长公子纠为新君，这对我来说有什么值得庆祝的呢？"小白大惑不解。

"公子你看，"鲍叔牙指着信上的话说，"听锣听声，听话听音。上卿

之言，意在字里行间，你看'齐国亟待一位贤明新君'。公子的贤明在齐国众所周知，公子纠乃平庸之辈，谁不知道？这贤明二字，分明指你。"

小白心想，太傅说得也对，于是点点头。

鲍叔牙继续说道："还有，信上说，公子纠需要五六天时间才能回到临淄。可上卿又说，国不可一日无君。公子纠从鲁国回去是需要五六天，可公子你从莒国回去只需三天啊。很明显二位上卿之意，是让你赶在公子纠之前回临淄即位。"

"这，这……"小白其实也看出了信中的意思，可他还是面有难色，犹豫不决地说："太傅，毕竟长幼有序，我怕……"

鲍叔牙指着刚才算卦用的龟板说："既然这是命中注定，公子你何必还要迟疑？当断不断，反受其乱！"

小白走到窗边，深吸了一口气，想了又想，还是下不了决心。

鲍叔牙着急地大声喊道："公子，你怎么聪明一世，糊涂一时？兄弟有大小之分，可这只表示从娘肚子里降生的先后而已，与君位有什么关系？昔日尧舜禹之禅让，难道是看长幼之别吗？当然不是！而是看其是不是贤明。所谓机不可失，时不再来。公子应顺应国人之心，担负起国君的重任。"

从内心深处来讲，这世上有几人不愿做国君呢？小白当然也不例外。先前之所以有些犹豫，不过是怕担负篡兄之位的骂名而已，现在听了鲍叔牙的劝告后，心里的顾虑一扫而空，当即一拍大腿说："好，就照太傅所说的办，我们何时动身？"

"当然宜早不宜迟，我已向莒国借得战车百乘，明日一早准时出发。"

"太傅考虑得真周到，我们真的会成功吗？"小白仍然还有些担忧。

鲍叔牙满怀信心地说："公子，你就把心好好地放肚子里吧，这些年齐国日益衰败，民不聊生，被各诸侯国歧视，连周天子也看不起我们齐国，这都是因为我们没有一位贤明的国君。现在举国上下，人心思治，公子又有高、国二位上卿的扶助，一定会成功！"

鲍叔牙的话彻底触发了小白内心的豪情，他终于踌躇满志地说："如果苍天保佑我小白登临君位，我做的第一件事就是起用治国贤才，委以重任，齐心协力，振兴大齐，让周天子对齐国刮目相看，让各诸侯国臣服！"

就在公子小白和鲍叔牙紧锣密鼓地准备着回齐国的事务时，管仲这边也没闲着。

管仲已早先一步从自己在齐国布下的耳目中，获知公孙无知和连称、管至父等人被屠杀的事，也知道国内无君，正在筹划公子纠回国即位之事。于是，管仲请求鲁庄公出兵送公子纠返回齐国。

听说齐国派人来迎公子纠回国继承君位，鲁庄公自然心下大喜。一则齐、鲁两国有亲缘关系，自己不能袖手旁观；二则，公子纠等人在鲁国长期这么呆着也不是个事儿，自家的好酒好肉又不是天上掉下来的，总不能好吃好喝供养这些人一辈子吧？因此，他二话没说，立即答应派甲兵护送，为公子纠助威。

但是，此时的鲁国虽不是诸侯国中的强者，但也是藏龙卧虎之邦，鲁庄公手下精明睿智的大臣也不少，他们对鲁庄公的做法提出了异议。大臣施伯就是其中之一。他头脑冷静，智谋超群。早已看出齐国内乱，正是齐、鲁两国强弱转化的契机，因此见君侯要出兵助齐，慌忙出来阻止说："此事万万不可！"

鲁庄公不明所以。

施伯解释说："在诸侯中，齐、鲁两国国势当在伯仲之间，齐强则鲁弱，齐弱则鲁强。此时齐国内乱，正是鲁国图霸的时机，主公又何必去淌齐国的浑水呢？依臣之见，还是让他们自相残杀，我们乐得静观其变。"

施伯是鲁庄公非常宠信的大臣，而且他说的话也确实颇有见地，因此听了施伯的话后，鲁庄公对是否出兵送公子纠归齐国一事，开始犹豫起来。

鲁庄公的态度有了变化，公子纠这边可就着急了。他惦念齐国君位心切，听说鲁庄公态度暧昧，立时心急火燎地抱怨管仲误了他。原来，公子纠得到襄公已死的消息后，立刻就想回国继位，经管仲晓以利害，方才勉强作罢。后来听说管至父等人竟然重金聘请管仲回国辅佐公孙无

知，更是勃然大怒，骂管仲明里保他，暗里通敌。后见管仲严词拒绝，心里方才稍感宽慰。现在见齐国君位空悬，自己却鞭长莫及，火气不禁又发作起来，责骂管仲说："都说你足智多谋，连公孙无知都来请你，本公子也将一切托付于你。当初你力主来鲁，说什么鲁国国大兵强，又有亲戚关系，一旦有事，自会鼎力相助，说得天花乱坠。可如今怎样？落得有家难奔，有国难投！你又作何解释？"

管仲却也不恼，他神色坦然地微笑着说："公子不必过于担心，管仲自有安排，定让齐国君位成为公子的囊中之物！不过嘛……"他沉吟一下，又说，"要请公子助一臂之力。"

公子纠见管仲似乎成竹在胸的样子，就将信将疑地问他："真的能成吗？要我帮什么忙？"

管仲说："我想见文姜夫人，请公子引见。"

这还不容易吗？公子纠当即带着管仲前去王宫见了文姜。

文姜的艳名，管仲早已听闻，但从未见过，今日一见之下，他也不由得惊呆了。心里暗自感叹："早闻文姜夫人美艳绝伦，只道世人夸张，今日一睹芳容，方知百闻不如一见。"他见文姜虽年近不惑，仍肤色莹白润红，皓齿如贝，身姿窈窕如杨柳，像一枚熟透的鲜桃，娇艳欲滴，浑身散发着一股诱人的成熟之美。尤其那双美眸，更如两潭秋水，忽闪着勾人心魄的妖媚。见到管仲时又是和颜悦色，面带笑容。管仲直觉一股春风夹着花香扑面而来。

管仲不是柳下惠，坐怀不乱他是做不到的——天下又有几个男人能做到？但要说他一见美色就魂不守舍，那也绝对是在贬低他。实事求是地说，管仲在女色面前还是很有些定力的，但是，在文姜面前，他却有些把持不住了。

管仲只觉得脸上火辣辣的，心口在"砰砰"直跳，不禁有些心猿意马起来。他这才明白，为什么当初齐襄公深陷美色的泥潭而不能自拔了。

然而管仲毕竟是管仲，迷糊之中，他使劲掐了掐自己的大腿，一阵疼痛使他定下神来，忙向文姜夫人抬手施礼。

聪明如文姜，自然早已猜知管仲的来意，她轻启朱唇，问道："早就听说先生有匡世济时之才，辅佐公子纠数年，使纠获益匪浅。今日此来，可是为纠继承君位之事？"

管仲又一施礼，说："早闻夫人博古通今，才思敏捷，今日一见，果然不凡。管仲此来，既为公子，也为夫人。"

"噢？"文姜莞尔一笑，"为本夫人？先生不妨说来听听。"

管仲略微清了清嗓子，侃侃而谈："夫人生于齐，居于鲁。娘家齐国强盛，夫人在外自然脸有荣光；反之，齐国衰败，夫人脸上就会黯然失色。这是其一。其二，现在有望继承齐国君位的，非纠即小白。纠假若在鲁国帮助下即了君位，就会着力与鲁国修好，两国成为睦邻，夫人来往于齐、鲁之间，自然随心如意。反之，小白的生母是莒国人，若小白在莒国的相助下即位，他自然要报答莒国的恩惠，心中哪里还会有鲁国和夫人的位置？其三，齐国乃东方大国，夫人是愿意鲁国有一个强大的朋友呢，还是有一个强大的对手呢？想必不用管仲多言，夫人心中早已明晓。"

听了管仲的话，文姜爽朗一笑说："真是百闻不如一见，先生果然口里有兵法。本夫人不是薄情寡义之人，孰轻孰重，自然分得清。好吧，我这就去说服我儿庄公，保你如愿就是。"

管仲大喜，说："多谢夫人鼎力相助！管仲必不忘夫人恩德。"说完，深施一礼，告辞而去。

其实，在齐襄公刚刚被杀时，文姜就曾劝过儿子兴兵伐齐，向公孙无知问罪，为兄长兼情人的齐襄公报仇雪恨，但被群臣所阻。现在听说公孙无知已死，齐国来迎公子纠回国为君，自是喜不自胜。听了管仲一番鼓动，便催促庄公即速派兵护送公子纠回齐国即位。

前曾述及，鲁庄公是历史上一位极为孝顺的君主，虽然前番在群臣的阻挠下，他对是否派兵护送公子纠回国有些动摇，但母亲一出面，群臣的话就被他丢到爪哇国去了。再说，综观他一生的作为，他还算得上是一个有为之君，也看得清公子纠与公子小白二人谁即位对鲁国更为有利。因此不听施伯等人的劝告，以曹沫为大将，秦子、梁子为左右副

将，率兵车三百辆，护送公子纠和管仲、召忽等人，浩浩荡荡直奔齐国而去。

拼的不仅是速度，还有"演技"

我们都知道，演电影、电视需要演技。其实，做国君有时候也离不开演技。比如，如果不是靠"演"，齐国就很可能失去了一代明君……

前 685 年的初春，齐鲁大地还是一片春寒料峭的样子。管仲和公子纠在鲁国军队的护送下，正日夜兼程往齐国国都临淄挺进。

一路上，众人不时开着或荤或素的笑话，因此也不觉得有多么的无聊。

然而刚行军没几个时辰，先前派去莒国打探消息的细作就前来报告，说莒国已经派军队护送公子小白上路两日了。

性急的召忽当即嚷嚷道："原本他们的路就比我们好走，早走两日，定是先到三日，等我们到，那黄花菜都已经凉啦……"

管仲知道召忽说的是实情，当即说道："我看这样吧，拨支兵力与我，我日夜启程，赶在小白前面拦住他们。"

召忽摇摇头说："这样不行吧？"

管仲说："那一带的路，我很熟悉。他们从莒出发，最好走的路是顺潍水到淳于城（一说在今山东省安丘市，另一说认为可能在山东省泰安市岱岳区及新泰一带），从那里往西拐过杞邑（今河南杞县）。我在缘陵邑（今山东省潍坊市昌乐县境内）前面大道上守着！"

领军的鲁国大将曹沫觉得管仲的方法值得一试，便同意了。管仲带上一支三十人的精干兵力，翻山越岭，提前到了缘陵城外大道旁。管仲经向好几个路人打听，得知近日未见有整齐队伍通过。

管仲心想，他们一定是没到。于是命令带来的三十人在路旁深处安营扎寨，自己一个人在马路边设了一个茶水摊作掩护，以观察动静。

一夜无事。

第二天一早，天空飘着毛毛细雨。管仲远远地看到一行人急匆匆而来，知道是护送着公子小白的莒国队伍。

管仲一看莒军的行军阵势，就知道是鲍叔牙指挥的。他沉着冷静，命令随同自己前来的三十人排成进攻队形，自己站在队伍前面，眼看莒国队伍与自己只相隔一箭之距时，他拍马上前，一边向鲍叔牙拱手致意，一边高叫道："鲍子，多日不见，你还好吧？"

鲍叔牙也在战车上拱手施礼道："管兄别来无恙？"

管仲试探着说道："托贤弟洪福，我还过得去。在鲁地服侍公子纠，今日总算有了个结果。我是送公子纠回临淄，不知鲍子带着兵车，是到哪里去？"

鲍叔牙何等人！当然明白管仲的意思。心想，好家伙，你是坐火箭来的呀，比我还快！但他也不愿挑明，便含糊地回道："天降不幸，齐国大难，二位国君接连被杀。公子小白是回临淄料理君上丧事的。"说着，指指车上挂着的黑幡和素衣缟服的公子小白。

管仲"哦"了一声，心里却冷笑了一声：好你个鲍叔牙，你葫芦里卖的什么药我还不清楚？便将了鲍叔牙一军："我看公子小白，脸上洋溢着喜庆之色，哪像料理丧事！再说，料理丧事为啥兵车戎马相从？鲍子一向为人忠厚，今日所言有些辜负你的人品吧？"

鲍叔牙正色道："管兄，小弟正要问你，你同公子纠回临淄干什么？"

管仲道："实话实说吧，经齐国群臣朝议和高、国二位上卿定夺，派大夫宾须无到曲阜（鲁国国都）迎接公子纠回临淄继位新君。先君的丧事自然由公子纠料理，就无须公子小白费心了。鲍子可与公子小白再回莒国。否则，庄公的军队马上就到了，免得发生诸多不快。"

公子小白一听，心里有些打鼓。他想，公子纠回临淄继位是天经地义的事，处理襄公丧事也是理所应当。因此，他心里有些埋怨高傒和国子，心想，两位监国上卿，德高望重，既然已经定了让公子纠继位，为何又给我送信呢？这不让我难堪吗？想到这里，他扯了扯鲍叔牙的后衣襟，小声道："太傅，咱们……"

鲍叔牙轻轻拨开小白的手，朗声对管仲说道："管兄，所谓大路朝天，

各走一边。公子小白是先君的同胞兄弟，连奔丧的权利也没有了吗？"

管仲心想，还是别废话了，干脆打开天窗说亮话吧，于是单刀直入地说道："公子小白的阴谋我一眼就看穿了。他是想回临淄争夺君位，行不礼不义之举。这天理难容的事，鲍子你能做吗？"

鲍叔牙也毫不相让，义正词严地说道："管兄才高八斗，高瞻远瞩，深通治国谋略，对人对物看得入木三分，你难道就分不出黑白优劣、贤能昏庸？大齐江山，早已满目疮痍，伤痕累累。如果管兄还要给齐国送上一个平庸君主，岂不是雪上加霜吗？管兄你又于心何忍？"

管仲听了，心中一动，鲍叔牙的话不是没有道理。可公子纠不当国君，他的相国梦就要破灭，于是鼓起三寸不烂之舌说道："愚兄身为公子纠老师，这些年也尽了心，费了力，公子纠的变化相当大，德才兼备，堪负国任。再说，这朝纲维常，长幼有序，公子纠登位，上通天理，下达民心，难道鲍子连这个道理也不明白？"

鲍叔牙仰天大笑："管兄真是金嘴一张，死的都能被你说成活的。公子纠乃平庸之辈，这是全天下人都知道的事，管兄却说他德才兼备，被人笑掉大牙不说，管兄的作为难道不是在欺世盗名、撒弥天大谎？从前，你一直说凡事要以齐国大业为重，我看你还是与我携手共事公子小白，一起建功立业吧。"

管仲见鲍叔牙言辞坚定，便决定以情打动。他柔声说道："鲍子，人臣各为其主。你我情同手足，今日贤弟高抬贵手，再让管仲一步，与公子小白回莒国去，以后的事贤弟尽管放心，愚兄自会安排好的。"

一听管仲的话，鲍叔牙觉得自己似乎受了侮辱，便厉声道："管兄今日说这话，真让小弟看不起你！当日你我共同经商，一分红利，你得七成，我不以为你贪婪；好不容易当了兵，你却逃跑了几回，我不认为你懦弱；你打过几次仗，却都败了，我不以为你平庸。可今天你的做法，却让人很难不鄙视你私心太重。身为堂堂七尺男儿，不为齐国社稷着想，却满腹私利，为争官位，甘心推一个平庸之辈为君。管兄，你是打着仁义道德之名，行偏私利己之实！好吧，既然是各为其主，小弟决不让步！"

鲍叔牙一席话，说得管仲脸发烧，耳发热。他深知鲍叔牙的脾气，一旦决定了的事，九头牛也拉不回的。

怎么办？

管仲扫视一眼，见莒国的将士全都怒气冲冲，戒备森严，大有一触即发之势，而自己带来的三十人呢？大多脸现惶恐之色。他知道寡不敌众，便转身招呼自己的人后退。刚退到路旁的小树林边，他以迅雷不及掩耳之势，弯弓搭箭，猛一转身，对准公子小白，"嗖"地一箭射去。

这箭射得那叫一个准！只听小白大叫一声，口吐鲜血，一下子倒在车上。

鲍叔牙和随从们一见这情景，慌忙围上来抢救，许多人吓得都哭了起来。

管仲见状，急忙率领他的人马逃跑了。一路跑一路得意。他想，公子小白已被射死，公子纠的君位已经十拿九稳了。他如释重负般再次抄小路回到护运公子纠的队伍中，和大家一起从从容容地继续向齐国进发。

然而管仲高兴得实在是太早了。原来公子小白并没有死。管仲那一箭，只射中了他的带钩。小白大惊之下，知道管仲箭法高明，怕他再射，急中生智，猛地咬破舌头，大叫一声，口吐鲜血，装死倒在车上。等管仲跑远了，他才睁开眼睛，松口气说："好险啊！多亏老天助我，使我捡得一命。"

真的是靠老天爷帮助吗？当然不是！靠的其实是小白的"演技"。

鲍叔牙见小白凭着自己高超的演技捡得一条性命，心里自是高兴无比。但他知道还不是笑的时候，因为他担心管仲会再来，因此告诫小白不可麻痹轻敌，让他换上平民衣服，乘车抄小路向齐国都城急驰。

当公子小白与鲍叔牙等人心急火燎地赶到临淄城门时，已是半夜时分，只见门前亮着几支火把，人影闪动。

小白警觉地问鲍叔牙："太傅，城门前的人是不是迎候公子纠的人马？"

鲍叔牙跳下战车说："公子莫急，待我去看个究竟。"

鲍叔牙昂首阔步来到门前，看见城楼下站着高傒、国子二位上卿，

纳首便拜："鲍叔牙拜见二位上卿。"

高傒急忙扶起鲍叔牙，焦灼地问："公子小白呢？"

鲍叔牙一指后边："公子就在车上。"

国子道："走，快去迎接公子。"

这边小白已下得车来，向国、高二人施礼说："小白拜见高、国二位上卿。"

高傒连忙扶起小白，来不及寒暄就急忙问道："公子可有纠的消息？"

鲍叔牙未等小白回答，便抢先答道："公子纠正在路上。我等与管仲在路上相遇。管仲趁我们不防射了公子一箭，恰巧射中了公子的衣带铜钩，真是大难不死。"

高傒连忙拉着公子小白的手，左看右看道："公子没伤着吗？"

小白笑道："有老天爷罩着，连皮毛也未动着。"

国子惊叹："真是天助我等也！事不宜迟，公子及早进城，明早拜过宗庙，登临君位。"

再说公子纠这边，护送队伍到达一山麓，天色已晚，管仲一行便扎营休息。由于这两天行军辛苦，将军曹沫决定在行军大帐内设宴，款待众人。

曹沫首先举起酒杯道："到临淄还有不到两天的路程。现在后患已除，可以高枕无忧了！来，为公子即将继位，干杯！"

管仲、召忽和公子纠以及副将秦子、梁子等，一齐举杯道："干杯！"

公子纠更是乐不可支，把酒杯高高举起道："我有今日，多亏各位鼎力相助，等到即位后，一定请诸位在齐宫中大宴三天，我干此杯，以表谢意。"说罢，一饮而尽，大家也都喝干各杯中酒。

曹沫又举杯道："公子当上齐国国君，首功应属管大夫，一箭定乾坤。来，为管大夫干杯！"

公子纠和召忽等也齐声道："对，干杯！"

管仲颇为得意，一仰脖，干了。

这一夜，众人喝得不亦乐乎，然后美滋滋地睡了一个好觉。

再说公子小白这边。

回到临淄的第二天一早，小白在高傒、国子两位上卿的带领下，先去宗庙礼拜。宗庙内，正中是齐先祖太公姜尚的塑像，两边依次是历代诸君的牌位。

高傒、国子与公子小白一字排开，在姜太公像前叩首。高傒和国子先是发表了一番言词恳切又慷慨激昂的话，大意是说：齐国的列祖列宗啊，你们开创的事业到了我们这一代，被不肖子孙弄得满目疮痍，为了大齐的明天，为了实现大齐的强国梦，我们不得已违背宗法，拥戴德才兼备的公子小白继位，敬请列祖列宗体谅，将来我们见面了，笑一笑也就过去了，请不要责罚。

接下来自然是公子小白表忠心，其大意不外乎是说：列祖列宗们开创的伟大事业，现在遇到了一些麻烦，不过不要紧，道路是曲折的，前途是光明的，历史的接力棒既然已经交到了我的手里，我就一定夙夜辛劳，勤勉工作，在高傒、国子两位上卿的辅助下，在众位大臣的配合下，实现大齐的强国梦，使百姓安居乐业。

祭祀完毕，众人来到齐宫正殿，举行登基仪式。尽管高傒、国子做了大量工作，大夫隰（xí）朋四处奔走，可来参加登基大典的大臣仅仅过半。来的大臣们各有各的想法，一个个缄口不言，因此，大殿里气氛比较清冷。

这种情形，早已在高傒、国子的意料之中。这是非常时期办的一件非常之事，如不马上搞登基仪式，再过两天公子纠就要回来，还有那三百乘战车的鲁军，那可就有大麻烦了。要是以往，新君登基大典还不得热闹十天八天，现在，只能一切从简。

在一番鼓乐齐鸣中，在司仪隰朋的主持下，小白身着诸侯服，登上高台，坐到御案之前。鲍叔牙侧立一旁。

隰朋拖着声音叫道："众大夫拜见新君！"

众位大臣在高傒、国子的率领下一齐叩首："拜见君上！"

小白右手轻摆，语气庄重地说道："众卿平身。"

要说此刻的小白心情很淡定，那是不可能的。应该说，他的心里百感交集，澎湃不已。他深知自己的君位来之不易，没有高傒、国子这两

位德高望重的前辈的扶持，就没有他的今天。他深情地看着站在班首的高傒、国子二位上卿，见他们这些日子忧国忧民，累得眼窝深陷，脸色发青。他赶忙站起来说道："赐高上卿、国上卿坐。"

高傒、国子同声道："谢君上。"二人分别坐在御座左右两侧。

看看分列两班的文武大臣，小白几乎都能念出他们的名字。他们一个个眼观鼻，鼻观心，神态木然。这让小白感到了肩头的压力。他现在面临的局势十分严峻，一是鲁国那三百乘战车，公子纠决不会善罢甘休的，很可能借鲁军挑起一场战争；二是如何安抚这班朝廷大臣，如何在最短的时间内得到他们的拥护。在众大臣中，关键人物有这么几位：隰朋、王子城父、东郭牙、雍廪（lǐn）、宾须无，他们都是举足轻重的人物。其中东郭牙、宾须无、雍廪今天没来，看来，他们成见很深。隰朋、王子城父不成问题，他们与自己感情很好，会衷心拥戴。雍廪是老臣了，态度不卑不亢，搞定他可能性还是比较大。昨夜，他与太傅鲍叔牙半宿没合眼，商量了两条：一是说服东郭牙，无论如何，也要请他出山；二是准备与鲁国打仗。这两着虽然都是险棋，但值得冒这个险，都说富贵险中求，权力又何尝不是要险中求？

想到这里，小白朗声说道："各位大夫，寡人承蒙高、国二位上卿和大家的拥戴，今日继承君位，由衷地谢谢诸位。我们齐国这些年，内乱不止，国力大衰，百姓生活在水深火热之中。作为大齐的君臣，应当很好地反省，从中汲取教训。我们一定要使齐国强盛起来，让各国诸侯刮目相看。齐国的强盛依靠谁？就靠诸位！希望各位大夫各司其职。寡人要单独召见每位大夫，听取意见，你们抓紧时间做好准备。"

众大夫齐声道："谨遵君命。"

"王子城父将军，你马上去告知鲁庄公，就说齐国已立新君，请他命令他的人马回鲁国去。如果他们胆敢侵犯齐国，那我们大齐也不是好欺负的！"

"是！"王子城父得令。

小白看看国、高二卿："二位上卿，还有什么事要奏？"

国、高二卿起身施礼道："谨遵君命。"然后转身对众大夫厉声道，

"国难当头，大家要齐心协力，不遵君命者，格杀勿论！"

众大夫看看威严的国、高二卿，不寒而栗。

小白看看鲍叔牙。鲍叔牙会意，大声喊道："退朝！"

公子小白的登基仪式就如此简单地完成了，从此，中国历史上多了一位大有作为的英明君主——齐桓公。

偷鸡不成，反蚀一把米

原本以为悄悄射死公子小白，自己辅佐的公子纠就能成为齐国国君。没想到的是，管仲的如意算盘不但落空，自己反而还成了阶下囚。真可谓：偷鸡不成，反蚀一把米……

公子小白刚刚即位为齐桓公时，其实一点都高兴不起来。因为他知道，屁股下的这把椅子还没有坐稳，最大的威胁自然来自公子纠。他认为公子纠的存在始终是个威胁，于是决意除去。

因此，即位后的齐桓公几乎是第一时间就派人沿鲁国通向齐都的各个关隘送信，告知地方，一旦有公子纠的消息，十万火急禀报。

可让齐桓公没想到的是，护送公子纠的队伍此刻已经到了安平城（今山东淄博市临淄区皇城镇皇城营村、石槽村、张家庄一带）。安平城守卫系鲁妃的人，见到公子纠进城，特来拜见。

此时的管仲已得知公子小白继位为齐桓公的消息，他见形势如此，果断下令占据安平，封锁消息。与此同时，派快骑前往鲁国报告，决定用武力支持公子纠登基。

此时的鲁庄公也已得知齐桓公即位的消息，气急败坏之下，铁了心支持公子纠。众臣也以为齐桓公刚刚登基，脚跟还没站稳，只要派精干力量进入齐国，一定能够帮助公子纠夺取君位。于是鲁庄公亲率大军前去支援管仲等人。

得知鲁庄公亲率重兵来犯，齐桓公也不示弱，双方于前685年夏

末，在乾时（今山东青州）展开了一场恶战。由于这里是齐国腹地，齐军准备更充分，而且以逸待劳，加之又有鲍叔牙坐镇指挥，或许还有一点运气，齐军将鲁军打得落荒而逃。鲁庄公也差点儿成了俘虏，最后丢弃所乘战车，改乘轻车逃跑。安平城里的公子纠和管仲、召忽也一同逃往鲁国。

鲁庄公的人马还未回到曲阜，却接到齐国使者快骑送来的齐桓公的一封亲笔信。信中措辞严厉，要求鲁国杀死公子纠，交出管仲和召忽，否则齐军将围攻鲁国！

鲁庄公大惊，与大夫施伯商量怎么办。施伯过去对管仲知之甚少，自管仲随公子纠到鲁国后，很快就察觉出管仲超人的才华与智慧，曾私下对鲁庄公提出，若能留下管仲任鲁国宰相，鲁必大兴。年轻的鲁庄公一时没有采纳，但他明白过来后，也从侧面向管仲作了暗示。管仲婉言谢绝，告诉鲁庄公，自己是从一而终的人，除了齐国，不会为别国效力。

现在，鲁庄公告诉施伯："小白要我杀掉他的哥哥，说是他自己下不了手，要我代劳；还说管仲与召忽是他的仇敌，要求我将二人送回齐国，他亲自剐之。大夫认为这是真的吗？"

施伯冷笑一声说，直言相告："齐国要管仲不是为了报仇雪恨，而是为了任用他辅政。因为管仲的才干世间少有，他辅政的国家必然会富强称霸。假如管仲被齐国任用，将为鲁国大患。"

"那把管仲也杀了，还给齐国一具尸首？"鲁庄公犹疑着问施伯。

施伯说："这样最好。"

鲁庄公吐了一口气，没有说话。他在掂量，如果杀了管仲，齐桓公会不会像他信里说的，转身杀回来，把他们君臣都围歼在这里？从心理上讲，鲁庄公还是惧怕齐国的，毕竟实力不如人家啊。

鲁庄公一路走一路想，直到回到鲁国都城，仍然还没想好。就在这时，齐桓公的另一个特使又来了。他对鲁庄公再次重复说："管仲与召忽都是我们国君的仇敌。如今他们还被你们保护着，我们国君很生气，想再次发兵攻打你们，活捉管仲、召忽回去亲自生剥活剐。你们如果能明白我们国君的意思，就请将他们活着送还齐国，让我们国君自行处置。如果你们做不到这一点，那就是与齐国的敌人站在一起了，由此产生的后果当然要由贵国来承担！"

鲁庄公看看坐在身边的施伯。施伯当然明白主公的意思，他思虑再三，然后轻轻叹了一口气对鲁庄公说："主公，那就把管仲、召忽交给他们吧。从齐僖公到现在的小白，齐国国君个个都骄横性急。依我看啊，就是贤才到了他们手上，未必真正愿意用。当然，齐桓公如果真的使用管仲与召忽，齐国必定会蒸蒸日上。当今天下，超过管仲的人才还没有。他现在返回齐都，天下的诸侯都会心向齐国！如果你杀了他，齐国一定会兴兵问罪。那样的话，我们就得不偿失了！"

听了施伯的话，鲁庄公点了点，于是下令将管仲与召忽绑起来，准备交给齐国来的使者。

就在齐、鲁两国开始办手续准备第二天交接的时候，管仲与召忽忽然开始说起话来。

管仲问召忽："你害怕死吗？"

召忽说："有什么好怕的。我之所以不早死，是想看到齐国能够有个安定的局面，如今这个愿望应该说快要实现了。我也就没有什么遗憾了。可是，如果你我都回到齐国的话，一定不会被杀，而是恐怕会被委以相国的职务。这样的话，我会一点都高兴不起来。因为我们的好日子，是以牺牲公子纠的性命获得的。杀了他，重用我。你说，我还有什么脸面活着？这是在侮辱我啊！但是你应该活下去，去做齐国的相国，让齐国民众得到你的恩泽。而我，只想做一件事，去地下陪着公子纠，免得他孤单！"

管仲说："你的想法有些偏激了。我们还是应当一起辅助齐国国君，实现自己的抱负。"

召忽笑笑说："人各有志，不可强求。再说，功名与德行不能同时并立，而我偏又是一个看重德行胜过功名的人，所以，管兄，你就不必劝我了，只是希望你一定要好好努力，实现我们共同的愿望。"

说完，不等管仲再说话，召忽猛然跳起身来，一头撞死在柱头上。

管仲见状，长叹一声说："召忽死了，比活着好。管仲活着，比死了好啊！"

见召忽已撞死，鲁庄公决定杀公子纠。

施伯问他："主公真的想好了吗？"

鲁庄公又考虑再三，然后长叹一声，道："寡人无能，为了鲁国社稷和百姓不受兵马之祸，只好听任小白的摆布了。公子纠如果在天有灵，定会原谅寡人的。天地良心可鉴，是齐侯阴险毒辣，不是寡人罪过！"

施伯料他主意已决，又进言道："主公，臣以为管仲不可留。此人乃经国旷世之才，虽射杀小白不成，属千虑一失。管仲与鲍叔牙相交甚笃，人称'管鲍之交'，齐国无人不晓。这鲍叔牙是小白的老师，这次小白篡位成功，有鲍叔牙一半的功劳。如果管仲回到齐国，鲍叔牙一定会舍弃性命保荐管仲。从乾时之战来看，这小白也非等闲之辈，如果他万一听了鲍叔牙的话，重用管仲，对鲁国就大大不利了。依臣之见，此人无论如何不能活着回齐国去。"

鲁庄公摇了摇头说："大夫的意思我何尝不知？可是，齐侯信上明明白白写着，要亲手杀管仲，报那一箭之仇，不依他行吗？"

施伯走上前，附在庄公耳边，小声道："臣有一计，只需如此如此……"

"哦，大夫此计甚好！"鲁庄公一边听一边点头说："就这样吧，寡人就命你全权处置。"

第二天一早，施伯带着十名武士，同齐国的使者一起来到公子纠的住处。

齐国使者对施伯说："施大夫，我家主公再三叮咛，一定要活擒管仲。"

施伯拍拍使者的肩，笑着说："放心，我们决不杀管仲就是了。"说完一招手，带领武士闯进门去。

公子纠刚刚用过多早餐，看见施伯带着一群武士了闯进来，早已吃了一惊，往后退了一步。

管仲不知何时已站到公子纠前面。

施伯什么也没有说，走过去把一壶鸩（zhèn）酒放在案几上。

管仲道："施大夫，你要干什么？"

施伯看看公子纠，再看看管仲，冷笑一声："奉主公之命，赐公子美酒一杯！"

公子纠哪见过这阵势，不禁号啕大哭道："你家主公为什么害我？"

管仲厉声道："胜败乃是兵家常事。乾时一战，不过暂时失利，以后肯定会东山再起。小白篡位，必不会长久。齐国的君位非公子纠莫属，鲁侯怎么能做这不仁不义之举？"

公子纠哭喊道："你们滚出去！我不想死！我不想死啊！"

施伯指指鸩酒道："此乃高阳美酒，临淄特产，是齐侯小白的心意，公子不可不受。"

公子纠歇斯底里地叫道："我不喝！我不喝！"然后转身对管仲哭叫道："太傅救我，救我啊！"

施伯有些不耐烦地说道："公子，不要吵吵嚷嚷了。我们君上对公子如何，你们都清楚。你们在鲁国避难这些年，君上一直视你们为座上宾。现在齐国大兵压境，又派使者送信来，如果不杀死你们，鲁国就会被夷为平地。你们兄弟之间手足相残，那是你们的事，总不能连累我们鲁国吧？我们为了公子，损失已够惨重的了。"

公子纠哭着求施伯道："施大夫，我要见鲁侯。"

施伯不想再跟他纠缠，就指指案上的鸩酒说："在下是奉主公之命而来。公子，话已说到这个份儿上了，你也该体谅一下我们主公的处境，我们不能因为你一条命而毁了鲁国的大业吧？"

公子纠突然双腿一并，跪在施伯面前说："施大夫，求求你不要杀我，给我一条生路，以后我当了国君，与你平分齐国天下，以报你再生之德。"

施伯轻蔑地看了下眼公子纠，又扫一眼管仲，弦外有音地说道："以前我听说齐国的君臣骁勇善战，性格刚烈，视死如归，今日才知那全是骗人的谎言。臣不像臣，君不像君，一个个贪生怕死，苟且偷生。

如果我们主公到了公子纠这步田地，我鲁国大臣必定以死报君。"

如果是召忽还在，他一定受不了这莫大的侮辱。但管仲面对这一切，却似乎视而不见，听而不闻。他识破了施伯的意图。但见他坐在那里，一动不动，看他那神态，就是屁股底下的坐椅失了火，刀架在脖子上，他也不会眨眨眼的。

施伯见管仲无动于衷，心下暗暗称奇，看来用激将法对付管仲，不会有效果了。好吧，那就放他一条生路吧。只见他从案几上取下鸩酒，走到公子纠面前："公子，时候不早了，请吧！"

公子纠发狂地喊道："我不喝！我不想死！"

施伯回头大声道："来人，服侍公子饮酒！"

两名武士过来，将公子纠按住。一名武士从身后踩着公子纠的头发，使他仰起头来，另一名武士将鸩酒灌进公子纠口中。

鸩酒，也叫酖（dān）酒，在中国古书中经常提到。

鸩是一种传说中的猛禽，比鹰大，鸣声大而凄厉。其羽毛有剧毒，据说用它的羽毛划过酒，酒即含有剧毒，就是鸩酒，饮之令人立即毙命。鸩毒毫无颜色和异味，毒性却能够尽数溶解于酒。当然这只是个被夸大了的传说，事实上有许多毒酒并不是仅仅用鸩的羽毛划过的，而是在酒中同时掺入了某种毒物（例如乌头、毒箭木、毒芹汁等），不过人们习惯上也都叫它鸩酒。

古代的鸩酒不是可以随意配置的，这需要技术精湛的医士出面，从而分化为一个阴鸷的职业，叫"鸩者"。这些制造毒药的天才在犀牛角、兽皮的保护下，也是颤颤巍巍地接近毒物，稍有不慎，即会引火烧身。古籍上有很多关于以鸩酒赐死和饮鸩酒自杀的记载，"惧鸩忍渴""饮鸩止渴"就源于此。

这样的毒酒，公子纠哪受得了！他刚被灌了一口，就倒在地上，痛苦地翻滚了几下，七窍出血而死。

施伯走到管仲面前，阴阳怪气地说道："管先生，你与召忽共事公子纠。召忽是条好汉，忠心耿耿，不事二主，必将永垂青史，千古留名。现在，公子纠已去，召忽也已殉主，不知管先生作何打算？"

管仲眼皮也没抬，平静地说："施大夫，生杀大权就在你手里，我在这引颈待戮呢。"

施伯道："齐侯要你活着回临淄。他在午门外埋下了一根荣辱之柱，要用你射他的那支箭亲自把你钉死在荣辱柱上。照我看，回去也是个死，在这里也是个死，与其回去受尽屈辱再死，不如像召忽殉主一死了之……"

施伯这几句话，原本是想打击管仲，最好是让他受不住耻辱，自我解决，没曾想却使管仲心里有了底。他知道鲍叔牙会千方百计地救他，还有一线生的希望。他抱定主意，争取时间，活着回临淄。他信得过鲍叔牙，只要活着，鲍叔牙才有救他的用武之地。实在不行，就是死了也对得起鲍叔牙的一片真情。于是他看了施伯一眼，平静地说："死生由命，富贵在天。我管仲不怕死，就是死，也要风风光光。"

施伯无可奈何地挥挥手："把管仲打入死囚槛车！"

接着，施伯将齐国使者唤进屋内，将两个血淋淋的口袋交给他说："这是公子纠与召忽的首级。召忽以头撞柱自杀殉主，不愧丈夫气节。"他又指指槛车，"管仲已囚进槛车，活着交给了你们，如果再有不测，与我鲁国毫无干系了。回去禀告齐侯，我们主公已遵照齐侯的旨意办了，他要守信用，尽快退兵。"

使者看看槛车内的管仲，对施伯道："请转告鲁侯，我们主公一向最讲信义，我等一到临淄立即退兵。"

送走施伯，使者回到槛车旁边，说："我们这就回齐国，请管先生一路上自重。"

管仲点点头说："使者大人请放心，我倒不会自寻短见，但鲁国不会让我活着回去的。"

"那怎么办？"使者有些着急地问道。

"立刻启程，赶回临淄，或许还有一点希望，否则，今夜我就会在劫难逃。"

听了管仲的话，使者心里想，这管仲虽然现在是个囚犯，但他在齐国还是颇有名声的，要不，齐僖公也不会把辅佐公子纠的重任交给他。

这次我到鲁国来，鲍太傅也对我作过特别交代，一定要活着的管仲，如有不测，唯我是问。这管仲与鲍太傅的关系，比亲兄弟还亲。而且，鲍太傅在君上即位这件事上立了大功，下一步这相国之位非他莫属。因此，我无论如何都必须要保证管仲的安全。想到这里，他决定采纳管仲的意见，立即启程，也不讲究礼数了，来个不辞而别。

但副使不同意："天这么热，现在又正是晌午，一路上还不给烤成红薯？明天一早走也不迟嘛。"

使者眼睛一瞪："此行我是正使，我说了算，马上启程！"

副使尽管心里不痛快，可也不敢明目张胆地违抗，他毕竟只是副使，官大一级压死人。因此，他只好说："好好，咱们马上启程，不过，得向鲁侯打个招呼，否则咱们失礼呀！"

使者一挥手："得了吧，失礼的责任由我承担，马上启程！"

使者心想，都说管仲料事如神，这次他要亲自体验一回。他安排两名副将暂时留在鲁国打探消息，用以验证管仲的判断是否正确。

一行人急匆匆地启程。

尽管已过中秋，但今年的齐鲁大地不知为何仍然骄阳似火，热浪炙得人脸生疼。路旁树上的知了，放开喉咙拼命地聒噪，吵得人心烦。

管仲坐在死囚槛车内，大汗淋漓。槛车由四名士兵推着，他们的辛苦更是不言而喻。

管仲口干舌燥，向一位士兵说道："兄弟，能不能给我口水喝。"

那位士兵禀报副使："大人，死囚要水喝，给吗？"

副使从战车上跳下来，走到槛车旁。

管仲道："我口渴得厉害！"

副使冷笑一声："嗨嗨，快死的人了，毛病不少。这里前不着村，后不靠店，到哪里给你弄水喝？"

"没有水，给我点酒喝也好。"

"你还想喝酒？"副使拍拍拴在马上的羊皮酒囊："酒有的是，可就不给你喝。"说着，他摘下羊皮袋，将酒哗哗哗倒在地上。

管仲舔舔干裂的嘴唇："落井下石，不得好报。"

副使大怒："好你个死囚，还敢骂我？老子教训教训你！"说着，从一位士兵手中夺过一支戈，向管仲头上打来。

管仲躲也躲不开，头被打破，鲜血顺着脸颊流下来，他也不擦，只是望着槛车外苍茫的天空。

使者跑上来，夺过副使手中的戈，扔在地上。

副使仍然不解气，恨恨地说："反正是个死囚，给他点颜色看看！"

使者小心翼翼地把管仲脸上的血揩净，掏出刀伤药给管仲敷上，又从内衣撕一块布，为管仲包扎伤口。然后取出一袋水说："管太傅，现在怎能喝酒呢，还是喝水吧。"

副使气得直翻白眼："大人，你何必这样伺候一个死囚！"

"你别忘了，主公要我们带活的管仲回去！"

说着，使者又对推槛车的士兵吩咐道："管太傅是君上点名活擒的犯人，谁要再敢动他一根指头，先斩后奏！"

士兵们都唯唯诺诺地答道："是！"

正在这时，两匹快马追了上来，原来是使者留在鲁国打探消息的两位副将。他们来到使者车前，滚鞍下马，上气不接下气地说："禀报大人，果然不出大人所料，鲁国的刺客……"

使者一惊："快说！"

"我俩遵照大夫的指令，在住宿处守候，到了午夜时分，忽听外面有动静，只见两名刺客身着黑衣，手持利剑，从墙上跳下来，扑向那辆空了的槛车，对着车里边的草人就刺，一连刺了七八剑，其中一个说：'不好，上当了！赶快禀报施大人。'如果管太傅在车里，早就被戳成肉酱了。"说着，高高竖起大拇指，"大人真是神机妙算！"

使者佩服地看了管仲一眼，心想：你们夸错人了，真正神机妙算的是管仲。当然，他也不会把这话说出来，只是笑了笑，然后大声喊道："将士们，加把劲，无论如何，天黑之前要离开鲁地。"

副使打了个哈欠："大家跑了一天一夜了，腿都直了，就让他们歇息歇息吧。天这么热，何必那么着急！"

使者抽出宝剑，厉声吼道："事情紧急，刻不容缓！天黑之前，必

须赶到汶阳（位于今山东省肥城市境内），如有怠慢者，斩！"

士兵们早已又热又累，但上司已下达了命令，他们明里也不敢违抗，只好不情愿地推动槛车，一步一挪，慢慢腾腾地前进。

眼看这种行军速度，在天黑之前是无论如何也出不了鲁地了，使者一着急，干脆跳下战车，与士兵们一起推动槛车前进，可他一人的力量毕竟有限，槛车还是慢腾腾地。也难怪士兵们不卖力，他们实在是太疲劳了，一天一夜，马不停蹄，别说还要推着槛车了，连自己走路都成问题。

最心焦的是当然管仲了，他料定施伯决不肯善罢甘休，肯定要派兵追杀他。

怎么办？总不能让自己的小命就丢在这里吧？

人们常说急中生智，有时还确实是这样的。就在管仲焦急万分的时候，他忽然心生一计——编了一首歌，教同行的士兵们唱。

歌是这样的：

黄鹄啊！黄鹄！
你收起了翅膀，捆住了足，
不飞不叫，只在笼中伏。
本来你可以自由翱翔，
然而，遭到这样的厄运，除了长叹，除了啼哭，还能做什么？
黄鹄啊！黄鹄！
你的翅膀天生能飞，你的足天生能走，
可一旦落网了，谁能把你放出？
就算能破笼而出，又有谁知是活着飞翔，还是化为灰烬入土！
我就是这只被擒的黄鹄啊！
多么想挣脱束缚，展翅高飞，
然而有谁可怜我？
旁观者都麻木不仁，
慢慢腾腾地踱着方步！

这是一首齐风，管仲用悲壮的调子，以进行曲的速度，有节奏地唱着，士兵们听了无不感动，也跟着唱起来，越唱越想唱，一遍又一遍，边走边唱，步伐轻快，士兵们仿佛忘掉了疲倦，一路小跑，车马如飞。

　　本来两天的行程，结果一天半就走完了。

　　再说鲁庄公这边，过不了多久，他果然后悔了。他想，管仲乃天下奇才，若被齐国重用，齐桓公无必定如虎添翼，还是先除掉此患为好。于是，他派施伯带兵去追。可惜，此时管仲一行在王子城父将军的接应下，已经顺利抵达齐国境内。施伯只能无功而返。

　　就像一条猛虎被放归了山林，接下来就该是它笑傲江湖，大展身手的时候了。

第三章　踏上施展才华的大舞台

一箭还一箭，从此不相欠

管仲虽然在鲍叔牙的帮助下，回到了齐国，但齐桓公并不打算就此放过他。于是，他射出了复仇的一箭……

无论如何，管仲终于在恐慌中，平安回到了齐国。鲍叔牙正在齐国边境迎接他。老友相逢，格外亲切。鲍叔牙命令下人打开囚车，去掉刑具，又让他沐浴更衣。管仲觉得自己就像是重新活了一回。

稍事休息后，鲍叔牙对管仲说："当今齐国正是用人之际，希望他能尽己所有，为齐国的建设出力。"

管仲对鲍叔牙说："我与召忽共同侍奉公子纠，既没有辅佐他登上君位，又没有为他死节尽忠，实在惭愧。现在又去侍奉仇人，那该让天下人多么耻笑呀！再说，桓公杀不杀我都还不知道呢！"

鲍叔牙诚恳地对管仲说："你是个明白人，怎么倒说起糊涂话来。做大事的人常常不拘小节；立大功的人往往不需他人谅解。你有治国的奇才，桓公有做霸主的远大志愿，如你能辅佐他，日后不难功高天下，德扬四海。至于桓公那边，你就放心吧，我自然有办法消解他的怨气。"

鲍叔牙所说的不正是管仲一生的梦想吗？而且他还保证让齐桓公不杀自己，因此管仲也就不再假惺惺地推辞、客套了，不断地点头称是。

这段时间，鲍叔牙老了不少，面容憔悴，头上添了不少白发，他为营救管仲费尽了心思。自从管仲射了公子小白那一箭后，鲍叔牙曾对管仲的看法动摇过，认为他心太黑，手太辣，私心太重。可仔细想来，也情有可原。人臣各为其主，他是想实现自己的宏图大愿才如此不择手段。如果是他鲍叔牙见到公子纠，恐怕也不会客气，再说公子纠不也算是死在他和桓公手里的吗？

鲍叔牙又想，桓公继位后，对自己倍加重用，看来这相国之位已是稳操胜券，这可是个一人之下、万人之上的位置呀？试问，天下有几人不想？

可鲍叔牙很有自知之明，他知道自己无论学识还是能力都远不如管仲，如果管仲能辅佐齐桓公，齐国肯定会很快强盛起来。对于管仲的治国韬略，他是坚信不疑的，可桓公的心情也是可以理解的，那一箭是要他的命啊，他不能善罢甘休也是人之常情。现在的问题是，如何说服桓公，让他放弃杀管仲的念头？毕竟保住管仲的性命才是最重要的。

鲍叔牙一直认为齐桓公是个识大体、顾大局的国君。他曾经暗示过桓公，说现在十分紧缺治国贤才。恰逢齐桓公也正为此事着急，因为找了一大批人，都不理想。但鲍叔牙考虑这个弯不能转得太急，因此也就没有提出管仲的名字来。

现在管仲回来了，事情已到了危急关头。要保住管仲的命，就要尽量争取时间。想来想去，鲍叔牙忽然心生一计，急忙进后宫去见齐桓公。

桓公见是鲍叔牙，连忙起身问道："太傅，急匆匆前来，是有什么急事吗？"

"记得在莒国的时候，主公曾对臣说过，主公即位后的第一件事就是启用治国人才，臣想听听主公的打算。"鲍叔牙投石问路，先探虚实。

桓公心想，鲍叔牙是不是嫌自己没有拜他为相？便笑道："太傅不必着急，这相国之位非你莫属，寡人永远不会忘记太傅的恩德。待寡人杀了管仲，就选个吉日良辰，正式拜相。"说着，他从案几上拿起管仲射他的那支箭，脸上涌起仇恨的表情。

鲍叔牙一听，原本就要出口的话又给咽了回去。他心想马上提不杀管仲的事，恐怕不会有好结果，于是决定另觅良机再说。

不几日，齐桓公大婚，王后乃蔡国国君之妹蔡姬。

人逢喜事精神爽。鲍叔牙知道，新婚后的齐桓公情绪很好，正是进谏的好时刻。这天他吃过早饭，就进殿求见。桓公给了他特权，不管什么时间，随时都可进殿面君。

"参见主公。"鲍叔牙施礼。

齐桓公看着鲍叔牙的脸色，问道："太傅脸色如此憔悴，是身体不舒服吗？"

鲍叔牙点点头，笑道："臣确实患病了，夜里睡不着，饭也吃不下。"

齐桓公一惊："赶快请御医为太傅诊病。"

鲍叔牙连连摇头道："臣这病，再高明的御医也没法治。"

齐桓公道："那太傅是有心病喽，能否说给寡人听听？"

鲍叔牙真诚地说："主公，齐国连年战乱，各国诸侯看不起我们，北面山戎人还不时骚扰，国力空虚，民不聊生，主公接过来的是一个破烂摊子，百业待兴，百废待举。臣忧心忡忡，急得夜里睡不着，就是担心主公身边没有得力助手。主公尽管英明，可没有人辅佐，难免势单力薄呀！"

齐桓公一听，这话正说到他心里去，便道："寡人有太傅辅佐，定能振兴齐国。"

鲍叔牙摇摇头道："主公如果只想平平稳稳做一个守成之君，那么，臣虽然愚钝，也聊可充数。若是主公有远大志向，想富国强兵，称霸中原，成为一代名君，那臣就不能胜任了。"

齐桓公听出鲍叔牙话外有音，忙道："太傅有何见教？"

鲍叔牙道："主公的第一股肱之臣，当然是相国。这个位置太重要了，相国人选须内安百姓，外抚四夷。只有这样，齐国才能坚如磐石，而且称霸天下！"

"太傅此言，正合寡人之意，太傅可有人选？"齐桓公见鲍叔牙谈话不同以往，好像成竹在胸，忙问道。

鲍叔牙道："这相国人选远在天边，近在眼前。"

桓公急切地问："谁？他是谁？"

鲍叔牙铿锵有力地说："管仲！"

齐桓公一听，一下子愣住了。片刻之后，他突然爆发出一阵狂笑："哈哈哈哈……太傅，你是与寡人开玩笑吧？"

鲍叔牙认真地说："臣辗转反侧，思虑再三，确实是肺腑之言。"

齐桓公的脸色阴沉下来："那寡人问你，射寡人那一箭之仇还报不报？太傅可是因与管仲有兄弟之交，而把寡人置于脑后？太傅，在这件事上，可不能以恻隐之心代替了理智呀！"

鲍叔牙道："臣对君上忠心耿耿，耳不失聪，目不失明。臣以为主公应以大局为重，以齐国社稷为重。主公要因时、因地、因人而看待管仲。人臣各为其主，管仲射主公一箭，正像臣向主公献计，借鲁侯之刀除掉公子纠一样，同样是赤胆忠心，这一点主公应该明白。"

"可管仲想把寡人置于死地！"

"可臣已经把公子纠置于死地了！"

"只要寡人还活着，这仇就一定要报。"

"可是，主公您既然还好好地活着，而且登上君位，所以就更该赦免管仲，以前管仲忠于公子纠，以后会同样忠于主公。以他之能，定会为主公……"

齐桓公"哼"了一声道："寡人主意已定。在所有大臣中，太傅你是最忠诚最可靠最有才能的人，寡人要拜你为相国，寡人相信，你能帮寡人得天下，也一定能助寡人治理天下。"

"主公，臣与管仲相比，可就差得远了，有天壤之别。"

齐桓公不解地看着鲍叔牙：他今日怎么了？我已明明白白告诉他要拜他为相了，怎么还这么固执？

"臣以为，管仲是天下奇才，臣不如管仲有五个方面。"不待桓公说话，鲍叔牙接着说道，"一是宽和为政施惠于民；二是掌握大权而不使之旁落；三是忠诚待人，善于团结；四是制定礼仪使天下效法；五是执掌军纪，提高军队战斗力。"

齐桓公听得心里有些烦躁，拂袖而起道："太傅，不要再说了，道理再多，也抵不过这一支箭！寡人就不相信，没有管仲，寡人就不能称霸中原！"说罢，齐桓公径自回后宫去了。

鲍叔牙轻叹一声，他知道，说一次是不会有效果的。不过，序幕一旦拉开，就得抓紧了，否则，夜长梦多。

过了几日，齐桓公正在批阅奏章，忽报大臣雍廪有急事求见。

这雍廪在齐僖公时就是朝中重臣了，至今已是三朝元老，为人忠心耿耿，办事十分认真，在大臣中威信很高。雍廪和东郭牙、宾须无等人一样，原本对齐桓公即位一直持有成见，因此连他的登基典礼都不愿出席，但通过乾时之战的胜利和这一段时间的观察，几人觉得齐桓公这国君当得还不赖，是个有为之君，于是都改变了先前的立场，纷纷出来尽心辅佐他。

听说雍廪求见，齐桓公急忙整衣迎接。

雍廪进殿，叩首参拜："臣雍廪叩见君上。"

桓公道："平身。爱卿有什么急事告诉寡人？"

雍廪道："鲁侯派使臣来，要求退回前段时间被我们占领的汶阳之地。"

齐桓公怒道："岂有此理。汶阳之地已属齐国！"

雍廪道："君上英明。汶阳之地土肥水丰是块宝地，不能再还给鲁国！臣马上回去答复鲁使。"说罢转身欲退。

"爱卿且慢，寡人有一事问你。如果寡人杀了管仲，你认为鲁国会不会因生气而兴边犯境？"

雍廪不假思索地回答道："恰恰相反。如若主公杀了管仲，臣敢说，鲁侯和施伯一伙肯定会弹冠相庆。"

桓公不解地问："爱卿此话怎讲？"

雍廪道："臣已听说，先前主公命人去鲁国取管仲，鲁侯执意不肯让管仲活着回来。施伯诡计多端，先是用激将法想让管仲像召忽那样自杀，此计没成；晚上又派两名刺客暗杀，要不是使者早有防备，就是十个管仲也被杀光了；暗杀不成，又派施伯带兵来追杀，要不是王子城父将军接应，管仲恐怕早已命丧黄泉了。"

齐桓公点点头，又问："鲁侯对管仲怎么有这么大的仇恨？"

雍廪道："鲁侯与管仲无仇无恨，鲁侯是怕管仲。他知道管仲是天下奇才，如果活着回到齐国，主公若加以重用，那对鲁国就十分不利。鲁侯用意十分恶毒，管仲他不能用，也决不让齐国用。"

齐桓公若有所思，挥挥手，雍廪退出殿去。

两天之后。

"君上要杀管仲了！"

"管仲就要在午门被君上亲自射死了！"

……

诸如此类的消息不胫而走，午门外荣辱柱周围人山人海。

全副武装的士兵站成两排，把荣辱柱包围起来。

五花大绑的管仲被结结实实捆在荣辱柱上，他早已做好了思想准备，等待着这一天。他知道，鲍叔牙已经尽了力。他也知道，挽回他的生命比登天还难。既然是死，就得死出个样子来，让齐国所有的人知道，管仲是条不怕死的硬汉。于是，他使劲地挺了挺胸。

齐桓公在文臣武将的簇拥下来到管仲面前。他看看周围黑压压的人群，又扫视了群臣一眼：高傒、国子二位上卿没来，也没见鲍太傅。他们到哪里去了？

就在他正思索的时候，只听"咣"的一声，锣声响了，行刑的时刻到了。

齐桓公收回思绪，手持长弓，拿着管仲射他的那支箭，走到离管仲三十步处站定。

"管夷吾，还认识这支箭吗？你射寡人一箭，今天，寡人要用这支箭射穿你的喉咙！"

"哈哈哈哈……"管仲突然放声大笑，把头一昂，向桓公吼道："好你个篡位之徒！管仲瞧不起你的箭法，来吧！"

齐桓公怒道："寡人要让你的臭名和你的耻辱永远被千夫所指，万人唾骂！"

管仲大声道："要射就射！婆婆妈妈的废那么多话干吗？你等着吧，你哥哥诸儿和公子无知就是你的下场！"

齐桓公冷笑一声，把箭搭在弦上，拉满弓。眼看管仲就要死于非命，就在这千钧一发的时刻，忽听场外传来一声嘶哑的叫喊："主公！箭下留人！"

话音刚落，只见鲍叔牙分开人群，踉踉跄跄冲到齐桓公面前，"扑通"一声跪倒："主公，老臣有事相求！"

齐桓公冷冷地道："太傅，何事相求？"

鲍叔牙又叩一头道："求主公箭下留人！"

齐桓公又冷笑一声："太傅让开！今日寡人要了结那一箭之仇，剪除管仲逆贼。"

鲍叔牙仍然跪在地上恳求道："主公，臣所言不是为管仲，而是为大齐呀！臣教主公射箭，是想射得天下，而不是射杀贤能之才。如果主公手中之箭离弦而发，那大齐称霸之事将化为泡影。主公，你会后悔的！"

听了鲍叔牙的话，齐桓公心里一阵小激动，这真是位为国为民忠于自己的好老师啊。可他仍然冰冷着面孔，说道："太傅让开！"

鲍叔牙声泪俱下，悲怆地喊道："主公，你不能这样做啊！不能啊……"

管仲朝鲍叔牙吼道："鲍子，你给我站起来！如此昏君，求他何用！管仲死则死已，二十年后又是一条好汉！"

在齐桓公的示意下，几名士兵将鲍叔牙拉开。

鲍叔牙奋力挣脱士兵的拖拽，嘶哑着嗓子高喊："主公，我鲍叔牙不要你的官爵，也不要你的赏赐。你杀了管仲，只求你再补一箭，把我也射死！把我也射死吧！"

远处的管仲早已泪流满面，他哽咽着说："鲍子啊，鲍子，你的心意愚兄心领了，你还是站起来吧，不要再求这昏君了！"

几名士兵强行拖起鲍叔牙。鲍叔牙一边挣扎一边声嘶力竭地喊道："老天哪，你要让齐国苦到哪年哪月！你要让大齐一败涂地呀！老天哪！你为什么不站出来说句话呀……"

这时的齐桓公已松下弓弦，朝拖拽鲍叔牙的士兵厉声喝道："住手！"

士兵赶紧松开鲍叔牙。

齐桓公朝士兵怒吼道："岂敢如此对待太傅，放肆！退下！"说罢，俯身对鲍叔牙道："太傅请起。"

鲍叔牙道："臣愿跪死在主公箭下。"

齐桓公道："寡人怎敢如此对待太傅！"

鲍叔牙道："主公敢一箭射穿齐国的命脉，区区我一个鲍叔牙，有甚可惜？管仲，这是齐国的栋梁之材，为主公射得天下的射手！你怎能毁了这栋梁之材，杀了这射手？栋梁不在，射手不在，齐国安在？霸业何在？"

管仲哭着对鲍叔牙喊道："鲍子，我求你别求他了，管仲与其苟且活着，与桀纣为伍，不如昂首而死，去追随尧舜魂魄！"

齐桓公厉声道："住口！寡人继任新君，乃天意所为。鲁侯的三百乘兵车被我大败乾时，你管仲智勇双全也沦为阶下之囚，箭下之鬼，这都是天意！天意还要让寡人振兴齐国，称霸天下！"

管仲仰天大笑道："亏你还敢夸下海口，一个陶醉于蝇头小利、鼠目寸光之徒，哪懂得什么叫称霸？一个容不下一箭之仇的小肚鸡肠之人，又岂能稳霸天下？"

齐桓公冷笑道："好，管仲，你不是有经天纬地之才吗？寡人倒要听听，你如何振兴大齐，如何称霸天下？"

"可惜，我没有这份雅兴。你知不知道齐国百姓嗷嗷待哺，还在水深火热之中，连饭都吃不上。这个你尚然不知晓，我怎么和你谈齐国的山，齐国的海？振兴齐国，并不是凭借你的暴戾和残忍；驰骋天下，更不是依仗你手中的长弓！粮食不会因为你的贪婪就从地里冒出来，兵车不会因为你的私欲就无往不胜。你这强弓只能射穿我的喉咙，别的，你什么也做不来，什么也办不到！"

齐桓公道："管仲，你听着，没有你，这太阳依旧每天从东方升起。只是，寡人要让你看清楚，寡人的箭不仅能射穿你的喉咙，也能射得齐

国的山和海，射得天下的山和海。"

说完，他再度提起弓，对着管仲拉开。

鲍叔牙又一次大喊："主公，既然你心意已决，就让我最后一次为他送行吧，上酒。"

旁边的人递上酒。

鲍叔牙端酒站到管仲面前，又大声喊道："松绑，我的好兄弟上路，喝碗酒，都不能爽爽快快吗？"

齐桓公一挥手，旁人立刻给管仲松了绑。

管仲接过酒，却没喝，而是洒在地上，嘴里喃喃说道："母亲和所有我挚爱的人，你们可要记住，不是我不愿意将祖上之德传泽万民，实在是我太无能了，竟然射出了那不该射的一箭。但我不后悔。一日为臣，即为君存亡……"

周围一片寂静，连风似乎都躲得远远的。管仲的话，每个字都落在人们的心头，沉甸甸像石头，压得大家喘不过气来……

"……先我一步的召忽兄弟，我让你失望了。你说过，你死我生都是为了一个愿望。你还说过，功名与德行不能同时并立，德行也不会凭空而至。你的话说得很对。原本我们都想辅助公子纠实现富国强民的愿望，可天不如人愿，你为了实现长留德行于世间的愿望，追随公子纠去了黄泉，把追求功名、渴望振兴大齐的强国重任让给了我，而我正满怀信心去为之赴汤蹈火时，却这样快地追随你来了！我无能啊！无能……"

管仲大声地哭了起来。

就在这时，寂静的天空忽然狂风大作！难道老天也在痛惜人才的失去？

未待人们理清思绪，齐桓公手里的箭已脱弦而出。人们"啊"的一声张大了嘴巴……

"砰"的一声响过，人们发现，齐桓公射出的那支箭端端正正地射在了管仲身后的荣辱柱上，居然有半寸之深。

齐桓公淡淡地留下一句："今天风太大，算他运气好。"然后转身往荣辱柱走去。

"啪"！只见鲍叔牙把那酒碗朝地上一掷，大叫道："好啊！老天也在做好事啊！"

话音未落，刚才还狂风大作的天空，似乎又平静下来。

此时，围观的人群中走出了一群人，左边是国子家族，右边是高傒家族，好像是商量好的，都前往齐桓公面前，齐齐施礼。齐桓公并没理睬他们，而是从他们面前走过，一直走到管仲面前才停住。他望着管仲，仍然淡淡地说道："你昔日射向齐国国君的那一箭，今天，已经还掉了。从此，你我两不相欠。"说罢，转身而去。

不听管仲言，败仗连连

只要上过中学的人，都读过《曹刿论战》这篇课文。实际上，如果当初齐桓公听从管仲的劝告，这一切就不会发生……

几个月后的一天，齐桓公召集文武百官开会，研究要事。管仲以大夫的身份入朝议事，大臣们分立两班，管仲列于班尾。

至于管仲又如何成为了齐国的大夫，其实已用不着多费口舌。作为历史上的有为名君，齐桓公是一个深明大义的人。既然放了管仲一马，就必然要让他为己所用。将他列于班尾，不过是为了进一步考察他，也是为了平衡朝臣间的关系——总不能将一个刚赦免了死刑的犯人，突兀地置于他人之前吧？

在这次朝会上，齐桓公踌躇满志，侃侃而谈："两百多年前，周天子封先祖于齐，派召康公传周天子命令：'五侯九伯由齐国负责征伐，以辅佐周室。东至大海，西至黄河，南至穆陵，北至无棣，凡有不尊周天子者，伐勿赦。'"说到这里，桓公兴奋地站了起来，"寡人新立，须让天下诸侯知道寡人的威武之风，让四方君主知我大齐兵车之勇，天下之大。谁是霸主？寡人！"

可能是有些过于激动了，齐桓公咳嗽起来，稍稍停顿后，他才接着说道："齐鲁毗邻，本应和睦相处，可鲁侯老想挑起事端，到处传播谣言，极尽攻击诽谤之能事。为使天下诸侯正视寡人，寡人决定讨伐鲁国，让鲁国威风扫地，让天下对我大齐刮目相看。众爱卿有何高见？"

王子城父是一员著名的战将，领兵作战是一把好手。然而他猛则猛矣，于政治却几乎一窍不通。只见他头一个出班奏道："鲁国乃大齐手下败将，进攻鲁国，定能稳操胜券。"

齐桓公微笑着点了点头。

大夫雍廪原本是一位头脑清醒的大臣，不知是否被齐桓公慷慨激昂的一番讲演激起了心中的豪气，他紧接着出班奏道："主公威武圣明，威加诸侯，势在必行，臣愿率五百乘兵车，踏平曲阜！"

齐桓公拍案叫好，他看看鲍叔牙，问道："太傅意下如何？"

鲍叔牙心里并不同意桓公的这个决定，桓公继位还不足半年，国内的许多大事还未理顺，就大动干戈，有点操之过急。可他也知道桓公的脾气，他定了的事别人不好不赞成。再说，这鲁国也确实可恶，这半年来，可以说他们几乎把所有能想到的污言秽语都泼向了齐桓公，给他们点儿颜色看看也未尝不可。想到这里，鲍叔牙也出班奏道："主公要称霸中原，就要提高威望。大齐千乘兵车踏平曲阜，定会马到成功。"

毕竟年岁不大，齐桓公高兴得几乎跳起来，连声叫道："好！众志成城，无坚不摧，伐鲁之事就这么定……"

"主公，微臣管仲，有言忠告，如鲠在喉，不吐不快。"就在这时，管仲打断齐桓公的话，出班奏道。

众大臣一惊，目光一齐射向管仲。

齐桓公看了一眼管仲道："寡人正要听听管大夫对伐鲁的意见。"

管仲道："臣以为主公新立，国力不张，攘外必先安内，攻伐之事不宜操之过急。"

鲍叔牙不安地看着管仲，心想：你怎么不看火候？你现在能顶撞桓公吗？你就不想想你的下一步吗？再说，一个小小的鲁国，肯定能打赢的，你这么忤逆主公，主公能重用你吗？鲍叔牙一面想一面不禁

为管仲捏了把汗。

齐桓公果然有些不悦地说:"寡人之意在鸿鹄之高,不在举手投足之间。齐国内政,寡人自有主张。可威加诸侯,叱咤风云,当是寡人首要之举,当务之急。"

"主公雄才大略,臣敬佩之至,可威加诸侯并不能光靠武力,治理内政更不是举手投足可以办得到的。如果国内还未安定,就先对外作战,恐怕对齐国、对君上都会不利。"管仲执拗地说。

桓公不耐烦地摆摆手:"寡人主意已定,现在需要的是鼓舞士气之话,而不是涣散军心之语。"

管仲仍然说道:"臣蒙主公不杀之恩,斗胆直言。攻伐鲁国的理由不足,师出无名,举此不义之师,定会凶多吉少。即使赢得暂时的胜利,那也必然在诸侯之间留下骂名。过大于功,失大于得,望主公三思。"

听到这里,齐桓公的脸上挂不住了,他一拍御案,愤身而起,怒视管仲道:"管仲,身为齐国大夫,在战事面前理当勇挑重担,身先士卒。可你竟长他人威风,灭自己志气,你到底安的什么心?"

管仲叹道:"主公,这一仗不能打,不能打呀!"

齐桓公斩钉截铁地说:"寡人主意已定,休得再言!"

鲍叔牙频频地向管仲使眼色,管仲视而不见。他再看看桓公,只见桓公脸色铁青,生怕再生变故,说出对管仲不利的话来,忙上前奏道:"主公,为振大齐雄风,臣愿率三军伐鲁!"

齐桓公大喜道:"好!鲍太傅为三军大帅,寡人御驾亲征,不踏平曲阜,誓不还师!"

管仲看看桓公,又瞪了鲍叔牙一眼,长叹一声,施礼道:"主公,管仲本是一介草民,无颜参政,先行告辞了!"说罢,毅然退朝而去。

真把自己当成不可或缺的人了?看见管仲愤然退朝,齐桓公也不管他,而是朗声道:"马上准备五百乘战车,择吉日出兵伐鲁!"

前684年春,齐军正式发兵进攻鲁国。

鲁庄公看见齐国大兵压境,虽然知道自家国力弱于对方,但也觉得

自己不能再懦弱下去了，否则就真的国将不国了；如果奋起还击，说不定还能取胜。

可是，光有决心是不够的，打仗毕竟还是凭实力说话。该怎么应对虎狼一样的齐军呢？

就在鲁庄公冥思苦想的时候，有个人出现了。

这个人叫曹刿（guì）。曹刿是个鲁国平民，他对齐国一再对鲁国用兵的事情非常气愤，于是决定去见鲁庄公，参加对齐的作战。

曹刿的同乡都认为他这是没事找事，可能连国君的面都见不着。有人对他说："要处理国家大事，自有那些整天吃肉的官员。咱们老百姓过好自己的日子是最要紧的，你又何必插手呢？"

曹刿答道："那些吃肉的官员整天琢磨的是如何争取好处，没有远大目光，怎能帮助国君打胜仗呢？所以我还得到国君那里走一趟。"人们只得任凭他去找国君。

鲁庄公听说有个老百姓想见他，觉得见见也无妨，就接见了他。

接下来的故事许多人都知道，它叫"曹刿论战"。

曹刿见到庄公，劈头第一句话就说："君上，您依靠什么来对付齐国大军呢？"

鲁庄公笑笑说："这你都不知道吗？我是一个厚道人。只要得到一些好吃的、好穿的，我从不一个人享用，而是和别人分享。像我这样的好人，老百姓能不支持我吗？"

曹刿说："您说的不过是一些小恩小惠，能有幸分享的只是您身边的人。不错，他们肯为您卖命，可大多数老百姓未必心甘情愿帮您打仗。"

鲁庄公说："我在祭祀神灵的时候，非常虔诚，从来不敢削减供品。神灵会保佑我的。"

曹刿说："您的这份虔诚虽然可贵，可是神灵不会为了这么一点小事来帮您对付齐国。"

鲁庄公想了一下，又说："我在处理百姓纠纷时，尽管不能把所有案件都调查得一清二楚，可是却尽量做到公平。你说我能靠这种好处来打胜仗吗？"

曹刿点了点头，说道："如果真是这样的话，民心肯定归附您。您完全可以凭着这一点和齐国军队打上一仗。"

接下来，曹刿可能还和鲁庄公讨论了一些具体的战略战术问题。总之，他最终取得了庄公的信任。

不久，齐、鲁两军在长勺（今山东莱芜东北）摆开阵势，准备决一死战。鲁庄公亲自指挥军队，曹刿此时已完全得到庄公的信任，与他在同一辆战车上指挥。

齐军仗着兵多将广，先敲响了战鼓，准备进攻鲁军。庄公急忙下令军队反击，曹刿却对他说："现在还不到作战的时候，您再耐心等一会儿吧！"鲁庄公见曹刿一副胸有成竹的样子，也就听从了他的意见。

这时候，齐国军队又敲响了第二通战鼓，曹刿说："主公不要着急，现在依然没到作战的时候。"等到齐国军队敲响第三通战鼓后，曹刿说："主公，现在可以进攻了。"

鲁庄公马上下达进攻的命令。顿时，鲁国军队像潮水一样，涌向齐国军队。没过多长时间，齐国军队就全线溃散，纷纷逃窜。

鲁庄公这回真的打了一个大胜仗，显得异常兴奋，就想让士兵紧紧追击。曹刿阻拦了他："主公且慢传令！"

他走向战车，仔细观察敌人退却时的车轮辙印，然后对庄公说："现在是追击的合适时机，我们不可失去这个机会。"

鲁庄公于是下令追击。鲁国的将士们本来就不想放过齐军，一得到命令，就奋勇争先，把齐军赶出了鲁国的领土。

胜利之后，鲁庄公问曹刿："两回齐军击鼓，你为什么不让我反击？"

曹刿说："兴兵打仗，靠的是士气。敌军敲第一通鼓的时候，士气正盛；敲第二通鼓的时候，士气就差得多了；到第三通鼓时，士气已经泄了。而这时我军却鼓足士气，因此能够取胜。"

鲁庄公又问："那你又为什么不让我立刻追击呢？"曹刿说："齐国是个大国，我怕他们诈败佯输，但看他们的车辙很混乱，不像有计划撤退的样子，所以才放心让您追击。"

鲁庄公听了，非常佩服他。

长勺之战的胜利，一扫鲁国多年来的屈辱，让鲁庄公找回面子和自尊，顿时扬眉吐气。

面对大败而归的齐师，齐桓公十分恼火，他没有把这次失败看成是自己操之过急与决策失误，而是认为运气不好。

没过多久，朝中好事者上奏要齐桓公再度出兵教训鲁庄公。

齐桓公当即应允，立刻让上奏者去宋国，请宋国共同出兵。宋国公子捷曾与齐襄公共举兵事，今闻小白即位，正欲相互交好，见有这等好事，自然愿意。

前684年7月，宋国派遣猛将南宫长万为主将，猛获为副将。齐国则派鲍叔牙为主将，仲孙湫为副将。两国军队先后进逼鲁国的郎邑（今山东兖州西北）。

郎邑临近鲁国国都。消息传来，鲁国上下一片紧张！

鲁庄公朝堂之上与众臣商量对策。

鲁庄公问大臣们，面对如此危情，该何以御之？

大夫公子偃进言："鲍叔牙有戒心，军容甚整，不可轻视。那南宫长万自恃其勇，以为无敌，凭我对其队伍行动杂乱的观察，倒是可以智取……"

鲁庄公摇摇头："你不是那个南宫长万的对手。"

曹刿却说："主公不妨让公子偃将话说完。"

鲁庄公点点头。

公子偃接着说："我带支精兵悄悄从雩（yú）门（鲁都城南城的西门）出去，趁其不备偷袭，先败宋军。宋军一败，齐军自然不可能独留。"

听了公子偃的话，曹刿不禁鼓掌说："好计谋。"

公子偃又对鲁庄公说："下臣愿意领兵一试。"

鲁庄公见除了曹刿外，其他人都没有表态，便宣布退朝。众人不知何故，但也陆续退去。公子偃见庄公对自己的主意不置可否，便决定冒险一试。

这天黄昏时分，公子偃带领百余人马，避开人们的视线，悄悄用虎皮百余张，蒙在战马身上，又将战马四蹄用软席片包上，以行走不发出声音为上。到天完全黑尽，这支披着虎皮的骑兵，借着月色朦胧，出雩门，逼近宋营，宋兵全然不觉。公子偃突命全军举火，一时金鼓喧嚣，呐喊声震天。

火光之下，全无防备的宋军远远看到一队猛虎咆哮而来，个个吓得胆战心惊，四散而逃。南宫长万虽然勇猛，无奈阵乱车散，哪里指挥得动？

此时，鲁庄公早在城门上看得真切，指挥主力随后跟进。两处兵力合一，宋军哪里抵挡得住！

南宫长万和副将猛获带领少数士兵冲出包围圈，逃到乘丘（鲁国境内，今山东兖州西北），见后面追兵仍然凶猛，只得对猛获说："今日必须死战，没有退路。"猛获应声而出，遇公子偃，两下对杀。南宫长万也挺着长戟，撞入鲁军丛中，逢人便刺，竟无人敢近前。

追过来的鲁庄公看得真切，问右军主帅歂（chuǎn）孙生："我知道您素以力大而闻名天下，此时能与南宫长万决一胜负乎？"

歂孙生有鲁国第一猛士之称，他闻言当即于战马上向庄公抱拳致意，然后策动战马真奔南宫长万而去。双方大战三百个回合不分胜负。

鲁庄公一直站在战车上观望，他见歂孙生久战南宫长万不下，便对左右喊："取我金仆姑来！"金仆姑，是鲁军中的一种强弓所用的劲矢。

左右捧矢以进，鲁庄公搭箭上弦，瞄准南宫长万，"飕"的一箭正中其右肩，深入于骨。南宫长万大叫一声，急用手拔箭，歂孙生乘其手慢，挺起大戟尽力一刺，刺透了南宫长万的左大腿。南宫长万倒撞于地，急欲挣扎，被歂孙生跳下战车，双手紧紧按定。鲁军众兵将一拥而上，擒住了南宫长万。

猛获见主将被擒，独自逃去。鲁庄公大获全胜，鸣金收军。歂孙生押解着南宫长万向鲁庄公邀功。

那南宫长万虽然一身是伤，流血不止，但仍昂然挺立，一脸的不服气，毫无痛楚之态。鲁庄公爱其英勇，以厚礼待之。后来又将南宫长万释放回宋国。

宋军战败的消息传到鲍叔牙军中后，鲍叔牙暗想，自己孤掌难鸣，

哪里能取胜，于是便撤兵回去。

齐桓公听到齐军战败的消息后，虽然十分恼怒，但囿（yòu，指被局限）于战争的消耗太大，国力已难以负担，只得忍气作罢。

真是不听管仲言，吃亏在眼前。很快，管仲就将迎来人生的转折点。

金台拜相，风光无限

因为伐鲁失败，齐桓公终于认识到管仲的价值。又经考察后，他终于因能授官，授予管仲相位。由此，管仲攀上了人生的顶峰……

两次兵败的挫折，终于使齐桓公醒悟过来，深深懊悔自己没能听从管仲的直谏而草率用兵，以致损兵折马，还灭了齐国的威风。好在齐桓公人品还不赖，一旦悔悟，决不遮掩自己的过失。他恳切地对管仲说："寡人后悔没有听从爱卿的劝告，才有今日之败。这都是寡人的过失啊。"

应当说，齐桓公早在即位之前就对管仲的才能有深刻的了解，通过最近一段时间的亲自观察，他更是认定管仲确如鲍叔牙所说，是做相国的不二人选。

但是，齐桓公并没有马上举行拜相仪式。这倒不是他有拖沓的毛病或是还有什么心结，而是他自有主见。原来，自从管仲入宫为大夫后，齐桓公欲拜其为相国的消息便像长了翅膀似地风传开来，一些世袭的上卿、位高的重臣及内臣、国戚等人，纷纷觐见桓公，或表示忧虑，或公然反对，弄得桓公都不知如何解释为佳，只好哼哼哈哈，含糊其辞。重用管仲的事，他当然不会再行反复，但他也明白兼听则明、偏听则暗的道理。最后，他想来想去，觉得还是再亲自考察一番管仲的才学为好，毕竟拜相不是儿戏，事关国家命脉。但他又不能明着来，只能把考察寓于谈话之中。

当时的天下形势是，列国并峙、互相征战不休。在黄河下游比较活跃的大国有齐、鲁、郑、宋、卫；小国有邢、遂、谭、纪、杞。大国又分两派，一派是郑、齐、鲁，一派是宋、卫。小国也附属在各个大国一边。两派的力量以郑、齐和刚两次战胜齐国的鲁为强。

此时，边境的各少数民族也都发展起来。西北的狄人开始南下，成为中原各国的严重威胁。北方的山戎又侵犯郑国、燕国等。而南方的蛮人（旧时对未开化的南方少数民族的蔑称，为了行文和阅读的方便，本书从旧，类似情况也如是处理）也跃跃欲试，想要北上。少数民族内侵，与周王室的衰弱是分不开的。在春秋之初，周王还有些威信，自从鲁桓公五年（前707年）周、郑葛之战，周桓王的肩被郑祝聃射中，王师大败后，周王室就一蹶不振。齐襄公四年（前694年），周王室发生内乱，庄王杀了周公。晋献公二年（前675年），周王室的国、边伯、詹父、子禽、祝跪等大夫叛乱，后经郑、虢出面调解才平息。周惠王为了报答郑、虢，将虎牢以东送给郑国，把酒泉送给虢国。于是王畿越来越小，威信也就越来越低。

面对如此混乱的社会状况，齐桓公决定问询一下管仲的意见，并借机考察考察。

这天，早朝一开始，齐桓公便问管仲："爱卿认为现在的国家可以安定下来吗？"

管仲通过这一阶段的接触，深知齐桓公的政治抱负，但二人并没有深入谈论过，于是管仲就直截了当地说："心有多大，舞台就有多大。如果君上决心称霸诸侯，国家就可以安定富强；如果您要安于现状，国家就不能安定富强。这取决于君上您的心有多大。"

齐桓公听后说："我现在还不敢说我的心有多大，等将来见机行事吧。但无论如何，我都认为爱卿你一定会帮助寡人实现梦想。"

管仲觉得齐桓公的言词恳切，就进一步向他表示说："君上免臣死罪，这是我的万幸。臣能苟且偷生到今天，不为公子纠而死，就是为了国家富强；如果不是这样，那臣就是贪生怕死、一心只为升官发财的无耻之辈。"

齐桓公被管仲的肺腑之言所感动，他情真意切地对管仲说："从前

的事就让它翻篇吧，今后请勿再提。寡人现在想和你探讨的是治国理政方面的大事。"

听了此话后，管仲直了直身子道："主公但说无妨。"

齐桓公也就不客气了，开门见山地说："现在我们齐国的形势非常不好。襄公在位这些年，就知道奢侈浪费，到处建楼堂馆所，还成天打猎，玩弄女人，弄得现在的社会风气都被他带坏了。面对这样一个现实，你觉得应该怎么办呢？"

管仲说："这个问题解决起来并不难，只要倡导礼义廉耻就可以了。以前齐国乱，就是因为大家不管礼义廉耻，国君都敢和自己亲妹妹私通，那下边的人还有什么干不出来的？"

别小看管仲这几句话，其实他这几句话经常被后世提起，他这种思想也深深地影响了中国文化。礼义廉耻乃国之四维，四维不张，国乃灭亡。如果人人都不讲礼义廉耻，这个国家也就快要完蛋了。

但是，说到这儿，管仲又话锋一转："然仓廪实而知礼节，衣食足而知荣辱。"这两句话更有名，意思是一个人吃得饱饭、穿得暖衣，才有工夫讲究礼节、知晓荣辱。否则，食不果腹、衣不蔽体，恐怕连杀人放火的事都干得出来，哪里还管什么礼节、荣辱？也就是说，首先要发展物质文明，之后才能调动精神文明。

齐桓公一听，十分认同。他接着请教管仲说："那么，爱卿认为怎样才能成就霸业呢？"

管仲说："成就霸业很简单，就是以天为贵。什么是天？不是头顶上那个，是以百姓为天。百姓跟着你，支持你，你就强；如果百姓背地里骂你，你就危险了。所以你要称霸，要举大事，就必须抓根本？什么是根本？齐国百姓就是根本。"

管仲顿了顿，继续说道："要做到以民为天，就要关注民间疾苦，要关心弱势群体，创立制度，保障他们的基本权益。"

由此可见，管仲口中的"以民为天"，是可以真正落在实处的，绝不是空口白话。

当然，管仲这种思想最终并没有在齐国深入执行下去，但是作为中国历史上第一个提出"以民为天"思想的政治家，光凭这一点，管仲就堪称名垂青史。

接下来，管仲立足齐国，放眼天下，大谈特谈自己在政治、经济、军事、外交、文化等诸多方面的独到见解。

一时之间，朝堂上惊叹、敬佩之声此起彼伏。

等到管仲演讲结束后，殿内鸦雀无声。大家都陶醉了，等反应过来后，紧接着便爆发出雷鸣般的掌声。

齐桓公站起身来郑重宣布道："我要将齐国托付给管仲，你们有意见吗？"大臣们都没有意见——管仲是人才，谁都看得出来。再者说，国君如此喜欢管仲，跟国君对着干，不是作死吗？

于是，大家都同意了。

谁也没想到的是，管仲自己却不同意。

管仲说："我穷苦出身，不是贵族，也没多少钱。我要是当了齐国的国相，咱们国家可就太没面子了。而且'贫不能使富'，贫穷之人如何指使得动有钱人？我的工作还怎么开展下去？"

齐桓公一下就明白了，管仲这是在跟自己叫苦叫穷。于是，他马上下令道："从今天开始，寡人封管仲为齐国上卿，地位不仅在群臣之上，还在公室宗亲之上。齐国除了寡人外，管仲就是老大。"随后，他还给了管仲三处封邑。

等到齐桓公把上述待遇说出来后，管仲当即答应做相国。

当然，管仲之所以有这方面的要求，并不是因为他"贪"，或者"待价而沽"，而是因为在春秋时代，世卿世禄，一介布衣是无法进入政府高层的。高层都是世袭贵族，人家都不拿正眼瞧你。如果你以布衣的身份进来了，这些贵族嘴上不说，暗地里肯定会使绊子。

而齐桓公之所以给管仲开出如此高的待遇，可以说是不遗余力地为管仲撑腰，加强任用他的合法性和合理性。

宣布管仲为相国后，齐桓公觉得就像心里一块石头落了地，浑身轻松了许多。他认为，管仲所言所行，是最理想的相国人选，他的那些话讲得太精辟了，把这些付诸实施，用不了几年，齐国就会大变模样。一

第三章　踏上施展才华的大舞台

想到管仲，桓公就会想到鲍叔牙。他为有这么一位老师而感到自豪，他那忠君爱国之心可昭日月，他一心为公、不计私利的高风亮节与江山共存，如果没有鲍叔牙，他是绝不会得到管仲的。因此，齐桓公决定要好好搞一次拜相仪式，而且要搞得既隆重又热烈。他命鲍叔牙亲自督造拜相金台，与隰朋亲自商定了拜相的吉日良辰。再有三天就到了，他宣布，这三天不上朝，不出门，不近女色，不接见任何人，在寝宫用香料薰身。

三天后，齐国举行盛大的祭祖仪式，打扫宗庙，设置几筵，备好猪、牛、羊三牲祭告先祖，在拜相金台之上正式拜管仲为国相。

拜相台下，在富有节奏的鼓乐通鸣中，齐国民众表演了各种形式的民俗舞蹈，以富有独特地方魅力和文化魅力的舞蹈形式，欢庆管仲被拜为齐国的相国，欢庆齐国百废待兴的大业有了一个崭新的开始。这欢乐的气氛，仿佛在愈合历史的创伤，迎接美好的未来。

当晚，齐桓公在他的寝宫设宴与管仲饮酒畅谈。二人越谈越投机。

管仲说："臣闻泰山之高，不是一块石头垒成；大海之阔，不是一条江河汇成。主公欲成大志，必须重用五个人。"

桓公身子向前一凑："哪几位？"

管仲道："精通礼仪，善于外交，能言善辩不失国体，臣不及隰朋，请立为大行令。"

桓公点头同意。

管仲又说："开垦荒地，种植庄稼，按时收种，地肥粮丰，臣不如雍廪，请立为大司田。"

桓公点头道："寡人早有此意。"

管仲道："运筹帷幄，决胜千里，有勇有谋，大将风度，臣不如王子城父，请立为大司马。"

桓公合掌道："正合寡人之意。"

管仲道："审案断案，明察秋毫，不杀无辜，不诬无罪，臣不如宾须无，请立为大司理。"

桓公点头表示赞同。

管仲道："对主公忠心耿耿，敢向主公提逆耳之言，富贵不能淫，威武不能屈，臣不如东郭牙，请立为大谏官。"

桓公不住地点头说："此五者，均德才兼备，有口皆碑，正合寡人之意。"

两人又痛饮一杯。

管仲抿了抿嘴，小心翼翼地问道："鲍叔牙乃主公之师，管仲至交，天下无人不晓鲍叔牙与主公恩缘，也无人不识管鲍之交。鲍叔牙之位，不知主公有何考虑？"

齐桓公道："寡人将终生尊鲍叔牙为师。如今，你为相国，寡人拜鲍叔牙为亚相，则你二人共同辅佐寡人，你看如何？"

管仲笑了笑说："论仁和宽厚，管仲自愧弗如，亚相对鲍叔牙焉能匹配？只是，鲍叔牙之志在于高远，不在官位。"

桓公问道："鲍太傅有何想法？"

管仲道："鲍叔牙何曾有半分私念？他是功臣，也是齐国人学习的楷模！"

桓公直了起身子，感叹道："管鲍之交，寡人今日再次领略了。"

此时，外面已鸡鸣两遍。内侍进来换蜡烛。

管仲起身施礼道："主公，时辰已晚，请保重身体，臣先告退。"

桓公连连摆手，示意管仲坐下，然后说："寡人还有一事想问爱卿。"他似乎难于启口，想了想，笑了笑，却始终没有说出口。

管仲急忙拱手施礼道："主公，但说无妨。"

于是桓公有些不好意思地说道："我这个人啊，喜欢玩乐，有时看见美女就迈不开腿。而且还是个大吃货，不但是个大吃货，还是个大酒鬼。商纣王那种酒池肉林的生活，其实我也是很向往，这个事儿对称霸有害吗？"

管仲一听，轻轻地笑了，说："主公，世上哪有十全十美的人呢？谁都会有这样那样的毛病，作为国君也不例外。但对一国之君来讲，不怕有毛病，就怕死不承认自己有毛病，甚至压根儿就不认为自己有毛病，老觉得自己是对的，一句顶一万句，句句是真理，那这个国家就完蛋了。主公没有这样的毛病吧，所以不用太过担心，这种小事跟成功称

霸没什么太大关系。"

听到这里，齐桓公大大地松了一口气，恨不得振臂高呼"理解万岁"。他接着问管仲："你说喝酒吃肉亲近女色对称霸无害，那什么对称霸有害呢？"

管仲娓娓道来："对称霸有害的一共有五点，分别是'不知贤''知而不用''用而不任''任而不信''信而复使小人参之'。"

这句话也常被后世人引用。意思是说，如果你没有能力找到有能力的人辅佐自己，你就称不了霸；找着有能力的人后，你不给他官做，不给他权力，你也称不了霸；你给了他官做，但你不信任他，你也称不了霸；信任他之后，你又找别的小人来牵制他，你还是称不了霸。

听了管仲的话，齐桓公不禁对他佩服得五体投地，完全相信管仲能帮助他成就霸业。

第二天一早，齐桓公上朝，文武大臣肃立两侧，管仲位于班首，整个大殿的气氛庄重而肃穆。

桓公稳步来到御案前，巡视了一遍群臣，这才开口道："寡人新立，意在理顺朝纲，重振我大齐雄风。寡人深思熟虑，特颁任命之旨。"

大殿内鸦雀无声，只有桓公的声音洪亮而高亢："任命大夫隰朋为大行令！"

隰朋出班，跪拜："谢主公圣恩。"

桓公道："平身。"然后继续宣布任命雍廪为大司田、王子城父为大司马、宾须无为大司理、东郭牙为大谏官。

然后，齐桓公把目光转向鲍叔牙："寡人任命太傅鲍叔牙为齐国亚相。国内一应事体，太傅有权处置，望众臣归顺，携力振兴大齐！"

众臣齐声道："拜见亚相！"

鲍叔牙拱手致谢道："齐国有一代贤君，开明相国，还有德才兼备的诸位大臣，定能振兴齐国，称霸中原。鲍叔牙在此恭贺主公，拜托诸位同心同德。"说着，脸上浮现出欣慰的笑容。

众大臣无不以崇敬的目光注视着这位高风亮节、大公无私的亚相。

第四章　牛刀初试露锋芒

大展拳脚干一番

一个人无论有多大的本事，都需要有一个施展的舞台，否则就只能是怀才不遇。幸好管仲拥有这样的舞台，于是他开始大展拳脚……

齐桓公拜管仲为相后，管仲开始在齐国大展拳脚。

其实，就齐国的自身条件来说，是非常优越的。它以前的国力之所以微弱，是因为自己国内比较混乱。齐襄公、公孙无知、公子纠、公子小白……这么多人抢班夺权，一乱就耽误了好些年。

当时齐国的国家权力，表面上归国君，但按照宗法制的基础，国家权力是散落在各地的，掌握在宗室贵族的手中，国君的权力很有限。一旦有大事需要决断，并非国君一个人说了算，得先取得贵族们的支持，才能顺利落实。就连人事任命，也并非国君一个人说了算，他得跟大臣们讨价还价。前面已经说过，就连齐桓公自己，也是因为得到了两大家族高氏、国氏的支持，才顺利继位。所以就算做了国君，表面看上去很威风，但其实不是那么回事，内政是很松散的。

当时的齐国虽然经济繁荣，但实际的受益者主要是宗族贵戚，跟普通百姓没什么关系。在齐桓公之前，齐国的贵族们通过制盐、采矿等暴利行业，赚得盆满钵满，但朝廷却一毛钱都收不上来。

国家财政捉襟见肘，有时甚至要通过削减官员、贵族的俸禄补贴国家开支，国库的空虚可见一斑。

军事上的问题就更严重了。齐国虽然人口众多，但用于作战的部队和可征调的兵源却严重不足。加上常年太平，没什么对手，部队也缺乏训练。齐军只要一打仗，其低下的战斗力就会暴露无遗，连鲁国都搞不定，更甭提搞定北边剽悍的少数民族了。

管仲是个大政治家，他非常清楚齐国的毛病出在哪儿。手握大权后，他开始大刀阔斧地改革。

在经济上，管仲首先提出了"相地而衰征"的政策。

古时候，我国的土地是"国有制"，"溥天之下，莫非王土。""同养公田，公事毕然后敢治私事。"实际上就是实行劳役税制，大家共同出力耕种公田。但到了春秋时期，由于生产工具的进步，掌握了铁质农具和牛耕技术，生产效率大大提高，集体劳动的必要性日渐减弱，以个体家庭为单位的生产积极性越来越高，私田面积逐渐增加，出现了"公田不治"、杂草丛生的现象。齐国的情况尤为严重，贵族侵吞国君的公田，掠夺农民的土地和国家的山川林泽的情况也十分严重。有些失去土地的农民进入城市，从事工商业，这些情况导致了国家财政收入的锐减。农业生产凋敝，国家贫穷，人民生活非常困苦。针对这种情形，管仲提出"相地而衰征"的新税制。

所谓"相地而衰征"，意思是，观察土地的好坏及产量的多少，来制定征收地租的标准，即根据土地的优劣等级来征收不同的赋税。由于这种征税的办法比较合理，使农民的负担相对平均，因而能够起到安定农业人口的作用。

"相地而衰征"的过程大约分为三个步骤。

首先是相地，又称"相壤""正地"，也就是测量，就是说土地无论宽狭、大小，都要测量和分出等级的好坏，并将土地分成上等田地、中等田地和下等田地三等。山林川泽不能生产粮食的，依据它是否能生产树木，或者是否能捕捞鱼虾，从百亩折合一亩粮地到五亩折合一亩粮地不等。旱地八尺见水的，轻征十分之一。地势越高，减征越多。至

四十尺见水的，减征一半。涝洼地五尺见水的，轻征十分之一。地势越洼，减征越多。一尺见水的洼地与水泽等同。各种土地的分类，都是折合成耕地面积，还依照自然地理状况，划分为渎田、丘陵、山地三类，并按地势、山泉及谷、木、草的出产分为二十五种地，又把上土、中土、下土各分为三十种。

其次是"均地分力"。"均地"是把公田分给各个农户耕种，具体办法就是把公田和农民的私田一起拿出来平均分配。"分力"是指打破公田、私田的界限后，实行授田制（一般是每户一百亩，约合今天的三十一亩多一点）下一家一户小农经济的分散经营。这是继取消公田、私田划分办法以后出现的一种新的土地关系。这使得齐国的井田制因此发生了很大变化，即由有公田变为无公田。与之相应，公田时代的劳役地租也为非公田时代的实物地租所代替，"相地而衰征"的新税收制度也只有在这种情况下才能够真正实行。

实行"均地分力"后，农民耕种自己的份地，其劳动的勤惰直接影响其收获的多寡，因此，生产的积极性被大大激发。于是，"民乃知时日之早晏，日月之不足，饥寒之至于身也。是故夜寝早起，父子兄弟不忘其功，为而不倦，民不悼劳苦"。生产与切身利益联系起来了，当然就激发了生产的积极性，生产效率必然提高；生产产量增加，人民生活改善，国家收入也增多起来。可见，管仲提出"相地而衰征"的土地税收政策，使赋税负担趋于合理，提高了人民的生产积极性。

第三是"与之分货"。就是说，农民应知道自己应得部分和土地所有者的征收部分，二者共同分配土地上的生产物，即实行地租分成制。实行地租分成制后，分租比例固定，多产多得，耕者就会为增加产量而尽力，就会劳作上起早贪黑，不辞劳苦。

由于农户分到的土地有好有坏，其收成也有多有少，因此为了使农民的负担平均一些，不同土地的纳税额也应有所不同，这自然就产生了"相地而衰征"的税收原则。

除此之外，为了提高农民的积极性，管仲又提出统治者要"无夺民时，取民有度"。管仲指出粮食生产有固定的时节，农民劳作也会有

疲倦的时候，但是国君的欲望却没有限度。正因为生产有限，而贪欲无厌，所以才会出现臣弑君、子弑父的情况。如果做到取民有度，即使是小国也可以安定，反之，即使是大国也是很危险的。

管仲这一改革对后世影响极大。百年后，战国的吕不韦主持编撰的《吕氏春秋》一书，还对这一改革措施作了这样的评价："公作则迟，有所匿其力也；分地则速，无所匿迟。"在我国于 20 世纪 80 年代进行的农村改革中，还能清晰地看见这种影子。所以，这一改革是有重大的历史意义的。

解决了"三农"问题后，齐桓公又向管仲提出了新的问题："士兵训练好了，财力不足，又怎么办呢？"

管仲回答说："要开发山林，开发盐业、铁业，发展渔业，以此增加财源。发展商业，取天下物产，互相交易，从中收税。这样财力自然就增多了，军队的开支不就可以解决了吗？"

管仲的看法是颇有见地的。传统上，我国是一个以农业为主的国家。周王朝是以农业起家的部落，因此，我国自古就有重农抑商的传统。但是，作为一个富有远见的政治家，管仲看到了要想使国家强大，不仅要积极改革农业，而且也不应该抑制商业的发展。他认为要达到"富民以求治"的目的，片面地单纯发展农业生产是不行的。因此，在经济改革当中，他实行"本末并重"的方针。所谓"本"，是指农业，历来被统治者所重视；"末"是指工商业，从来都被轻视。而管仲独具慧眼，看到发展工商业是强国富民最有效的途径。

对于工商业的发展，齐桓公曾和管仲有过讨论。桓公说："寡人想征收房产税，你看怎么样？"

管仲说："那会阻碍百姓建房的积极性。"

桓公说："那对树木征税呢？"

管仲说："那会影响树木的生长和木材资源。"

桓公又说："那就征收六畜税吧？"

管仲说："将影响六畜的繁殖，不利于农副业发展。"

桓公再问："那征收人头税，总该行了吧？"

管仲回答："那会影响人口生育。"

齐桓公见一个个办法都被否定了，便用开玩笑的语气说："这也不行，那也不行，咱们别说使国家富强了，恐怕寡人都要喝西北风了？"

管仲也笑着回应说："主公不必担忧。办法自然有，那就是'管山海'。"

所谓"管山海"，"山"指的是开山冶铁，"海"指的是伐木煮盐。管仲的意思是，由国家实行盐铁专营。

管仲的指导思想，是为了做到"民不加赋而国用饶"。为了说明"管山海"如何能达到这一目的，管仲给齐桓公举了两个例子。先说伐木煮盐，管仲说："每个人都要吃盐，十口之家就有十个人吃盐，百口之家就有一百个人要吃盐。一般情况下，一个月，成年男子吃盐将近五升半，成年女子吃盐将近三升半，小孩吃盐将近两升半。一百升盐就是一釜，如果每升盐加半钱，一釜就是五十钱。每升加一钱，每釜就是一百钱。每升加两钱，一釜就是两百钱。每钟就是两千钱，十钟就是两万钱，百钟就是二十万钱，千钟就是两百万钱。按照这个办法，一个万乘的大国，人数大概有千万，一天卖出一千钟盐，国家就可以收入两百万，十天就收入两千万，一个月就是六千万。如果我们征收人头税的话，一个万乘之国，可以缴纳赋税的人不过百万而已，如果每月每人可以缴纳三十钱，一国也仅是三千万钱。而我没有向国家的人民征税，却拥有两个万乘大国的税收。假如您向国民征税，自然会引起人们的反对。但是采用这个盐的专营政策，不仅可以得到比征税多数倍的收入，而且人们又都无法避免，这就是理财之道。"

对于开山冶铁，管仲也有自己的见解。他说："一个女子必须有一根针和一把剪刀，这样才能缝制衣服。耕种的农民必然要有一个犁和一个锄头，这样才能种地。木匠必然要有一把锯、锥和凿子才能干活。天下的人想要做成事情，就必须使用这些工具。如果在每根针上加一钱，那么三十根针就相当于一个人的赋税。一把刀加六钱，五把刀就是一个人的赋税。每个犁头加十钱，三个犁头就等同于一个人的赋税。其余的都可按着这个标准类推。只要人们劳动，无形中就缴纳了这种费用。"

管仲的一席话，有事实，有数据，有分析，有类比，说得齐桓公除了点头还是点头。因此，"管山海"的政策得以在齐国顺利实施。

在齐桓公即位的最初近二十年里，齐国很少征收关市之税，就算收，一般也只是象征性的收取五十分之一。用粮食来缴纳赋税，两年才收一次税，遇到收成好的年份收取十分之三的税，中等收成的年份税率为十分之二，收成不好的年份只收十分之一，万一遇上荒年就不向农民征收赋税。

上述薄赋政策，就算是在今天看来，在某些方面也仍然具有现实意义。

此外，管仲还通过其他措施，大力发展工商业。

一是鼓励经商。这在以农为本的传统中国社会是很难得的。管仲认为，"无市则民乏"，发展商品经济才能使人民富裕。所以他鼓励经商，放手让百姓将各种农副产品"鬻（yù）之四方"、还实行渔盐出口不征税的政策来刺激商业的发展。为了使商业繁荣而又不乱，管仲实行了国家统一管理的办法，规定货币由国家铸造发行，物价由国家统一制定，使物价随货币的多少而上下，以此保持市场稳定和繁荣。

二是给予外商以优惠政策。这话今天听起来有些耳熟，实际上早在两千多年前，管仲就已经在实践了。当时，齐国虽然盐和铁极为丰富，但其他商品如皮、骨、筋、角、竹箭、羽毛、象牙、皮革等都很匮乏。一次，齐桓公询问管仲，有什么办法能够得到这些商品？

管仲回答道："齐国没有这些东西，那就只有通过交易，多方收购，别无他法。"

"收购？"齐桓公有些不解，"如何收购？商人不来，总不能将他们拉到齐国来吧？"

管仲信心十足地说，"主公放心，臣自有办法！"

齐桓公惊喜地问："爱卿有何办法？说来听听！"

"制定优惠政策，招徕外商。"管胸有成竹地说，"商人走南闯北，贩卖商品，买贱鬻贵，为的是赚钱。只要我们制定优惠政策，公之于天下，让各国商人都知道，齐国的经济环境好，到齐国来经商，能赚钱，

赚大钱。他们就一定会趋之若鹜，不请自来。"

齐桓公非常赞同管仲的意见，鼓励他放手去干，只要对齐国有利，想怎么干就怎么干，他一定支持。

于是，管仲制定了一揽子招商引资的优惠政策，并将之张榜公布。其大致内容为：其一，加强边关的管理。为了防止官吏滥征关税，管仲严肃、郑重地通告各处关卡：空车往来的不要索取关税，徒步背负商品到市场上进行买卖的小商贩不要征税，以此吸引远方的商旅来齐国做生意。其二，对盐和铁这两种商品实行稽查制度，不征税，其他一般商品还是要收税的，但为了鼓励出口，税很低。其三，为了进一步吸引各国的商人到齐国经商，除了采取低关税政策外，还在生活给养上给外商以优惠。据《管子》（记录管仲及管仲学派的言行事迹的书，大约成书于战国到西汉年间）一书记载，齐桓公曾问管仲怎样才能引来外商，管仲建议说："请您下令为诸侯国来的商人修建客舍。对来一乘车（古代四马一车为一乘）的外商免费供给伙食，对来三乘车的外商再加供给马的饲料，对来五乘车的外商除了享有上述优待外，还派给服侍人员。"当时齐国每三十里设置一个驿站，驿站中储有食物，以招待各诸侯国来的使节和商人。

正是由于齐国采取了种种优惠政策招徕商人，所以各国的商人纷至沓来。《管子》称当时"天下之商贾归齐若流水"。

三是提高农产品价格，解决农工商收益不平衡的矛盾。稍微有点工商常识的人都知道，面朝黄土背朝天的农民，无论如何辛勤劳作，他们的收入也是无法与工商业相比的。在今天，这叫"剪刀差"。在春秋时，虽然没有这种称呼，但这种"剪刀差"也是存在的，这就出现了收益不平衡的矛盾，影响农业的稳定发展。

齐桓公和管仲都看到了这个问题的严重性，决定解决它。齐桓公的办法，是压低、限制富商大贾的收益而让利于农民。然而管仲不赞同，他的办法，是"请重粟之价釜三百"，也就是提高粮食等农产品价格到每釜（当时齐国的计量单位）三百钱。管仲认为，粮食每釜提高价格三百钱，则荒地可以广为开垦，农民也努力耕种了。这就是通过提高粮

食价格促进农业生产发展与增加农民收入的措施。

管子又说："请以令与大夫城藏，使卿、诸侯藏千钟，令大夫藏五百钟，列大夫藏百钟，富商蓄贾藏五十钟。内可以为国委，外可以益农夫之事"。也就是说，命令上卿、大夫和商人们都按不同的比例存米存粮，既可以作为国家粮食贮备，也可以帮助农民生产。因为储藏粮食先要收购粮食，而以合适的价格将农民耕种的粮食收购起来，就会使得农民有种粮食的积极性。而要求这些人必须藏粮多少，粮食的需求就扩大了，粮食价格自然也就上涨了。

管仲认为，这样一来，粮食值钱了，农民积极性就大了起来，耕地面积就会扩大。这一政策使农民的收入增加，解决了务农与经营工商业之间经济地位不平等的问题，在保证工商业发展的同时不致给农业发展造成不良影响。

四是强调社会分工，培养专业化人才。为使农工商各业都能稳定发展，管仲把社会成员按职业划分成士、农、工、商四类，并规定大家住在各自的居住区，"勿使杂处"，要求给不同的职业创造方便条件。同时，规定"工之子恒为工"，"农之子恒为农"，从小就在专业化环境里进行专业学习，既有利于收到显著的学习效果，早出人才，又可以避免见异思迁，保持专业思想的稳定。这对于各项事业的进步是有一定积极作用的。

总之，管仲通过一系列富有成效的经济改革，收到了"通货积财、富国强兵"的效果，齐国一跃而成为春秋时代的经济大国。

应当说，在管仲的改革措施中，有很多都触及了齐国传统贵族的利益。按理说，肯定会有人反对，但管仲的改革却异常顺利。虽然有人骂，但却没有人敢公开跳出来跟他叫板。这是为什么呢？

原来，为了对付反对者，管仲在全面进行经济国有化之前，先实施了军事上的改革。因为"枪杆子里面出政权"，如果不掌握军队，要想建立国家对经济的绝对控制权，简直是不可能的。贵族们手里既有钱又有兵，闹起来就不好收场了。

管仲采取的办法是实行兵农合一的政策。规定每五家为一轨，每轨设一轨长。十轨为一里，每里设里有司。四里为一连，每连设一连长。十连为一乡，每乡设一乡良人，主管乡的军令。战时组成军队，每户出一人，一轨五人，五人为一伍，由轨长带领。一里五十人，五十人为一小戎，由里有司带领。一连二百人，二百人为一卒，由连长带领。一乡两千人，两千人为一旅，由乡良人带领。五乡一万人，立一元帅，一万人为一军，齐国共有三军，这就是三万多人。按照当时的人口条件，三万已经是一个非常巨大的数字了。周天子也只拥有三万五千人的直属武装。这三军由齐桓公直接领导，他就是总司令，掌握国家的军事指挥权。如此一来，基层的贵族们就很难再对国君构成威胁了。

　　而且，兵农合一还有一个好处是，把保甲制和军队组织紧密结合在一起，每年春秋以狩猎的方式来训练军队，于是提高了军队的战斗力。同时又规定全国百姓不准随意迁徙。人们之间要团结居住，做到夜间作战，只要听到声音就可以辨别出是敌是友；白天作战，只要看见容貌，大家就能认识。这是一种社会与军事相结合的战斗体制，亦为后来大规模的作战作了准备。

　　管仲的改革从来不是跛脚走路。作为一代杰出政治家，他深知政治改革与经济改革的同等重要性，也清醒地认识到，没有政治改革的推进，经济改革就失去了保障，也不可能取得长久的成功。

　　因此，在进行经济改革的同时，管仲还进行了政治改革。正是政治改革的成功，对齐国后来的称霸产生了关键的作用。

　　在旧制度中，齐国最大的弊端，是政令无法从国君贯彻到平民，用今天的话说，就是"政令不出王宫"，致使国家行政效率低下。为了解除这一弊端，管仲对国家的行政体系进行了重新整合。他将全国划分为六个工商乡和十五个士乡，共二十一个乡。十五个士乡是齐国的主要兵源。齐桓公自己管理五个乡，上卿国氏和高氏各管五个乡。

　　管仲还把国政分为三个部门，制订三官制度。官吏有三宰，工业立三族，商业立三乡，川泽业立三虞，山林业立三衡。郊外三十家为一邑，每邑设一司官。十邑为一卒，每卒设一卒师。十卒为一乡，每乡设一乡师。三乡为一县，每县设一县师。十县为一属，每属设大夫。全国

共有五属，设五大夫。每年年初，由五属大夫向齐桓公直接汇报属内情况，由齐桓公督察其功过。也就是说，他们直接对齐桓公负责。这样一来，中央集权的制度就在齐国建立起来了。

就这样，管仲通过采取一系列政治、经济、军事等措施，使齐国由一个分封在海滨的百里小国，成为春秋时期举足轻重的大国，展示了管仲治国安邦的雄才大略。

压箱底的招儿都使上了

毫无疑问，管仲是一个实用主义者，为了振兴齐国，他可以说无所不用其极，甚至连压箱底的招儿都使上了……

为了齐国的富强，管仲还想出了许多匪夷所思的招儿，比如，建立"红灯区"。

据相关人士考证，"红灯区"一词首先出现于 19 世纪 90 年代的美国，因为当时妓女们会将红色的灯放在窗前，借此吸引顾客。"红灯区"由此成为专指一个以卖淫为主的地区。

管仲堪称中国历史上"红灯区"的开创者，换句话说，他是中国妓院的创始人。

中国之有娼妓究竟起于何时，难有定论，据说远在夏朝时就已存在（前 2000 年左右）。在《列女传》中有过"夏桀既弃礼义，淫于妇人；求四方美女积之后宫，作烂漫之乐"的记载，但有人认为这并不能作为有娼妓的凭据，只能说明夏桀的荒淫。

而较有正式史料依据的，在清朝的《板桥杂记》"后跋"中有"管仲相桓公，置女闾（即妓女）七百，征其夜合之资以富国"的记载。而且，这在《战国策》等其他史料中也有类似的记述。由此可见，管仲设置妓院一事，可以说是中国之有妓院和妓女的起源。

管仲设置妓院的原因，据说与当时齐国的对外贸易有关。

前已述及，由于齐国实行对外商的优惠政策，导致各国商人纷至沓来。市场繁荣了，经济也搞活了。但是，时间一久，很多外商又陆续走人了。管仲不明所以，经了解才知道，原来，外商来到齐国，身边并未带女眷，时间久了，生理、心理上的压力不能发泄，渐渐有了恋家的感觉，故此很多耐不住寂寞的外商都先后回家了。

管仲看在眼里，急在心头，便有了设"女闾"（即妓院）的想法。但由于女闾中的女人不能落实，这个想法一直不能付诸实施。

不久，管仲听闻一件事后，让他有了一个"新奇"的想法。

原来，有一天，齐桓公带着随从下乡搞调研，在回来的路上，他见路边有几间茅屋，便停车走了进去。只见茅屋里家徒四壁，几件缺胳膊少腿的农具靠在墙根，一个底朝天的破米缸孤零零倒在墙角落，用土砖架起的简陋的床铺上除了草，什么也没有。主人是一个年过花甲的老头子，他见有客进门，满脸堆笑地迎上前。

齐桓公关心地问："老人家，就你一个人吗？没有人供养你？"

老人伤心地道："我有五个儿子，因为家里穷，没有钱为他们娶媳妇，我就让他们出门打工去了，指望能赚点儿钱娶门妻室。"

听了老人的话，齐桓公一阵惭愧，心想，我的后宫妻妾无数，有些人我从来都没有见到过面，而且这辈子可能都难得临幸她们一次，而民间居然还有这么多人没有老婆。一阵恻隐之心油然而生，当然也可能是为了显示自己的爱民之心，他大方地对老人道："叫你的儿子们都回来吧，我送五名宫女给他们做老婆。"

面对这从天而降的喜事，老人简直不敢相信自己的耳朵，惊得一时不知所措，狠狠地掐了自己的大腿一把，直到疼得咧嘴，才知道是真的，不是做梦，顿时喜极而泣，翻身跪倒在地，不住地磕头。

齐桓公一边叫老人起来一边问："乡下没老婆的人还有很多吗？"

"很多啊！"老人指着山脚下一个小山村道："那个村庄里还有三分之一的男人讨不到老婆，是远近闻名的'光棍村'。我的堂兄也住在那里，他已经七十多岁了，因为穷，至今还是一个鳏夫。"

"啊！"齐桓公发出轻轻地感叹，心里想，回去后一定要同爱卿好

好讨论一下这个问题。

管仲知道齐桓公将五个宫女送给一个乡下老人的五个儿子为妻后，立刻进宫求见齐桓公。他半开玩笑地说："主公今天有点儿小家子气啊？"

齐桓公本以为自己做了一件大善事，肯定要被群臣和国人大肆颂扬一番，正琢磨着谦逊之词呢，没想到管仲居然来了这么一句。他虽然也听得出管仲的话中玩笑的成分居多，但似乎也有些不高兴，于是反问道："爱卿为何这样说话？难道我做错了吗？"

管仲毫不客气地回答道："可怜一人能解决天下人的问题吗？如果天下人都等到被主公发现后再施以恩惠，齐国没有粮食吃的人早就死光了，没有妻子的人也不多了。"

齐桓公想了想，觉得管仲说得似乎有些道理，忙说道："爱卿你说，你想要我做什么？"

"主公一定听说过'君恩不下乡'这句俗语，这句话的意思倒不是说君王不应该关心怜爱乡间下人，而是说民间疾苦千千万，靠君主逐个施舍，是不能解决问题的，只能治标，难以治本。仅仅是施舍，一个土财主就能做到，用得着主公亲自出手吗？"见齐桓公陷入了深思，管仲又接着说道，"君主治国，要从制度、政策上予以完善。比如，要解决有人无妻的问题，那就颁布法令，让齐国的男子 20 岁而娶，女子 15 岁而嫁。"

"好！好！好！爱卿说得有理，就这么办吧。"齐桓公点点头说。

可是管仲又说："饶是如此，仍然解决不了一些人到了 70 岁也娶不到老婆的问题。因为有钱有权的人可以娶三妻四妾甚至十妻八妾，像主公您娶了多少老婆，您数得清吗？这样一来，天下男人仍然面临着僧多粥少的问题……"

"那爱卿的意思是……"齐桓公有些疑惑地问道。

管仲笑笑说："其实也很好办。比如说，主公您看，您宫殿里有那么多您不知道的女人，干吗让她们待在宫里悲戚一生呢？不如放她们一条生路吧。而且我还听说，朝廷过分聚敛财货，天下百姓必然困穷；

宫中有怨女，民间必然有老而无妻之人。如此以往，这个国家会出乱子的。"

齐桓公一听，觉得确实有道理。于是就说："那这样吧，宫中所有宫女，只要是我没有碰过的，全部放出宫，让她们自由改嫁。"

"谢主公恩典。"管仲微笑道，"将宫女遣送出宫，我非常赞同。不过，我却不想将她们放到民间去，我要留下来，以作大用。"

"那不行，不行！"齐桓公连连摇头道，"你不是希望我将宫女遣送出宫嫁人，以解决民间有人无妻的问题吗？怎么又要私自留下来给自己呢？爱卿，如果你看中了我宫里的某个女人，你大可以直接告诉我，我赐予你就是，干嘛要转弯抹角的呢？"

"主公以为我自己要这些宫人吗？"管仲听罢哈哈大笑。

"不是吗？"齐桓公反问。

"主公想多了，管仲岂是如此卑劣贪婪之人。这批宫女，个个都颇有姿色，我要将她们派上大用场。"管仲给齐桓公解释道，"我想在临淄及齐国的大城市设置女闾，将这批宫女派到女闾去当侍应女。"

"女闾？"齐桓公问道，"女闾是怎么回事？侍应女又是做什么的？"

"我正想向主公汇报这件事呢！"管仲说，"自从颁布招商引资的优惠政策后，各国的商人蜂拥而来，然而，这些外国商人以及游士来到齐国后，由于是只身在外，妻妾都留在家里，身边无女眷。他们都很恋家，不能在齐国久待。设置女闾，便能让这些长居齐国的外国商人解除身边没有女人的烦躁和不安，使他们在齐国感到一种家的感觉。而且，还有其他一些妙用……"说到这儿，管仲故意卖起了关子。

"呵呵，"齐桓公问道，"还另有文章？"

"当然。"管仲道，"女闾设置之后，不仅会留住现有宾客，同时还会吸引更多的商贾到齐国来做生意，这样就能极大地促进齐国工商业的发展，同时还可吸引大批游士到齐国。这些游士大多放荡不羁，他们最大的爱好就是喜欢醇酒和女人，齐国设女闾，为他们提供任意挑选的女人，他们一定会像蚂蟥闻到血一样纷至沓来……"

"让他们到女闾去销魂？"没等管仲说完，齐桓公急忙问道，"那朝

廷能得到什么？"

"收取'夜合之资'以充国用。"

"夜合之资？"齐桓公不禁抚掌大笑道，"这样的事，亏你也想得出来！"他一边说一边笑得差点背过气去，好半天才缓过劲来，道，"爱卿真是异想天开呀！"

"只要天能开，异想怎么不可以？"管仲反问道。

君臣二人同时哈哈大笑起来。

就这样，中国历史上的第一所女闾粉墨登场。

平心而论，管仲在齐国推行了一系列的改革措施，使齐国走上了富国强兵的道路，而他所创设的女闾，也只不过是其中的一个小插曲而已。更何况，他设置女闾，完全是出于一种政治目的和经济目的的需要，并不是为了淫乐。

然而，管仲所设置的女闾，却开创了中国古代官妓之先河，对后世的中国产生了极为深远的影响。在此后的中国历史上，出现了一种专操皮肉生意的行业——妓院，出现了一份专操皮肉生意的职业——妓女，并绵延两千多年，直至今日仍难禁绝，给中国社会造成了极大的困扰，严重败坏了社会风气。

这些，恐怕是管仲始料未及的吧？如果管仲泉下有知，不知该作何感想？

有情人终成眷属

由于多年的四处奔波，管仲并没有像那时的普通人一样，早早地娶妻生子。不过，他的运气还算不错，因为他遇到了一位好女人……

真是运气来了，门板都挡不住。

就在成为齐国国相后不久，管仲又好事成双，完成了人生另一件大事——娶妻（一说是妾，这里不作讨论）。

新娘叫田婧。

说起二人的相识，还颇有一番传奇。那还是管仲和鲍叔牙早年做生意的时候，一次二人来到吴楚交界的边城钟离邑，他们准备在此暂时落脚，先做点儿小生意。

钟离，位于淮河中下游南岸，在今天的安徽省凤阳县临淮关境内，是当时有名的小邑。

管、鲍二人进入钟离境内后，牵马走在淮河一处河汊，看见这里有大片长着柳林的草地，很是幽静宜人。就在二人正欣赏着沿途风情的时候，忽然听到河里隐隐约约传来几位少女的呼救声："救命啦！有人非礼啦！"

管仲和鲍叔牙远远一望，见河畔柳树掩映的水里有三位少女在洗衣服，她们的身旁围着五个嬉皮笑脸的青年，其中的一个胖子正在动手动脚。

管仲和鲍叔牙当然不会知道，这位动手动脚的胖子，是当地一位土豪的长子，人称雷大公子，其他四人是他的家丁。这个雷大公子，年方二十，堪称"高富胖"，从小吃的是山珍海味，嘴越吃越馋，是当地有名的美食家。当然，他爱美食更爱美女，经常追逐当地年轻漂亮的女孩，搞得姑娘们都躲着他。他为此感到恼怒。

今天，在淮河边游玩的他，看见河边有三位美貌的女孩，自然不会错过这种天赐良机。

不过，这位雷大公子倒不像那些猴急火燎的低档次好色之徒，而是很有些雅性，或者说要装出些雅性，希图以才华取胜。

只见他走到三位姑娘面前，摇头晃脑地吟起了《诗经》中的一首名诗：

关关雎鸠，在河之洲。
窈窕淑女，君子好逑。
……

可惜三位姑娘早就知道了这位大胖子的恶名，一见他们来了，就准备收拾起衣服走人。

雷大公子见文的不行，就决定来武的。他示意家丁们围住这三位姑娘，自己则一边继续背诵着"关关雎鸠"，一边在这个小姑娘的脸上拧一下，在那个小姑娘的腿上摸一把，吓得姑娘们花容失色，呼叫不已。

鲍叔牙脾气比较急，他大老远地就向雷大公子等人喝道："滚开！光天化日之下就敢非礼少女！还有王法吗？"他一边说一边和管仲一起向姑娘们跑去。

这雷大公子见有人坏自己的"好事"，心情本来就不爽，又一听口音，知道是两位外乡青年，便轻蔑地呵斥说："你小子活够了不是？在本爷的地盘你还想冒充个人样儿！"

鲍叔牙一听，撸起胳膊就准备冲上前开打，而管仲却一把抱住他说："鲍子，杀鸡焉用牛刀。你先坐在大树下歇歇凉，我来调教调教他们。"

说完，管仲抽出随身携带着用来防狗惊蛇的青竹竿，指着雷大公子的胖头说："跟我走。"

雷大公子好歹也是当地一个人物，哪里受过这样的轻蔑，气得挥起拳头就要打管仲，其他同伙也跑过来追打管仲。

管仲绕着河边的坡坡坎坎表演起了"轻功"：快三步，慢三步，或轻轻地跃过一道土坎，或顺河沿跑一圈，就这样折腾了半个时辰，把雷大公子五人累得气喘吁吁，腿如灌铅一般迈不动步、抬不起脚，一个个刚靠近管仲想打他，却被管仲用竹竿轻轻往身上一戳，便像泥人似的直挺挺地倒在了地上，四肢都不动了，只有嘴里还"呼哧呼哧"地喘着气。

趁此时机，三位少女端起衣服跑上了河滩，其中两位喊着一位叫田婧的姑娘，催着她和她们一起赶紧往家跑。田婧边擦着脸上的汗水，边说："你们先回去吧，我不怕，我要看看雷大公子今天如何出丑！"她见雷大公子他们被管仲整得狼狈不堪，"格格"地笑出了泪花。

鲍叔牙老远地朝田婧挥挥手说："姑娘，怎么还不走？"

田婧把秀发一甩，若无其事地说："没事！我不走，你越怕他们，他们就越欺负你。"

这边，管仲把雷大公子等五人折腾得都趴下了。接着，他大喝一声："还不走！还想等着小爷用竹竿打烂你们的屁股？"

雷大公子一听，连忙龇牙咧嘴地爬起来，捂着累弯了的腰，边走边放出狠话："爷饶不了你！你就等着瞧吧！"

撵走了雷大公子等人，管仲、鲍叔牙和田婧走到一起，边走边谈。田婧躬身称谢道："多谢两位大哥出手相救。"

鲍叔牙摆摆手说："姑娘不必放在心上，俗话说，路不平有人铲，事不平有人管，我们不过顺道为之。对了，请问姑娘芳名？"

田婧微微一笑说："我叫田婧，家就在街上。请问两位大哥尊姓大名？"

鲍叔牙指着管仲介绍说："他叫管仲，我叫鲍叔牙。"

田婧端详着他们，问道："两位大哥此行何去？"

鲍叔牙思索片刻说："打算做点儿小生意。"

田婧随即带着惊喜的语气说道："做生意？就在此地如何？钟离邑滨临淮水，有鱼虾、舟楫之利，桑蚕、绢织发达，又是吴楚交界之地，交通便捷，正是通货积财的好地方。"

一旁一直没说话的管仲见田婧落落大方，口齿伶俐，不免注意起她来。他见田婧乌黑的长发扎着发髻，面庞清秀，个头不矮也不高，黑黑的双眉细又长，一双杏眼，含情脉脉，笔直的鼻梁下嘴角微露笑意，显得妩媚而聪慧，心中不禁生出了几分喜欢。

鲍叔牙听了田婧的介绍后，点头回答道："姑娘说得让我们有些动心了，容兄弟俩商议一下。"

田婧觉得眼前这两位大哥行事稳重，觉得不便多言，于是便躬身行礼，然后抬起头来笑笑盈盈地说道："再次谢谢两位大哥，田婧这就回家了，望日后再见。"

管仲连忙拱手回礼："若有机缘，后会有期。"说罢，管仲挠挠头，有些不好意思的样子。

田婧的父亲从前是个雕刻玉石的匠人，其技艺在当地颇有名气。虽然当时诸侯间年年兴兵，别的行当都暗淡了，但他的生意还可以勉强维持。原因是，男人们被大量征兵，剩下的家眷们都想给自己从军的亲人买个有护身符作用的玉佩，以保佑平安。这是世道的悲哀，却让田家成了当地的小康人家。

由于田婧的父亲为人和善，做生意不斤斤计较，因此上至大夫乡绅，下到农夫走卒，都愿意和他交个朋友。田家在钟离邑开了一家出售玉石的小店，叫玉石轩。小店雇了个伙计叫阿九。平日，田婧也照应着小店，由于小店是前店后坊，她时常在后坊自己的厢房作画。为继承父业雕刻玉石，画画可是一项基本功。

一晃两个月过去了，田婧心里总惦记着管、鲍二人，眼前总浮现出管仲灵巧的身影，和他拱手道别时所说的"若有机缘，后会有期"的话。

这天，生意比较清淡，店伙计阿九抱着账簿来到厢房请田婧盘点，见田婧正在帛纸上作画，便静悄悄地站在一旁观看。田婧没有注意到有人来，仍然沉浸在笔墨里。她画的是一位骑马的男儿，男儿手上挥动着一根长长的竹竿，很是英俊潇洒显。

阿九在一旁忍不住说道："小姐画得真好！这画中人，小姐认识？"

田婧这才发觉有人在旁边偷看自己的画，而且还说中了自己的心思，脸庞上不由自主地泛出了红晕。

只见阿九又说道："小姐，这画中人我也见过，好像是前几天来典当玉器的一位大兄弟。"

"什么？"田婧甚感惊奇，抬头问道："画中之人来典当过玉器？"

阿九点点头："好像是两三天前吧，店里进来两个大小伙子，问能不能典当玉器？当时，老板在场，他说'行'。那个岁数好像稍微小一点儿的男子就摘下身上的玉佩，与我讲好价钱写了契约，说将来有钱了再来赎回这块玉器。记得另一个男子称呼他叫鲍叔牙，他则管另一个叫管仲。"

"啊，他们是管仲和鲍叔牙！"田婧惊讶地脱口而出。

阿九一愣："小姐认得他们？"

田婧不禁脸一红，点点头说："你带我去看看他们典当的玉器。"

二人来到到前店，阿九拿出那天管、鲍二人典当的玉器递给田婧，田婧小心地放在手上看了看。

阿九说："听那位姓鲍的说，他的玉佩是以前做生意积攒的钱买的，以后赎回时一定会加倍再给一份利。"

田婧心想，一定是二人遇到困难了，否则不会来典当如此贵重之物。于是她对阿九说："这玉器是一定要还给他们的。你贷给他们的钱，先用我的私房钱垫上，把货封起来，把账做平了。他们赎回时不能收一钿半铢的利息！"

阿九似乎明白点了什么，问："小姐与他们有交情？"

田婧点了点头说："这两位大哥曾有恩于我，只是眼下不知道他们身居何处，在做些什么？"

阿九说："既然他们在此典当，说明他们就落脚在本地，我会帮你找到他们。"

田婧高兴地叫了起来："那就太谢谢阿九哥了！"

转眼又是一个多月过去了。一天，正当田婧又在提笔作画时，阿九气喘吁吁地跑进来说："我找到鲍、管兄弟了，他们在城南开了一家小海货铺，贩卖海盐、海鱼什么的，听说生意不错哩！"

"哎呀！太好了，他们在哪儿呢？你带我去好不好？"田婧惊喜得差点儿跳起来，急急忙忙地说道。

阿九忽然皱起了眉头，有些结巴地说："可是，我…我…到他们店里的时候，见衙役正在封他们的铺，把他们五花大绑押走了，听说是有人告发他们私卖食盐。"

田婧生气地一跺脚说："谁这么缺德，居然告发他们？"

阿九说："听说是雷家大公子告发的。"

田婧气呼呼地说道："哼！又是那个游手好闲的死胖子！走，我们到衙门找本邑的司寇大人论理去，卖点儿盐有什么错？"

当田婧和阿九来到衙门口时，管仲和鲍叔牙正在过堂受审。只见雷大公子把肥胖的身躯斜倚在椅子上，阴阳怪气地告道："司寇大人，本

邑的食盐向来由官府指定专卖。但这两个人见利忘义，藐视官府。因此，不严惩他们不足以平民愤！"

坐在厅堂中央的邑司寇，一身黑色官服，身前的桌上还放了个惊堂木。只见他瞪起大眼喝道："鲍、管二被告，你们可还有话要说？"

管仲从容地说道："邑司寇大人，盐取自天然，犹如江河里的水，也是百姓的必需品，自古并无官府专卖的说法。我二人不过靠贩卖点儿海鱼、海盐之类的维护生活，如何就成了藐视官府呢？"

"嗯，这个嘛……"邑司寇嗫嚅了一下，然后惊堂木一拍，怒斥道："还要狡辩！本邑就是规定了食盐必须由官府指定专卖，有什么不可以吗？你私自卖盐，就是藐视官府！就当治罪！"

管仲沉思了一会儿说："大人，官府要管理地方，自然要制定必要的法律，这个我能理解。从前食盐没有专卖，现在要将之实行专卖，当然可以，我也能理解。但周天子所管之地，并非全部如此，因此要在本邑实行食盐专卖，总得要事先告知本地百姓和来往客商吧？否则如小人等，何以知晓？"

"放肆！"邑司寇又将惊堂木一白，怒气冲冲地大喝道，"本官轮得着你一介小民来质询吗？现在本官告诉你，你触犯了本邑法律，本官必须制裁你。来人，先把这两人给我拉到牢里，等候处置。"

田婧目睹了这一切，知道管仲和鲍叔牙有了麻烦。她也顾不上去找邑司寇理论了，飞快地跑回家把这一切告诉了父亲："爹，你一定要救救他们，他们可是女儿的恩人哪！"

田父也是个仗义之人，当即对女儿说道："放心吧，我一定尽最大的努力救他们出来。"

当地下午，田父即四处托关系，经过一番上下打点，并付出不菲的银两后，管仲和鲍叔牙终于被放了出来。

二人谢过田家后，继续在当地从事海货买卖，除了海盐。

时光飞逝如电，很快就是第二年的夏季了。一天午后，管、鲍二人一边在后院晾着海带和其他海产品，一边聊着天。

鲍叔牙："这次远行，我们筹划了好多回，可真让你动身了，心里还是有些担心，盘缠、行李都给你准备好了，过些日子再把你娘和我媳妇接过来。哦，人家田婧说也要帮着照顾你娘。人家呀对你有心，你也对她有意，还是早一点儿挑明为好，不然呀，你要后悔一辈子，到哪里还能寻到这么好的姑娘？"

管仲吁了一口气道："鲍子，我也知道这些。可是此次远行，不知何日是归期，只怕连累她。"

"哎呀，你不一向都很果断吗？"鲍叔牙瞪了他一眼道，"怎么突然变得婆婆妈妈了？而且，你不说，就不怕人家愁白了头么？"

管仲想了想，说："那好吧，我现在就去找田婧！"

管仲一路小跑来到田婧的厢房门口，蹑手蹑脚地走进去，见田婧正在作画，画上是一对鸳鸯。管仲也不说话，只在一旁观看。

可能是太专注了，田婧直到给墨碗添墨时，才惊讶地发现管仲的存在，顿时面颊飞红。

管仲赞叹道："画得真好，一定是送给我的了？"

田婧嫣然一笑："如果路上盘缠不够了，可以卖了它们，应应急。"

管仲拿起画一看，原来是作在一方帛巾上的："这些帛巾可以挂于内室当作一幅画，可以扎在头上用做头巾，还可以做扇子的扇面，带在路上又轻巧。田婧，你想得真周到。"

见田婧只是笑却不说话，管仲又轻声说道："你看你，为了作这些画，把眼睛都熬红了。"

田婧略带伤感地说道："管大哥你这一去，不知何时是归期……你就带着吧……"

管仲盯着帛巾上的画说："你放心吧，我一定会回来的。你看，画上的鸳鸯成双成对，我真希望咱们俩也像它们那样……"

田婧娇羞地低下了头，过了一会儿，她鼓起勇气抬起头，用水汪汪的大眼睛端详着管仲说："管大哥，你真的会回来么？咱们真的能做一对相偎相依的鸳鸯？"

管仲凝视着田婧，使劲地点了点头。

田婧也不说话，转身从妆台拿出一把剪刀，面对着铜镜剪下一束秀

发，拃成一缕青丝，打了一个结，垫上一块红布，包好，然后双手捧着递给了管仲。

管仲双手接过这束秀发，轻轻地揣进怀前衣裳的内兜里。忽然，他觉得眼睛一片模糊，鼻子有些发酸。他不想让田婧看见他落泪的样子，便尽力用平静的语气对田婧说道："走，咱俩骑着马儿再去看一看淮河吧。"

片刻过后，一匹骏马驮着一男一女，在淮河边上纵横狂奔。一路上，不时留下女人银铃般的笑声。

二人沿着远到天边的河岸，跑了很久很久，到了一片僻静处，男的勒马高喊："淮河作证，我愿和田婧一生相伴！"

马上的女人紧紧搂着男人的腰，把脸庞轻轻地贴在他的背上，一双秀眼里早已噙满了泪水，那是高兴的泪，幸福的泪……

只可惜，造化弄人，管仲和田婧此后却天各一方，音讯全无。直到管仲金台拜相后，二人才得以重逢。这是为何？

原来，事情是这样的：

女闾开设后，一开始只有齐桓公宫中解散的七百宫女，后来随着规模的扩大，齐国对外征战俘获抢来的女子、被官府判了重刑的罪人家族的女子以及因其他原因堕入风尘的女子，就成为女闾中妓女的主要来源。

一天晚上，处理完公务后，管仲决定到女闾逛逛。当然，他对侍从们说的是去考察一下。来到临淄最大最豪华的一家女闾后，女闾的领班见是相爷大驾光临，哪敢怠慢，当然盛宴接待。

管仲见这里的陈设富丽堂皇，里面一派丝弦歌舞，不觉心性怡然。他对妓院领班说："你这里既是上等妓院，该有绝色女子呀？"

领班忙不迭地赔笑说："有！有！有！昨天刚送来了一位。"边说边吩咐下人，"赶紧传柳娘进见相爷！"

片刻之后，即走来一位容颜俏丽但秀眉微蹙的绝色女子。

管仲不看不打紧，一看吓了一大跳，原来这个绝色美人就是他朝思暮想的田婧。

说来田婧也真是命苦。就在管仲当年离去后不久，鲍叔牙也因事离开了。又过了不长的一段时间，当地的邑官换了人。新来的邑官在雷家银两的攻击下，很快与雷家沆瀣一气。雷大公子见有了新的大靠山，便整日前来骚扰。田婧不堪其扰，只得和父亲一起离开家乡，从此过起了四处漂泊的日子。

俗话说，一招鲜，吃遍天。由于田父手艺精湛，田家这些年虽然四海为家，倒也衣食无忧。就在管仲做了公子纠老师的那一年，田家也曾经来到临淄，但还没等到他们联系上管仲，管仲便已经和公子纠、召忽一起逃到了鲁国。随后，田家来到离齐国不远的鲁国边境生活下来。此后，一去经年，两下再无相见。

一晃十来年过去了，当年的二八佳人，如今也已离三十不远，然而由于田婧心中始终忘不掉管仲，加之这些年居无定所，一直未曾婚配。就在不久前，田父因病去世，田婧孤身一人跨过边境来到齐国境内讨债。没想到欠债的人是当地一权贵的亲戚，此人不但赖账不还，还勾结官府，诬陷田婧是偷渡客。就这样，田婧被官府捉拿，并卖入妓院。

听闻田婧的遭遇，管仲不住地长吁短叹。二人执手相看泪眼，一时竟无语凝噎。

接下来的事情不容多说，那位诬陷田婧的权贵亲戚和相应的官员受到了应有的惩罚。田婧也劫尽甘来，成为管夫人。

一对有情人终成眷属，管仲的生活也从此变得多姿多彩起来。只可惜，此时母亲已逝，未能亲眼看到美貌的儿媳。为此，管仲惆怅了好些天。

面对奸佞与谣言，江河驻胸天地宽

遍观中国历史，因受奸佞与谣言所害，而未能善终的忠臣良将何止一二。幸好，管仲遇见的不是这样的昏君……

随着齐国一天天强大起来，齐桓公也日日喜笑颜开。他也越发信任管仲，便把一切大小事务都交给管仲处理，自己乐得清闲。

当然，正是由于管仲将国事几乎一肩担，齐桓公才乐得清闲。但他其实也没真正闲着，正所谓"饱暖思淫欲"，作为一国之君，齐桓公自然有理由也有条件全面实践这句话。于是，他整日和妻妾及侍女等饮酒作乐。

当时，齐桓公已有正式夫人三个，但不知为何，她们均没为他生下一男半女；有妾六个，倒是步调一致，各生一子。

在妻妾中，齐桓公最爱的是卫国之女长卫姬。长卫姬长得很漂亮，身材苗条，瓜子脸，高高的鼻梁，樱桃小口，特别是那双水汪汪的大眼睛，除了经常在桓公面前流露出多情而温柔的光泽外，还不时闪射出一种机诈的光芒。她除了死死地缠住桓公外，还勾住了后宫一帮子奸佞之人。大臣们暗地里都叫她"卫勾子"。她聪明伶俐，能说会道，很会办事。齐桓公一切都宠着她，入宫一年就生下一个儿子，起名无亏，也称武孟。

由于齐桓公的正式夫人们都没生育儿子，长卫姬的儿子无亏和其他妾所生的儿子在同一条起跑线上，都有资格竞选太子。长卫姬一门心思想让自己的儿子成为齐国国君接班人。为此，她在宫中找了一些同盟者。竖刁就是其中一位。

竖刁，亦作竖刀或竖貂等，是历史上一位著名的奸人。

长卫姬认识竖刁还是在无亏刚满月时，当时齐桓公和她按照风俗抱孩子入御庙祭祀祝祷，长卫姬还需在庙里小住几天。竖刁是庙里的一位厨师，因做得一手好菜，而颇受长卫姬赏识。

齐桓公要走时，长卫姬对他说："您不能留下陪我几天吗？"

齐桓公说："你身边有使女就行了，我还有国事要操劳。"

长卫姬故意拿眼睛瞟着刚刚离开的竖刁低语道："他是男人，常来这里，您放心吗？"

齐桓公哈哈一笑，说我有什么不放心呢？放一万个心。长卫姬假装生气，撒娇说你一点都不在乎我。齐桓公凑到她耳边如此这般地说了一

通，说得长卫姬红了脸。

原来，这个竖刁是有点来头的，他本是当年公孙无知身边的侍卫，年少就有一身好武功，但因触碰了公孙无知的女人，而为公孙无知所记恨。竖刁怕公孙无知报复，便逃到公子小白府中请求帮助。当时，小白和诸儿一样，与无知之间的关系一直不好，便将他留了下来。

小白逃亡莒国时，竖刁也不知所踪。直到小白继位为齐桓公后，竖刁方才出现。为了能够时时不离桓公左右，而又不让桓公猜忌其与后宫有染，竖刁自行阉割成了宦官。桓公并不想让他入宫，但念其忠心可嘉，便让他入御庙做了一位巫祝（古代掌占卜祭祀的人），后因有一手厨下好手艺，又酷爱烹饪，便改行在庙里做了厨师。

竖刁此人还有一大特点，特别会说话，特别会揣摩人的心思，尤其哄女人很有一套。因此，见面没多久，长卫姬就对他有了极大的好感。

长卫姬第二次因事来到庙里再见到竖刁时，见他带着一位徒弟。他个儿不高，五官俊秀，白白净净的。长卫姬一眼就喜欢上了，问起了他的来历。徒弟告诉长卫姬，他叫易牙。长卫姬开玩笑说："你的名字真有个性，牙都换齐了吗？"

易牙不好意思地笑了笑，回答说："夫人怎么说就怎么是吧。"

一见易牙的窘态，长卫姬哈哈大笑说："哟，还害羞呢，多大了？"

这时竖刁走过来告诉长卫姬说："他还20岁不到，不过厨艺甚是了得，已经赶超自己了。"

长卫姬更加高兴，让易牙马上做几道菜给她尝尝。易牙遵命而去。他亲自取山上之蕨菜的鲜尖芽与绿豆芽烩炒一碟，又用海鲜煨猪蹄一盆，两菜据说有催奶之功效。

长卫姬吃过易牙做的饭菜后，赞不绝口，后来竟到了没易牙做的菜，下不了饭，儿子也没奶喝的地步。如此情况下，齐桓公只好让易牙入宫，并连带让竖刁也入宫。齐桓公的意思是让竖刁监督易牙，以免他干出错事来。易牙入宫后，桓公还给他做了规定：只能在前宫做事，不能随意进入后宫。后宫需要，由竖刁转递。

有一次，长卫姬卧病在床，她嫌太医给她煎的药太苦，不想喝。易

牙得知后，精心烹制了一道可口的食疗菜进献给长卫姬，长卫姬吃完后病就痊愈了。从此，易牙深得齐桓公的宠爱。

易牙知道，只要抓住国君的胃，这辈子就不愁荣华富贵。因此，他想尽千方百计做出天下的美味，以讨齐桓公的欢心。

一天，晚饭时间，齐桓公信口开河地说："这山珍海味寡人都吃腻了，就差人肉还没尝过了。"

一句无心的戏言，却被易牙牢记在心，他决定好好地做一道人肉菜给齐桓公尝尝。可是国君是何等地尊贵，绝不能食用死囚、平民之肉。就在他为如何寻找食材冥思苦想时，看见自己4岁的儿子在一旁玩耍，于是选用了自己儿子的肉。齐桓公在一次吃午饭的时候，吃到一盘鲜嫩无比，从未尝过的肉菜，便询问易牙："此系何肉？"易牙哭着说是自己儿子的肉，为祈国君身体安泰无虞，杀之以献主公。齐桓公虽然觉得很是恶心，但也被易牙的行为所感动，认为易牙爱他胜过亲骨肉，从此更加宠信易牙，连和他一起来的竖刁也很是宠信。这件事在历史上叫"易牙烹子，以适君口"。

不久，齐宫中又来了一个人。这个人叫开方，是卫国太子，长卫姬同父异母的弟弟。

开方的到来，是因为齐桓公不顾姻亲之情，准备派兵讨伐弱小的卫国，卫国国君惊恐之下，只好叫太子开方亲自送五车金玉布匹慰劳齐军，以求讲和免罪。

却说这卫国公子开方，人长得不怎么样，两条腿一长一短，脊梁也是弯的，用今天的话说，应当是患了小儿麻痹后遗症。当时的人们不了解，说他在娘胎里就是坏了的，因此叫他作"胎里坏"。此人全身唯一的优点就是脸长得很白，有点近似于今日的西方人。最让人难忘的是，他那白白的脸上总是整天堆满着笑容，即便和仇人说话，也是面带三分笑，但暗地里比谁都坏，因之后来人们又给他起了个绰号叫"笑面虎"。

这笑面虎开方心眼极多，他见齐国强大，心想，不如就待在齐国得了，说不定还能得到重用。而且，姐姐长卫姬又很受宠，外甥无亏又是长子，将来一旦即位，我就是国舅了，在这里掌握齐国大权，不比在小小的卫国当个国君好吗？于是就向齐桓公请求说："我不想回卫国了，我想在您鞍前马后效劳，侍候终生。"

齐桓公不解地说："你是卫侯长子，论次序将来是要继承君位的，为什么要舍弃自己的国家，投奔我们齐国呢？为什么不侍奉自己的亲生父母，而侍奉寡人呢？"

笑面虎立刻堆上满脸的笑容，说："您是天下最贤明的君主，我能在您身边侍候您，是多么大的荣幸！俗话说'君尊则臣贵'，我能跟随您南征北战，征服诸侯，这难道不比在卫国当个国君显耀吗？"

齐桓公一听，觉得开方的话说得十分诚恳，如果自己还不答应的话，就显得很不够意思了。于是拜开方为大夫，让他掌管宫中一些内部事务，而且像宠爱竖刁、易牙一样宠爱他。

从此，易牙、竖刁和开方三人成为齐国的显要人物，被齐国人称为"三贵"。

有了竖刁的悦耳之言，齐桓公整天心情舒畅，就跟喝了蜜似的；有了易牙做的饭菜，齐桓公百吃不厌，天天红光满面；有了开方管理宫中内务，齐桓公百事无忧，完全成了一个甩手掌柜；有了长卫姬的年轻美貌，齐桓公可以尽情欢乐，觉得人生真是没有虚度。

笑面虎开方见齐桓公好色，又投其所好，鼓动妹妹少卫姬嫁给了齐桓公做妾，因此齐宫中有了长卫姬和少卫姬之分。

俗话说：物以类聚，人以群分。自从竖刁、易牙、开方先后进入齐国宫中后，时日不久，便和长卫姬勾结起来。在生活方面，他们秽乱宫廷自不必说，后来更逐渐议论政事，诽谤管仲和忠臣。一次，他们在长卫姬宫中饮酒，长卫姬说："我常在主公面前抬举你们，求主公给你们封官加爵，可是主公说要由管仲决定，管仲这人办事认真，不讲情面，他对你们从来就没有好感，如果他一直当相国，你们几个永远也别想升官发财。"

易牙说："只要我们抱成团，要打击谁那还不容易？主公对我们又特别信任，只要我们在主公面前多挑管仲的毛病，时间长了，不愁他不信。只要能罢了管仲的相位，那时候齐国的大权还不是落到我们

手中？"

笑面虎开方点点头说："说得对，当前我们要齐心协力，扳倒管仲这棵大树。不过这件事并不容易，一是主公对他很信任，二是那帮老臣都支持他。我想，要不这样吧，我们先在主公面前吹吹风，就说管仲如何目无君上，独揽齐国大权，阴谋篡夺君位；然后为了壮大我们的力量，我们应该尽量争取其他大臣，最主要的是要把那些不得志的和对管仲有成见的人争取过来，让他们也能帮我们说话。"

竖刁对长卫姬说："夫人的作用更大，应该多给主公吹些枕边风，配合我们。"

商量好后，四个人开始有计划地向齐桓公进谗。桓公只要到长卫姬宫中，长卫姬总是夸奖竖刁、易牙、开方如何忠君，如何有能耐，桓公自然也不怀疑，对三个人也更加宠信。竖刁、易牙、开方仗着长卫姬撑腰，胆子也一日大过一日，经常在桓公面前肆无忌惮地诽谤管仲。一次，桓公和长卫姬、竖刁、易牙、开方饮酒，桓公酒兴正浓，易牙突然阴阳怪气地说："今天我上街买菜，人们议论纷纷，攻击主公，真是奇谈怪论，我听了心中很是难过。"

齐桓公放下酒杯，看着易牙，严肃地问："什么奇谈怪论？说给寡人听听。"

易牙说："人们都说主公无能，不听管仲劝告，独断专行，两次出兵都败给鲁国。"

齐桓公听罢，哈哈大笑起来，说："这有什么呀，不是事实吗？不用管它！"

开方说："君上的心胸开阔，臣等佩服不已。可君上毕竟是一国之君，岂能容许小民百姓随便议论？"

齐桓公说："这也没什么，管仲不是常给大家讲吗？'防民之口甚于防川'。我做错了，两次兴兵给百姓带来很重的灾难，百姓们对我议论一下，难道还不可以吗？"

竖刁这时也开口说道："君上，小民们的议论何止这些，还多哩！"边说边向易牙递了一个眼色，示意他继续说下去。

易牙会意，接着说道："现在啊，满大街的人都说管仲如何英明，把他吹得简直跟圣人一样。"

"这也没什么嘛，"齐桓公笑笑说，"在寡人的眼里，管仲都跟圣人似的，何况百姓乎？"

"可是，"竖刁忍不住了，说："如果这样下去，全齐国人都只知有管仲，何曾知道有国君啊！"

开方也接过话说道："是啊，是啊，我听说，'君出令，臣奉令'，如今小民们开口管仲，闭口管仲，都以为齐国没有国君了呢！"

这时，长卫姬"忽"地一下站起身来，秀眉一竖，气呼呼地说："这样下去，怎么了得，大齐的江山不都姓管了吗？"她把眼光移到桓公脸上，说："亏得您放心，把整个齐国大权都交给管仲，如今管仲都被人给捧上了天。难道管仲箭射您的事您真忘了？您怎么尽做那些亲者痛、仇者快的事情呀。"然后她又指着易牙、竖刁、开方对桓公说，"他们整天忠心耿耿地侍候您，不惜一切。可您倒好，全然不把他们放在眼里，直到现在还不给他们加官，难道管仲的权力就不能分给他们一些吗？"

齐桓公还真是好脾气，长卫姬几乎是在指着鼻子指责他了，他居然还是不气不恼，而是笑着说："你们这些小人，能管好宫中内务就不错了，还想分管仲的权力，真是癞蛤蟆想吃天鹅肉——痴心妄想，你们也不照照镜子，看看自己是那块治国的料吗？管仲跟寡人，就如同股肱，没有股肱何成身体？你们这般小人懂得什么？只知道瞎说。"

见齐桓公话已至此，四人只好面面相觑，打住话头。

不过，他们可不是省油的灯，哪能就这样算了。明的不行就来暗的吧，于是四人就在暗地里做一些见不得人的勾当——散布谣言。

果不其然，几天以后，齐国宫中出现一股股谣言，有的说管仲独断专行，架空国君，使齐国臣民只知有管仲，而不知有国君；有的说管仲忘恩负义，是鲍叔牙将他从鲁国救回，并向国君力荐才得以重用，得势后却生怕鲍叔牙权力和威望压过自己，就再也不给鲍叔牙高位和重权；有的甚至说，管仲是鲁国派遣在齐国的奸细，齐军两次伐鲁所以失败，

都是管仲从中作祟，将齐国的军情偷送给鲁国，使其早有准备所致……谣言无奇不有，从大臣传于百姓，由宫中流入市井，犹如长了翅膀，沸沸扬扬传遍了临淄的大街小巷。

听到这些谣言后，齐国的文武大臣们反应不一。有的表示不屑一顾，有的表示幸灾乐祸，也有的乘机向齐桓公大进谗言，诋毁管仲。而其中最感焦急的却是在谣言中被深为同情的人——鲍叔牙。

鲍叔牙一开始也没把这些谣言当回事，但听闻谣言越来越多，越来越离奇后，他便有些着急了，急急忙忙跑去见齐桓公。一见桓公，就气急败坏地说要辞官还乡，弄得桓公一头雾水，不知发生了什么大事。细问之下，鲍叔牙才愤愤地说："现在满城都充斥着流言蜚语，而且全都是冲着管仲来的，主公难道没有听见吗？"

齐桓公一听是为此事，一颗悬着的心才放了下来，说："听是听到了一些，可寡人并没有相信，也没有当回事。嘴长在别人身上，谁想说什么就随他去吧，爱卿又何必如此动怒呢？"

鲍叔牙说："'众口铄金，积毁销骨'这句话主公一定听说过吧？别人对这些浑话听之任之倒也罢了，但主公不可以。"

桓公问："为何？"

鲍叔牙说："主公您想想，如果我们对这些谣言不加以制止，任其传播发酵，时日一长，就会搅乱了人们的信念，使他们对管仲生出疑心。管仲身为一国之相，失去了臣民的信任，也就等于失掉了权威，还怎能专心致志去治理国家呢？"

齐桓公用手托腮，细思了一会儿，然后对鲍叔牙说："太傅所言极是。但请放宽心吧，寡人一定想法制止这些流言蜚语。"

齐桓公说到做到，等鲍叔牙走后，即刻召见管仲商讨制止谣言之事。桓公先问管仲是否听到了对他的谣言，管仲回答说听到了。桓公又问："既然听到了，爱卿为何不反击，也不辩解？"

管仲若无其事地说："如果我们被狗咬了一口，难道我们也去咬狗一口吗？为这等污言秽语辩解，岂不脏污了臣的唇舌？管仲承蒙主公厚爱而委以重任，自当鞠躬尽瘁，死而后已，哪有闲工夫为这些破事耗费心神？"

桓公听了大为高兴，说："爱卿这么说，寡人就放心了。不过，听了鲍叔牙的话，寡人还是想制止这些谣言，爱卿认为该从何处下手才好呢？"

管仲微微一笑，说："主公有此意，臣已感激不尽。臣认为此事其实再容易不过，只要主公稍稍留心一下后宫，就一切都明白啦！"

齐桓公愣了一下，随即恍然大悟，脸不由得微微一红，沉吟片刻后对管仲小声说："爱卿放心，谣言之事，就这样吧，寡人会料理好的。"

齐桓公真不愧是个有胆识有气魄的国君，做事果断，毫不拖泥带水。与鲍叔牙、管仲交谈后的第二天，他就在朝堂之上，当着文武百官的面宣布说，自己决定加封和尊奉管仲为"仲父"。并下令说："从今往后，无论什么国家大事，先告诉仲父，再禀告寡人，凡大事，任由仲父裁决！"

"仲父"，也即"亚父"，大约类似于今日的"干爹"之类的称呼。或许有人认为，在今天叫某人"干爹"，实在是一件稀松平常的事，只要有利益要求，别说干爹，就是叫你"干爷爷""干祖宗"都成。比如在那个娱乐为主的圈子里，不就是这样的吗？不过，翻遍中国史书，除了几个可耻的"儿皇帝"之外（那也是针对外国或外族君主），有几个国君会对自己亲爹之外的人而且还是自己的手下臣子为"父"的？

齐桓公之气量，可见一斑。

齐桓公的命令一发布，立刻如晴空中的一声惊雷，在群臣中炸开了锅。

在平常人的眼里，身处谣言旋涡中心的管仲，其前程可能已岌岌可危。谁知齐桓公却反其道而行之，竟然赐予他这么高的尊号，这么重的权力。甚至连鲍叔牙也没有想到，乍然听到，又是惊讶，又是欢欣，更对桓公充满敬意。

别人想都不敢想的事情，齐桓公轻而易举就做到了，这正是他作为一代明君的魅力所在。他一旦信任了一个人，耳朵根子决不绵软而让谣言所左右。对鲍叔牙始终青睐有加，敬重如故，是一例证；对管仲以

德报怨，委以相任，是一列证；今日谣言四起之时，又毅然尊奉管仲为"仲父"，更是例证。

再说竖刁、开方之流，见弄巧成拙，便再也不敢轻易对管仲说三道四。只有易牙还不甘心，还想找机会试试。

有一天，易牙用他的拿手好戏——精心烹饪的几样美味，进献齐桓公。这一次的当然不是人肉了，因为他只有一个儿子。据野史上说，易牙虽是奸诈之徒，他的妻子却是个贤德刚烈的女子。易牙残忍地杀子后，其妻羞愧有这样的丈夫，悲愤交加，自尽而亡。易牙一心博取齐桓公和其妻妾们的欢心，再未婚娶，也就没了子嗣供他烹煮。所以，今日的美味，究竟是什么东西做成的，已无从考究，反正齐桓公吃得满口流油，赞不绝口。

易牙见时机已到，便乘机进言诋毁管仲，说他狂妄自大，目空一切，应狠狠煞煞他的威风……齐桓公正吃得高兴，一听此言，脸色忽变，一把扔掉筷子，声色俱厉地把易牙斥责得汗流浃背，伏地磕头如捣蒜，桓公才饶过了他。此刻，在齐桓公的心目中，诋毁管仲，就是侮辱他这个一国之君。

关于齐桓公对管仲的信任，有这样一个故事，足可以说明一切。

故事说，有一天，齐桓公在蔡姬和宫人的陪同下，在御花园观看伶人的演出。这些伶人都是临淄城的名角，吹、拉、弹、唱，样样精通。齐桓公听到高兴处，情不自禁地爆发出阵阵笑声。

就在这时，掌管礼仪的司官走过来，凑到齐桓公的身边说："主公，晋国使臣到了，该用何种等级的礼仪接待？"

"去问仲父吧！"齐桓公头都没抬一下，继续观看伶人演唱。

过了一会儿，司官去而复返，再次来到齐桓公身边，谦恭地问："晋国使臣要求商谈两国的贸易，请主公明示。"

"不是讲了吗？"齐桓公手一挥，"去请示仲父。"

司官去后不久，再次返回来，站在齐桓公身边，面有难色，欲言又止。齐桓公见状，不耐烦地问道："又有何事？"

司官小声说道："晋国使臣请求面见主公！"

齐桓公大声说道："去请示仲父，有何事，叫他处理就是。"

演唱的伶人是个幽默风趣的人，见掌管礼仪的司官三次请示齐桓公，齐桓公三次回答都是一样的，什么事情都让仲父处理，觉得当个君王也太清闲自在了，一时兴起，灵机一动，现编一段唱词唱了起来：

晋国使臣来大齐，司官三次询礼仪。

当个君王不操心，推给仲父万事吉。

伶人话一出口，把个领班的急得不知如何是好。他知道惹下了滔天大祸，目瞪口呆地站在那里，不知所措。

齐桓公是何等聪明之人，他虽然一边听唱，一边同蔡姬窃窃私语，却还是听出了伶人的嘲讽之词，谁知他不恼不怒，竟然站起来学着伶人的腔调唱道：

求索人才虽费力，使用人才却省心。

寻得仲父谈何易，放着不用多可惜？

现场先是一片寂静，接着是一片叫好声。演唱的伶人也被逗乐了，连忙跪下磕头，谢君上不罪之恩。

齐桓公一挥手道："起来吧！你说的是实话，我说的也是实话，说实话何罪之有？继续唱吧！"

人们常说，世有伯乐，然后才有千里马。正是由于遇到了齐桓公这样的好领导，管仲才能大展宏图，成就一番伟业。

通过上述一系列的事件，管仲自己也强烈地感觉到，他在齐国的地位已是坚如磐石。上有齐桓公为稳固靠山，下有鲍叔牙无私维护，左右有隰朋、宾须无等倾力相助，正可放开手脚，去完成治国兴霸的大业了。

第五章　奏响称霸的号角

软硬兼施成盟主

逐渐强大起来的齐国，不失时机地在诸侯面前展示了自己的力量。于是，齐桓公在争议声中开始尝到了盟主的滋味……

在齐桓公和管仲君臣二人的共同努力下，齐国呈现出一派欣欣向荣的景象。几年过后，齐国出现了民足国富、社会安定的繁荣局面。

一天，齐桓公对管仲说："现在咱们已经今非昔比了，可以会盟诸侯了吧？"

管仲说："当今诸侯，强于齐者甚众，南有荆楚，西有秦晋，所以时机还不成熟，等等吧。"

齐桓公因有两次伐鲁却遭两次惨败的教训，再不敢一意孤行，于是听从了管仲的劝告，暂时克制住了对外用武的勃勃雄心，一心一意等待着好机会的到来。

上天不负有心人，机会终于来临了。

前681年的春天，齐国接到周王室传来的消息：周庄王死，周僖王即位。管仲的心弦被拨动，隐隐觉得可借助此事靠近周室，做出一番文章。但思前想后，又觉得只是去吊唁先王，道贺新王，影响无几，无法起到借助周天子以令诸侯的作用。正决断不下之时，从前派驻宋国的细

作向管仲送来一封密信。管仲看完书信，大喜过望，不由得叫出声来："好！时机到了！"他忙不迭地来见桓公。

齐桓公见管仲满面喜色地匆匆跑来，不知发生了什么天大的喜事。管仲兴奋地对他说："臣知道主公时刻都在想着称霸中原，眼下正是天赐良机！"

一听到"称霸中原"四个字，齐桓公顿时眼睛一亮，心骤然收紧，"怦怦"狂跳不止，连呼吸都急促起来，便问道："有何良机？仲父赶快告诉寡人！"

管仲说："周天子庄王逝世，新天子僖王即位……"

齐桓公一摆手，说："此事寡人知道！仲父请拣重要的说！"

管仲见齐桓公急成这样，不由得笑了起来，说："与此事相关联的是，我派驻宋国的细作送来密报，宋国发生了弑君篡位之乱，大将南宫长万杀死了宋闵公，拥立公子游为宋国国君。闵公的弟弟公子御说又借兵杀死了公子游和南宫长万，夺了君位。现在整个宋国，已杀得昏天黑地，人心慌乱，御说的君位也是飘摇不定……"

齐桓公见管仲突然又说起了宋国，更加急不可耐地问道："周室新丧、初立，宋国内乱，跟寡人称霸中原又扯得上什么干系？仲父是越说越远，寡人是越听越糊涂啦！"

管仲诡谲一笑，说："主公以为，齐国已经强大到可以纵横天下了吗？"

桓公一怔，略一思索，沮丧地摇头说："不可以。"

管仲说："当今诸侯，无论郑、楚、秦、晋、燕，势力或强于齐国，或与齐国不相上下，就是紧邻的鲁国，也敢与齐国一争高低。这些诸侯所以雄踞一方，而又不能称霸天下，依臣之见，乃是由于背逆周礼，不尊奉王室的缘故。尤其是周平王东迁后，众诸侯将周王视为草芥，既不朝拜，也不进贡。更有郑国公然与王室之师抗衡，连周桓王都被郑伯祝聃射伤了肩膀……但凭臣的观察，周王室虽然衰微，却尚无败相。主公可派一重臣前往朝拜周僖王，一为吊唁，二为道贺。在周室备受冷落之际，主公的举动定会大受周王青睐和感激。借此机会，我们可请周王降

· 137 ·

旨，由主公以周王室的名义召集天下诸侯会盟，共同议定宋国的君位。宋国国君一定，主公的盟主之位也将随之确立。这样，主公不动兵车，不劳士卒，不伤财货，只打出'尊王'的旗帜，就可迈出霸业的第一步。"

齐桓公听完管仲的话，高兴得差点跳起来，二人商量一番，决定派遣通晓礼节的大行令隰朋前往周室。

管仲所料不差，周庄王死后，大小数百家诸侯无人前来吊丧，倒也罢了，可周僖王新立，竟也没有一人前来道贺。周王室冷冷清清，弥漫着一片衰败的气氛。周僖王闷闷不乐，百无聊赖。忽然听说齐桓公派遣使者携带许多贡品前来祝贺新天子即位，顿时喜出望外，顾不上天子的尊严，喜笑颜开地接受了隰朋的大礼和贡品，并破格设下酒宴，亲自为隰朋接风。

席间，隰朋遵管仲的嘱托，先向僖王叙说了齐国拜管仲为相后，辅佐齐桓公如何勤修内政，如何富国强兵，又如何对邻国施以德义的诸般事务。接着又说了齐桓公以及整个齐国上下对天子和周王室如何尊崇、如何忠心等。说得僖王信以为真，不由地龙颜大悦，连连称赞齐桓公和管仲治国有方。

隰朋乘机说了宋国内乱的事，奏道："现在宋国大乱，正是显示王室威望的最好时机，只要陛下亲下一旨，命一个诸侯为首，以陛下之名会盟诸侯，共同商定宋国之事，为宋国国君正名，宋国的内乱即可平息。"

周僖王见自己新立，门前冷落，正愁没有机会为周王室树威呢，听了隰朋的话，欣然答应，说："齐侯不忘周室，实是寡人的大幸。会盟诸侯，商定宋国之事，寡人就托付于齐侯啦！"说完写了一道手谕，让隰朋带回。

齐桓公接到周僖王的手谕，喜不自胜，当即以周王之命布告诸国，约定当年三月一日，共会于北杏（今山东东阿县境）。临行前，管仲献计说："此番赴会，君奉王命，以临诸侯，根本用不着带兵车。"齐桓公听从了管仲的建议。

到了三月一日那天，前来参加盟会的各国诸侯见齐国未用兵车，都感叹地说："齐桓公如此诚挚待人，我等佩服！"于是各自将本国兵车退驻二十里之外。

随后，诸侯们围在一起开了一个圆桌会议。

在会场上，齐桓公一点也高兴不起来，这是因为，虽然此时的周王室已经失去了领导天下的资本，但周天子毕竟仍是天下共主，齐桓公想抛开天子另起炉灶，当然不行。所以，响应齐桓公，来参加盟会的诸侯并不多。

齐桓公四下一望，只见会议桌上只有本次盟会的主角宋桓公，以及陈、蔡、邾这三小国，因此非常生气。虽然人没来齐，气氛略显尴尬，但会还是得开。齐桓公强压怒火，先行在高坛上执牛耳，与众国君歃（shà）血为盟。

古代诸侯举行盟会，订立盟约，要每人尝一点儿牲血，主持盟会的人亲手割牛耳取血，并饮或以血涂抹在嘴唇，以示诚意，所以后来人们用"执牛耳"来指做盟主。执牛耳也由此成为一个常用语。

可见，谁执牛耳，谁自然就是盟主。虽然当上了盟主，但齐桓公心里却不痛快，宋国国君就更郁闷了，为什么呢？因为他认为自己被齐桓公耍了。

周朝分封诸侯，一共是五等爵位：公、侯、伯、子、男。这个名号在中国是世代相袭的，一直沿袭到清末。

宋桓公是先朝贵胄，是公爵，齐桓公是侯爵，齐桓公的级别没有宋桓公的高。按道理，执牛耳的盟主应该是宋桓公，现在齐桓公大摇大摆地做了盟主，这不是给宋桓公好看吗？所以宋桓公心里很不舒服。

而且，卫国、郑国和鲁国这些诸侯，都不买齐桓公的面子。宋桓公傻乎乎地来了，觉得自己是自贬身份，越想越觉得不是个滋味，因此没等大会开完，他就先撤了，连个招呼都没打。

宋桓公这一跑，齐桓公的面子是彻底丢了。他气急败坏地吼道："这大会都是为你开的，你居然半道走人了，寡人这面子往哪儿搁！"

觉得颜面尽失的齐桓公决心把面子找回来，于是想攻打宋国，让他

们尝尝半道跑路的滋味。但管仲不同意。

管仲对齐桓公解释说："这一次宋国背盟，是因为其他国家没给齐国面子。再说了，您召开这次大会，原本就是为了终结宋国的乱局。如果会一散，您就挥军攻打宋国，不是自己抽自己脸吗？咱们不如修理下压根儿没来的鲁国，让他们长长记性。"

齐桓公觉得管仲的话有道理。于是，这一年的夏天，齐桓公率军攻灭了鲁国的附庸国遂国。表面上的理由是遂国国君敬酒不吃吃罚酒，没有响应号召参加盟会，但实际上是杀鸡儆猴，给鲁国一个下马威。

鲁庄公也不是从小被吓大的，好歹也见过大世面，因此并没有被齐桓公吓住。不仅没被吓住，他还派屡败齐国大军的大将曹刿，带兵攻打驻扎在遂国的齐军，为遂侯复国。

但此时的齐国在管仲的治理下，实力已经今非昔比了，鲁军已不是齐军的对手。就连曹刿这样的名将，也是三战皆败。鲁国不但损兵折将，还丢失了大片土地。齐军兵临城下时，鲁庄公只得乖乖认输，给齐桓公写信，请求两国会盟。

齐桓公高兴极了，为了显示自己的大国风度，决定原谅鲁国。前680年，齐鲁两国在柯地（位于今山东阿县境内）会盟。齐桓公登上高台，执牛耳与鲁庄公歃血为盟，订立和约。

说起来也奇怪，似乎曹家人就爱跟齐桓公过不去，第一次是两败齐国的曹刿，这一次轮到曹沫了。就在齐桓公与鲁庄公双手紧握，为刚才顺利订立和约致意时，鲁庄公身旁的大将曹沫突然拔出暗藏在袖子里的短剑，纵身而起，直指齐桓公。

齐桓公身旁两个卫士急忙挡在桓公身前。曹沫连看都不看，左右两剑，电光石火之间，两个人被刺倒在地，血溅高坛。再看之时，桓公的脖子上，已架起了一把利剑。

齐国的护卫一时手足无措，谁都不敢动。曹沫声如洪钟，大声吼道："谁要过来，我就跟齐国国君同归于尽！"

齐桓公心里也很慌，但他还是强作镇定，他知道这姓曹的不会对自己动手，因为高台之上都是齐军，只要自己稍有不测，鲁庄公和曹沫就会被剁成肉酱。

曹沫的要求也很简单，他对齐桓公说："你们齐国太过分了，不但欺负人，还占领我们这么多土地。我也不要你们赔银、赔金、赔命，就把占我们的土地还给我们，这事儿就算过去了，咱们两国还是平等交往。"

齐桓公不愧是一代明君，关键时刻很有主见。当然，更多的是他明白识时务者为俊杰的道理。因此，他大手一挥，表示答应曹沫的所有要求。鲁国一看人家这么大度，国土都还给咱们了，还有什么不满意的？再说曹沫毕竟是以下犯上，挟持对方国君，怎么着也得让人家面子上过得去吧。于是在要求得到满足后，曹沫放了齐桓公，鲁国向齐国赔礼道歉。

会盟结束，鲁国君臣胜利回国。齐桓公君臣却闷闷不乐，许多人都想毁约，齐桓公也有这种想法。管仲不同意毁约，劝说齐桓公："毁约不行，贪图眼前小利，求得一时痛快，后果是失信于诸侯，失信于天下。权衡利害，不如守约，归还占领的鲁国国土为好。"

齐桓公拿不定主意，决定回国后考虑一下再说。

待到齐桓公回国后，齐国国内已经议论纷纷，有的大臣赞同退还鲁国土地，有的反对。赞同者有赞同的根据，反对者有反对的理由。齐桓公为此事搅得心烦意乱，在寝宫独处了三天，没有上朝。这一来，更是火上浇油，反对派借此大肆聒噪，闹得不亦乐乎，赞同退还鲁国土地的管仲简直成了齐国的千古罪人。齐桓公也意识到这件事的严重性，再不出来说话，恐怕管仲很难行政。第四天早上，他决定上朝。

此时，众大臣聚集在朝堂之上，议论纷纷，他们就是否归还鲁国土地，各抒己见，谁也说服不了谁。

就在这时，齐桓公来到。群臣拜过之后，只听齐桓公开口道："寡人连日劳累，未能登朝，不知众爱卿有何禀报？"

众臣你看我，我看你，都欲言又止。最终，雍廪跨出一步，道："启禀主公，老臣连日狐疑满腹，愁云激荡，今日可否在主公面前一吐为快？"

齐桓公朗声道："讲。"

雍廪道："老臣身为大司田，本应只管五谷桑麻，不涉邦交。近日忽闻柯地之事，市井小民尚且私语，身为朝廷重臣，焉能不闻不问？臣想问三件事。其一，曹沫持剑劫持主公，此乃空前之耻，理应千刀万剐，为何优柔退让，而不反戈相击？其二，已归我版图的鲁国土地，乃将士们热血换就，为何要拱手相让？其三，管仲身为齐国之相，理应上护主公，下保国土，但却唆使主公一让再让，一退再退。可是身在临淄，心在曲阜？老臣斗胆，望主公明鉴。"

听了雍廪的话，齐桓公没有表态，只是看了一眼另一侧的管仲。只见管仲镇静若定，毫无动静。

这时，隰朋出列奏道："臣隰朋认为，柯地之事，已成盟约，此次立盟功大于过，得大于失。"

雍廪插上一句："隰大夫所讲功大于过，可否让老夫明白明白？"

隰朋道："凡事不可急功近利，亦不可一步求成。曹沫虽有非礼之举，齐国也曾举不义之师。齐鲁两国，本是毗邻，如此你仇我怨，那么冤冤相报何时了？一旦战火蔓延，无论临淄还是曲阜，都将永无宁日。主公和管相国答应退还鲁国之地，乃高风亮节，此举一可使主公化险为夷，二可使齐鲁和平相处，三可使诸侯各国领略齐国大国之风。臣以为，主公和管相国之举，在于得天下，乃高瞻远瞩之为，岂能非议？"

雍廪冷冷地说道："隰朋大夫所言，老夫实在费解，千辛万苦占领的鲁国之地尚且难以保全，又何谈得天下？恐怕将来连你我都无立足之地了。"

隰朋争辩道："得天下者，不在于一城一地之得失，而在于威望。正如勇士之猛，不在于高大，而在于威武。"

雍廪亦反唇相讥道："如此畏缩胆怯，威武之风何在？"

隰朋道："臣所言威武不在于赳赳之气，而在于泱泱之风。连这个道理都不懂的人，又有何资格对国事说三道四？"

雍廪冷笑道："岂有此理！"

齐桓公越听心里越乱，"啪"地一掌拍在案几上，镇住了隰朋、雍廪二人。然后他站起来说道："此事寡人已决定了，不要再说长道短了！

退朝！"一甩袖子，转身而去。

众大臣也纷纷退朝，大殿内只留下孤独的管仲，他呆在原地，一动也不动。刚才雍廪那激烈的言辞，重重地伤害了他。他万万没想到会说他吃里爬外，身在临淄，心在曲阜，好像他成了鲁国的内奸似的。他想，自打自己当上相国以来，为了齐国可谓呕心沥血，鞠躬尽瘁，别说退还鲁国之地是对的，即使是错的，也不应该得到如此的诽谤。他感谢隰朋仗义执言，看来，隰朋是理解他的。可惜鲍叔牙因事不在，如果鲍子在，可能会减轻他的压力。最让他寒心的是齐桓公，本来，他企盼桓公能说句公道话，谁料想桓公什么话也没说就拂袖而去。看来，这场风波还要继续下去。

管仲走出宫门，只见不远处围着一大批人，正在高声议论。难道他们也在谈论我的不是？管仲找了个不显眼的地方站定，他想听听人们究竟在说什么。

果不其然，人们认为国君本来是不同意退还鲁国土地的，但相国却执意要那样做，真是丢齐国的脸；人们还说，会盟之后，王子城父等大臣都主张把曹沫那厮捉来，好好教训一番。可管相国坚决不肯，真不知道他安的什么心……

更难听的话也有。管仲听不下去了，忧心忡忡地离开。他想，现在说什么也没用，还是让时间来证明吧。

欣慰的是，接下来的事实很快就证明了管仲的决策是对的。此后不久，隰朋得到可靠情报：卫国、曹国、纪国、莒国因为齐桓公在柯地会盟上不仅不怪罪鲁侯和曹沫，反而同意归还鲁国之地，十分钦敬，决定派使者到临淄来，与齐国订盟，尊桓公为盟主。

这可真是上天有眼，帮了管仲的大忙。很明显，只要此举成功，那些诽言谤语将不攻自破。更令管仲兴奋的是，事实证明他的战略思想是正确的。作为一名政治家，看到自己的想法变成了现实，这是最大的喜悦和幸福。四国与齐国定盟，无疑奠定了齐桓公的霸主地位，管仲的改革大计、内外政策的阻力也必然会大大减少。

隰朋的情报是准确的。没过几天，卫国、曹国、莒国、纪国的使者

第五章　奏响称霸的号角

· 143 ·

果真带着四国国君的书信，不约而同地来到了临淄。隰朋高兴得眉飞色舞，急忙进宫向桓公禀报。

正在批阅文件的齐桓公听了隰朋的汇报后不胜惊喜，急忙立起身来问道："果真如此？"

隰朋答道："四国使者正在馆驿待命。"

齐桓公乐得合不拢嘴，吩咐道："传旨，宣四国使者进殿，寡人要亲自接见他们！"

侍者应声出殿传旨。

桓公喜滋滋地问隰朋："爱卿，四国使者为何不谋而合，前来订盟？"

隰朋道："臣听使者们说，君上柯地之举，震惊了各国诸侯，大家对君上口服心服，盛赞君上言行一致，有泱泱大国之风，故愿服从君上调遣，前来订盟。"

"哦……"齐桓公放下手里的文件，抬头望了望窗外，面有愧色地说："这两个月寡人反复想过，相国所作所为是对的。相国顶着流言蜚语，还夙夜辛劳为国操心。寡人一时没想通，未能为相国排忧解困，寡人有愧于相国呀！"

隰朋也动情地说："相国站得高，看得远，深谋远虑，臣等望尘莫及。"

齐桓公点点头，轻叹一声道："是啊，相国之谋，百无一失。那就遵照相国的意思，立即退还鲁国之地吧。"

隰朋领命而去。

此时，侍卫进殿禀报："启禀君上，四国使者到。"

齐桓公振奋精神，道："有请四国使者。"

四国使者进殿，跪拜施礼：

"卫国使者拜见盟主。"

"曹国使者拜见盟主。"

"纪国使者拜见盟主。"

"莒国使者拜见盟主。"

盟主！多么光辉而又悦耳动听的名字，这不正是齐桓公梦寐以求的称谓吗？

看着这一幕，齐桓公的脸上绽放出多日未见的舒心微笑，心里就像吃了蜜一样甜。

从古知兵非好战

四川成都武侯祠前有一副著名的对联，其上联为：能攻心则反侧自消，从古知兵非好战。管仲虽然不可能读过这副对联，但他却是这副对联的忠实践行者……

齐桓公在管仲的精心谋划下，搞定了鲁国，也让卫、曹等国前来投顺，这让他的心里自然乐开了花。

但齐桓公并不是随便给点糖吃就能满足的三岁小孩。他的心里其实很明白，齐国的盟主之位多少有些名不副实，因为跟在它后头跑的，不过是一些中小国而已，大国诸侯还无一人服气。

而且，从前宋桓公的半道溜号仍然让齐桓公心里很是不爽，因此，与鲁国的事情结束后，他跟管仲商量，表示还是想去教训一下宋国。否则，这口恶气不出，心里憋得慌。

管仲说可以，但要仔细考虑一下。

接下来的一段时间，管仲成了一个宅男，成天宅在家里，谢绝会客，时而阅读兵书，时而长久思考。

有一天，一个陌生人要求见他。管仲听说此人有要事相告，便破例让其进了府中。此人是管理宫中杂事官职低微的东郭邮，管仲一开始并没有当回事，以为不过是反映宫内某人某事罢了。谁知东郭邮出口便说是伐宋之事。管仲一听到"伐宋"二字，深感吃惊。因为在决定伐宋之初，怕走漏风声，并没有四处张扬，只有他自己和齐桓公两人知道。眼前这个小小的宫官却一口说了出来，怎不让他大吃一惊？但他并没有表露出惊讶之色，而是故作平静地问东郭邮如何得知大军要讨伐宋国。

东郭邮淡淡一笑，说："相国满腹经纶，料事如神，自然可以通晓

天下事物。我等小人物，却只能推测罢了。”

管仲觉得没这么简单，忙问：“凭何推测，能告知一二吗？”

东郭邮说：“这有何难？据在下平日观察，听着美妙音乐的人，脸上总是堆满欢笑；家有不幸的人，脸上多半笼罩着一层灰暗苦涩；谋划征战厮杀的人，脸上常常会眉飞色舞，兴奋异常。那天，在下偶然看到君上和相国议事，君上手舞足蹈，激动不已，便妄加推测，齐国要与宋国开战了。”

世上有如此会推测的人吗？管仲简直有些难以置信。他瞪视着东郭邮问：“齐宋国两国相距遥远，足下又为何单单推测是讨伐宋国呢？”

东郭邮说：“这更不足为奇。在下见相国说话，口微微张开而不见闭合，分明是说的一个‘宋’字。君上听了相国的话，面露怨恨之色，手指西南方向指指点点，那正是郑、宋所在的方向。在下屈指一算，现今周边大国中能与齐国相抗衡的只有郑、宋两个大国。而‘郑’字说出口，嘴形为大开状，故此，在下大胆断定君上与相国商讨的当是伐宋。”

原来这是一个口型辨别专家。管仲听得连连点头，禁不住夸道：“能从细微中窥见大事，足下是管仲所见到的第一人，让人叹为观止！真是人间处处有高手。此话不假！”

东郭邮说道：“比起相国的经纶、韬略，此乃雕虫小技，不足以登大雅之堂。在下今日所以敢冒昧惊动相国大驾，并非为了显示这些小小法术，而是位卑不敢忘忧国。对这次征伐宋国，在下其实有些担忧。”

此时的管仲对东郭邮早已是另眼相看，因此对他的话非常重视，忙问他为何担忧？东郭邮侃侃而谈，竟与管仲的决策不谋而合。管仲大奇，问：“依足下之见，莫非认为齐国不该伐宋？”

东郭邮说：“宋国当然该伐。依在下愚见，如不伐宋，北杏会盟就会留下永久缺憾。齐国的兴霸大业，也再难进一步。但伐宋不应力战，而应智取，以免齐国损耗过度，伤了元气。”

东郭邮正要说出伐宋的策略，管仲伸手一拦，说：“足下先不要说出，你我在手心中各写一字，看是如何以智取宋。”

东郭邮欣然答应。

146

管仲命侍者取来笔墨，二人在手心各写一字，尔后张开手掌。只见管仲手中写一个"说"字，而东郭邮手中写一个"惑"字。二人对视一眼，仿佛均明白了对方之意，一下子忘记了尊卑之分，双双抚掌大笑起来。

当天，管仲与东郭邮彻夜长谈，十分投机。第二天，管仲便将东郭邮举荐给了桓公。齐桓公也觉很新奇，但不知该委以何任。管仲要东郭邮先行潜到宋国都城，四下里传播，说宋公违抗王命，背信逃盟，周天子大怒，委托盟主齐桓公大集天下诸侯之兵向宋国问罪，大军不日将至。宋国内乱刚息，势力衰微，只有归服，否则大军所到之处，鸡犬不留……反正怎么险恶怎么说，越逼真越好。

齐桓公也认为此计甚妙，当即同意，并将东郭邮的官位晋升一级，赏黄金百两，织锦十匹。

东郭邮拜谢领受，回去后打点简便行装，领受管仲的嘱托，便悄悄出发到宋国去了。

随着时间的推移和条件的成熟，伐宋之事由暗中转向公开。齐桓公开始调集兵马，选择吉日，兴师伐宋。

这时候，管仲又提建议说，最好还是先跟周天子商量一下，这样才师出有名啊。

齐桓公表示同意。管仲便派人去了周王室一趟，告了宋桓公一个大黑状，说得宋桓公简直就是一个人渣，不揍不足以平民愤。周天子当然没意见，他也不敢有意见，他不但同意齐桓公去打宋国，而且他还派了周卿士单伯，率领王师与诸侯联军一同伐宋。

就在大军即将出征的前夕，管仲府中出现了一件小小的花絮。

原来，可能是在相府中养尊处优呆腻了的缘故，管仲之妻田婧听说管仲要率军伐宋，便萌生了随管仲出征的念头，想借机饱览一下中原南部的风光。然而当她向管仲提出此要求后，管仲心想，哪有领兵打仗还带着老婆的，让别人看见了像什么话？因此任凭她磨破了嘴唇也不答应。田婧只好撅着小嘴跑了。

管仲以为是老婆一时心血来潮，并没有把此事放在心上。正当他

在书房整理着随军物品时，听到有人敲门，接着一个英俊少年出现在他的面前。管仲吃了一惊，觉得这少年似曾相识，却又一时记不起在哪里见过。正犹疑间，少年向他拱手施礼，然后用沙哑的声音说道："听说相国讨伐宋国，奔波操劳，万般辛苦，妾心中不安，愿鞍前马后，听候差遣。"

管仲一愣，继而大笑。笑罢，忍不住地赞美说："好一个英俊美少年！"田婧抿嘴一笑，粉脸上一片得意之色。

管仲又说："这种装束倒很别致，就以此随我出征吧。"

田见管仲终于答应，高兴地跳了起来，顽皮地向管仲做个鬼脸，"咯咯"笑着跑开了。

田婧这一次随军出征，看似有公私不分之嫌，其实也助管仲成就了一件大事。

出师之日，管仲率前军先行，先去会齐陈、曹两国人马。齐桓公命上卿高子、国子暂代国事，由大司田雍廪辅佐；自率隰朋、王子城父、宾须无、东郭牙、大夫仲孙湫等，统领中军；命鲍叔牙统领后军，运送粮草。待分配已定，数路兵马浩浩荡荡向宋国进发。

却说管仲率军行到猱（náo）山（在今山东省青州境内）时，管仲命就地歇息。他发现一个山野村夫，穿着一身粗布衣服，打着赤脚，在山坡草地上牧牛，一边敲击着牛角，一边吟诵着诗，显得十分悠闲自在。

管仲见此人虽然衣着不济，但是眉宇间透着一股浩然正气，当下很是喜欢，便将酒饭分出一份，命侍从送与那牧牛人。

那人也不道谢，只是狼吞虎咽般吃完饭菜后，让侍从将一句"浩浩白水"的诗句转告管仲。侍从将牧牛汉子的诗句转告管仲后，由于军情紧急，管仲也没在意，只是哼了一声，便率军出发了。

一路上，管仲满脑子想的都是伐宋之事。他想，东郭邮已到宋国散布谣言，蛊惑宋国军民之心，不知情形如何？如若得手，大军一到，乘着宋国上下一片慌乱之机，派人游说宋侯，成功的把握应当有八九成。可是，派谁前往宋国呢？此人既要伶牙俐齿，能言善辩，又要胆

识超群，临危不惧。否则，被宋侯的威严一吓，岂不屁滚尿流，大大折煞了齐军的锐气？到头来，让宋人嗤笑事小，延误了齐国的霸主大业，又如何担待得起？他将鲍叔牙、隰朋、宾须无、王子城父、东郭牙、仲孙湫等一一从头脑里过了一遍，认为他们虽各有优长，但都不足以担当此任。

见管仲一路上都沉默不语，想着事情，田婧也不打扰他。无聊之余，她好奇心大盛，细细揣摸起刚才牧牛汉子的诗句来，越想越觉得颇有深意。眼见那牧牛汉子的身影越来越小，就要在目光中消逝了，田婧终于忍不住了，推了推管仲说："相公醒醒，你难道就不想见见刚才那个人吗？"

"哪个人？"管仲正为破宋之事大费心神，田婧突然一问，一下子没回过神来，随口问了一句。

田婧说："相公忘了那牧牛汉子送你的诗句吗？"

管仲说："没有啊，怎么啦？"

田婧抿嘴一笑，不假思索地说："人家已经说了，想见你呢！相公还不知道吧？"

管仲不明所以，问："此话怎讲？"

"古时候有一首《白水》诗不是说：'浩浩白水，儵儵之鱼。君来召我，我将安居。国家未定，从我焉如？'意思是国家需要他，他希望报效祖国哩！这人明显是求官来了，他问相公如何使用它呢！"

听了田婧的解释，管仲心中豁然开朗。他想，此人以如此奇妙的方法进见，一定不同寻常。于是，他急令大军原地稍歇，命车夫掉转马头，将车往回赶。

管仲远远看到那牧牛汉子还在，便和田婧下车，大步流星地走向山坡。

那牧牛汉子见了管仲去而复回，仿佛早已料到，并不惊讶，也不下拜，只拱手一揖，算作招呼。管仲也不计较这些俗礼，和颜悦色地与那汉子攀谈起来。

牧牛汉子说："在下乃卫国一山野匹夫，姓'宁'单名一个'戚'

字。听说您为齐国宰相，礼贤下士，思才若渴。在下自思，虽才疏学浅，却有小用，于是不顾路途遥远，来到齐国，想在相国麾下聊尽绵薄之力。可到了齐国，一直无缘得见相国，盘缠已尽，只好在此山野之处替人牧牛借以度日，等待与相国机缘的到来。"

管仲笑笑说："所谓机缘，如何靠得住？如果我今天不打此经过，足下岂不是千里迢迢来到齐国，而空等一场吗？"

宁戚也笑笑说："有缘千里自相会，无缘对面亦不识。我把这一切都交与命运。幸好命运垂青于我，今天得以与相国相见。没想到相国果然名不虚传。宁戚即使不能为相国所用，有缘得见尊面，也不枉走这一遭了。"

管仲见他谈吐不俗，便与他谈论起天下大势，并不露声色地有意问他一些治国平天下的道理。让他深感意外的是，宁戚竟然口若悬河，对答如流，而且颇多独到的见解。

管仲认定这是个难得的人才，于是略一沉思后，对宁戚说："足下确是大用之才，管仲得见实是齐国之幸。但如草草跟随管仲而去，那是对足下的不尊。我国君上思贤若渴，当今更是用人之际。数日后，他将亲率大军路过此地，我给足下留下一封引荐书信，君上见到必会重用于你。"说罢修书一封，递与宁戚，又说了一些勉励的话，方才分手。

返回的路上，管仲想到凭空得一人才，心中甚是欣喜。于是用开玩笑的语气赞美田婧说："没想到贤妻还有一双慧眼，识得贤才，愚夫这厢有礼了。"说罢拱手一拜。

世上哪有不喜欢丈夫赞美的女人？田婧高兴得像个三岁的小女孩，差点扑到管仲怀里去，但一想到前面还有车夫，便忍住了。

看见爱妻如此高兴，管仲也乐不可支，不禁在心里感叹道：有个老婆真是好！希望百姓们富裕了，每个男人都能讨上老婆。

一想到这里，管仲觉得自己肩上的担子更重了，但对未来却更充满了信心。

几天过后，齐桓公率领中军到达猛山。宁戚本想拿出管仲的书信，前去投靠桓公。但他转念一想，像自己这样出身寒微之人，如果没有惊

宁戚这才从怀中掏出管仲的书信，递给齐桓公。

齐桓公看了看书信，上边自然是对宁戚的夸赞和推荐。齐桓公不解地问宁戚："你既然有仲父的书信为什么不早拿出来啊？"

宁戚说："君王会找好的大臣辅佐自己，大臣也要找好的君王去服侍啊，这是一样的道理。君上如果是那种喜欢阿谀奉承，动不动就对臣下动怒的人，那我是宁死也不会拿出相国的书信来辅佐您的。"

齐桓公听后大喜，当即让宁戚随军伐宋，当晚，大军刚刚安营扎寨，齐桓公就命人点起火把，准备好大夫衣冠，他沐浴更衣后，在营帐中正式拜宁戚为大夫。换上大夫衣冠的宁戚，早已不是牧牛时的穷酸样，而是焕然一新，风采照人。看来，俗语说"人靠衣裳，马靠鞍装"，还真是有道理。

齐桓公率领大军到达宋国边界时，管仲和陈、曹两国的领兵大将以及周王派出的单伯等早已率兵等候多时。

几支人马会齐后，齐桓公立刻就要下令攻打宋国，却被管仲劝住。管仲从决定伐宋之日起，殚精竭虑谋划的就是要避免这场拼斗与厮杀，以达到不战而屈人之兵的目的。率兵到达宋国边境以后，东郭邮派人密报，说他到了宋国都城以后，按照原计划工作开展得十分顺利，现在整个宋国上下都知道齐桓公率天下诸侯前来讨伐宋国，不日将至，宋国顷刻就要灭亡。宋国君臣百姓都已惶惶不可终日，似乎要束手待毙。

东郭邮的密报，更增加了管仲使用游说之计的信心。他认为，此时只要派一得力之人前往宋国，晓以利害，宋国可不战而下。而且，派遣何人去担当此任，管仲心中也早有所属。当他将齐桓公迎进营帐之时，已看到宁戚跟随桓公左右，心中暗自高兴。

原来管仲那天与宁戚有过接触后，便有了让宁戚游说宋国国君的想法。现在宁戚已为桓公所用，正好可以让他借机为齐国立一大功，以作晋身之阶，堂堂正正进入齐宫。

于是管仲劝齐桓公对宋国先礼后兵，他说："主公是奉天子之命，率领王师来向宋国问罪，如果以德能使宋国顺服，订立盟约，既可使齐国士卒免却征战之苦，又可使宋国百姓免遭战争劫难，更可使主公德名广播天下，可谓一举三得。如宋侯冥顽不化，非要以卵击石，主公可推动大军，一举荡平宋国。”

齐桓公同意了管仲的计策，可派哪位大臣去游说宋侯呢？桓公一时没想出合适人选。

管仲想了想，说："担当此任的，决不能是等闲之辈，既要胆识超群，遇惊不乱，遇乱不惊，又要才思敏捷，能随机应变。而且这件事的成败关系霸业的兴衰，非同小可，臣想亲自走一趟。"

管仲的原意其实是想先渲染一下游说人选的重要性，然后再提出宁戚的名字，以此抬高一下宁戚的身价。当然，在不动声色中也乘机夸了自己一番。可见，管仲真是一个会说话的人。

正如管仲所料，齐桓公当然不会同意。他说："寡人时刻要与仲父商讨军机大事，怎能让仲父轻易离去？还是由另一爱卿去吧。"但桓公连问了三遍，文臣武将都低下了头，无人应声。有的暗忖自己勇气有余，而机智不足；有的认为自己在平常之时尚能应付一二，而危急关头就会乱了方寸，坏了大事。

齐桓公见无人敢去，叹了一口气说："难道非得要仲父亲自出马吗？"

这时，宁戚跨上一步，说："杀鸡焉用牛刀？芝麻大的一点小事，怎能劳相国亲往？微臣没有立下寸功，却深受主公厚爱，如此重用，心里很是不安。臣愿意凭三寸不烂之舌，让宋国国君低眉顺眼来见主公。"

桓公大喜，看看管仲。管仲微笑着点了点头。桓公即命宁戚出使宋国。

此时的宋桓公正是焦头烂额的时候，外有大军压境，内有妖言惑众，他几乎都没了主张。就在这时，宁戚到了。

真如管仲所说，宁戚注定要经受一番考验。宋桓公和群臣都不知宁戚是何许人，亦不知如何应付才好。宋侯手下第一谋士戴叔皮说："管仲足智多谋，办事大胆而又谨慎，所谋之事，可谓风雨不透、滴水不漏。既然宁戚是管仲派来做说客，定是摇唇鼓舌能言善辩之徒。依臣之见，且吓他一吓，别让他小觑了宋国。来人如尊重宋国和主公，便也罢了，主公可以礼相待；他如以大国使臣自居，表现傲慢无礼，就以臣扯

罪加盟吗？"

于是，宁戚把说服宋桓公的经过说了一遍。齐桓公听后大喜过望，对宁戚道："好，好！宁大夫可是立下了大功了！"他转身又对管仲道，"仲父慧眼识英雄，慧眼识英雄啊！"

管仲笑笑说："主公过奖，没有主公的英明决断，就没有宁戚大夫啊！"

宁戚也笑道："主公、相国，快别夸小臣了，再夸我可就尾巴都要翘上天了。人家宋使还在帐外等着呢！"

桓公高兴得说道："哦，快快有请，快快有请！"

宋使进帐，拜过齐桓公后，说道："敝国君上致意齐侯，修书一封，面呈齐侯。"

齐桓公接过国书，展开一看，里面全是宋桓公的请罪之辞和送礼清单，他匆匆看过之后，和颜悦色地对宋使说："讨伐宋国是奉天子之命，寡人哪敢自主妄为！请你转告宋公，所献金玉，寡人转呈天子，并转达宋公加盟之意。一个月后，请宋公赴鄄（今山东鄄城北）会盟。"

就这样，齐桓公没伤一兵一卒，德威并举，使宋国归服。这件事发生在前 679 年。

班师回国的路上，齐桓公与管仲商讨下一步的行动。当时中原大国只剩下郑国没有与齐国缔结书面或口头盟约。管仲和齐桓公议论的中心自然落到了郑国的头上。

郑国原本就是一个中原大国，周平王东迁之后，郑国一度十分蛮横，干出了抢割麦子、箭伤周王的事情。但是，随着齐、晋、楚、秦诸大国的崛起，郑国地位急剧下降，沦落成小国。但它于周平王四年（前767 年）灭掉东虢（guó），吞并了东虢的土地后，又经过郑庄公四十多年的努力，重新成为中原大国。到了郑厉公时期，郑国与南方强国楚国走得很近。

管仲认为，齐国要称霸诸侯，非降服楚国不可。而郑国是楚国的屏障，要降服楚国，必须先得降服郑国。郑国一旦成为齐国的盟国，楚国北边门户大开，就很容易被遏制住。

齐桓公赞同管仲的看法，但他对接下来该怎么办，却无良策。

管仲当然不是一个走一步看一步的人，早在伐宋之时，他就已开始思考如何对付郑国了。于是，当齐桓公为伐郑向他问计时，他讲了一个刚刚发生在郑国的故事：前不久的一天，郑国都城南门内外同时出现两条巨蛇，门内巨蛇身长八尺，青头黄尾；门外巨蛇，身长丈余，红头绿尾。门外巨蛇急欲进城，门内巨蛇横加阻挡，两蛇在城门口争斗不休，整整厮杀了十七天，外来巨蛇终于咬死城内巨蛇，舔干身上血迹，爬进了郑国太庙。然后，它就忽然消失不见了⋯⋯

看着兴致勃勃地讲着故事的管仲，齐桓公一头雾水，实在弄不懂这个满腹智谋的仲父葫芦里卖的是什么药。

管仲依旧兴致很高，面带微笑，侃侃而谈，似乎郑国已成为他的囊中之物。他对桓公说："主公还记得吧，周庄王元年（前698年），郑厉公当了四年的国君，被逆臣祭足废黜，在外流亡到现在。祭足再立公子忽为君，为昭公。忽只当了两年国君，又被逆将高渠弥所杀，祭足又立公子婴为君。祭足以臣子的身份废黜国君，婴以弟的身份篡夺兄长的君位，这都是违反常伦、忤逆不道的行为，天下人都可以声讨。现在祭足已死，公子婴懦弱无能，失去了祭足这个靠山，再也难以有所作为了。流亡在外的郑厉公在栎城（今河南新蔡县境内）已经居住了十几年，主公如能挑逗起他重新做郑国国君的念头，再派一员大将率精兵强将帮助他夺得君位，他感激主公再生之德，遇事还不唯主公马首是瞻？"

管仲的做法，齐桓公从前也曾经想过，但他认为行不通。他对管仲说："我常听知情者说，流亡在外十多年的郑厉公，早已心灰意冷，没有重新夺取君位的雄心大志了。"

管仲点点头说："主公所言臣也知晓，所以臣才用'挑逗'二字啊。这次臣要亲自走一趟栎城，无论如何一定要说动厉公重做君王的雄心，将一个服服帖帖的郑国送与主公。"

齐桓公大喜，忙说："有劳仲父亲自出马，何愁大事不成？需要多少兵马，仲父请随意调遣。"

管仲要得不多，他点齐二百辆战车和两千精兵，由大将宾须无率领

随着齐国工作重心的转移，管仲把全副精力都放到了国内的经济建设上来。全神贯注搞建设，一心一意谋发展。

为了检查一下前期的施政效果，理清下一步的工作思路，管仲决定带着少量的随从，到民众中去走一走，看一看，听一听。

一天，到了一个离临淄不远的乡下，管仲发现有一家人在办丧事，可奇怪的是，当时已是初冬时分，然而跟在棺材后面哭泣的人，却穿着薄薄的衣服，在寒风中一边哭泣一边冻得瑟瑟发抖。

难道这家人穷得连衣服也买不上吗？可那棺材分明是用上好的楠木打造的，而且由八个壮男抬着都还稍显吃力，想必厚度也很够意思。

这里面一定有什么名堂，管仲叫了一个随从悄悄去问围观的人。

过了一会儿，这个随从回来告诉管仲说，因为这里盛行厚葬之风，当地的衣帛全部都用来做丧服了，上好的树木也都被砍来做棺材了。

管仲觉得这个问题不可轻视，于是回去向齐桓公汇报了这个情况。

齐桓公也很担忧，就跟管仲说："如果厚葬之风再这样继续下去，齐国的衣帛就全部都用来做丧服了，齐国的树木也就全部用来做棺材了，应该怎么样去解决这一个问题？"

管仲说："人们之所以会选择厚葬，不是为了名，就是为了利益，从这两个角度出发想对策，应该可以很好地解决这个问题。"

齐桓公听从了管仲的建议，于是就下令说，从今以后如果还有人施行厚葬之礼，就要派人侮辱去世之人的身体，而办理丧礼的都要抓取治罪。

命令下令之后，齐国境内的百姓以及高官贵族都不敢再进行厚葬之礼。因为主理丧事的人家如果实行厚葬之礼，去世之人不仅得不到名气，还会名誉扫地。办理丧事的人也不仅得不到利益，还会被抓取治罪。所以，一时之间，厚葬之礼就被遏制住了，齐国的衣帛以及木材都能够得到更好的利用。

虽然这只是一件小小的事件，但也说明，为了增强齐国的综合国力，管仲是不惜从细节之处着手的。

不久后的一天，齐桓公把管仲叫到宫里，两人谈了一些近期的工作

后，桓公忽然向管仲诉起苦来。原来，他想到洛邑（洛阳的古称）去朝拜周天子，但贡品和往来的差旅费还没有着落，只好请管仲想办法解决这个问题。

"巧妇难为无米之炊哟！"管仲笑着说。

"有米我会向你叫穷吗？"齐桓公也调侃了一句。

"办法倒是有。"管仲想了想说，"只是要动点儿脑筋。"

"有什么好办法就说出来吧！"齐桓公说，"只要能弄到钱，动动脑子也是应该的。"

"那就请主公下令，在城西北背阴处另筑一城，要三重城墙、九重城门。"

"平白无故地筑城干啥？"齐桓公不解地问。

"弄钱啊！"

"弄钱？"齐桓公很是疑惑，心想，这怎么弄钱？难不成弄成出租房啊？

"我要利用这项工程大做文章。"管仲说，"选派最好的玉匠，在城内雕刻石璧，规定一尺见方的石璧，定价一万钱；八寸见方的石璧，定价八千钱；七寸见方的石璧，定价七千钱；石珪定价四千；石瑗定价五百。限时三月完成。"

"雕刻这么多石璧有何用？"齐桓公不解地问。

管仲没有回答齐桓公的问题，而是说道："臣想在主公到洛邑之前先去朝见一下周天子。"

"这与周天子有关系吗？"齐桓公问道。

"当然有关系。"管仲说，"只要他一声令下，这些石璧就是钱。"

齐桓公虽然是半信半疑，但仍然按管仲的意见办了。因为只要是管仲给出的方案，理解也好，怀疑也好，他都是全力支持，从不打折扣。

当这些石璧临近完工时，管仲将验收石璧的事交给了鲍叔牙，自己先行前往洛阳探探情况。

周天子也知道管仲是个不可多得的人才，因此一见面就向管仲表示，希望他能留在洛邑做上卿。

管仲哪里敢赴宴，他怕闹不好就把自己给"宴"（淹）在这里，回不了齐国了。于是赶紧找了个借口，脚底抹油——溜啦。

此后，齐国都城临淄的新城很是热闹了一段时间，诸侯国的车辆络绎不绝，这些车辆载来了黄金、珠玉、粮食、彩绢和布帛，换走了齐国的石璧。

这就是历史上著名的"石璧之谋"，齐国从这一谋略中发了一笔横财。

当然，石璧之谋固然让齐国的国库又充盈了一把，但对于偌大的齐国来说，这笔钱不过是杯水车薪。特别是，这时的齐国，虽然经过管仲大规模的改革，国力有了极大提升，但是对于广大的百姓来说，他们并没有享受到改革的红利，仍然还过着饥寒交迫的生活，很多贫民、农民都还是靠借高利贷来维持生计和农事。

高利贷算得上是中国社会几千年的痼疾之一，历朝历代都有，几乎每个朝代都会对此进行限制甚至打击，但又都很难禁绝。因此，因高利贷而家破人亡的事时有发生，不但影响了普通百姓的生活，还影响了社会的稳定。在当日的齐国，这种情况也较为严重。

管仲和齐桓公也知道这个问题。但是，国家财力有限，不可能一下子将那么多的人从高利贷的囚笼中解救出来。齐桓公为这事忧心，管仲也为这事发愁，只是事情太棘手，很难有一个万全之策。

这一天，齐桓公又在管仲面前提起这件事，说要不这样办吧，向富商大贾和放高利贷者征收赋税，用赋税来帮助贫民维持生计，帮助农夫维持生产。除此之外，恐怕也没有什么好办法了。

"办法倒是有！"管仲想了想说，"就是不知能不能奏效。"

"没有试，怎能知道有没有效果呢？"齐桓公从石璧之谋中，深深地体会到管仲那高深莫测的智慧和层出不穷的怪招，觉得他有那种没有钱也玩得转的本领。因此，一听说管仲有办法，就催促他赶紧试一试。

"看来也只有试一试了。"管仲说，"我们可以用行政命令来改变这种状况。"

齐桓公问道："具体怎么做？"

"这事就交给我来办吧。"管仲说，"主公只管静候佳音，到需要主公出面的时候，我再来请示。"

齐桓公点点头。

第二天一早，管仲将鲍叔牙、宾须无、隰朋、东郭牙召集来，对他们说，有一件重要的事情要他们立即去办。

"什么事？"鲍叔牙问。

"东郭牙到东方去，宾须无到南方去，亚相到西方去，隰朋到北方去。"

"去干什么？"大家齐声问。

"搜集四方放高利贷的情况，调查那里的人，负债的有多少家，回来向我报告。"

当天下午，临淄城的东、南、西、北四个城门，分别驶出了一乘轻装简从的篷车，车上自然就是鲍叔牙、宾须无、隰朋、东郭牙和他们的随从。

鲍叔牙的效率还真高，没几天他就回来报告说："我去的地方是依济水、靠黄河的区域，这里草茂水丰，民众靠捕鱼、打猎和砍柴为生，也种一些地，那些地是不能与鲁国丰沃之壤相比的。放高利贷者放出去的债，多的一家就有千钟（齐国量器的一种）粮食，少的也有六七百钟。借债的贫困者，我粗粗统计一下有九百多户。"

宾须无紧跟在鲍叔牙之后回来报告。他说："我去的南方山区，那里的民众以上山砍柴制作轮轴、采集小栗制作食品为生计，也有一些专门打猎。放高利贷为生的大户不多，但他们放出去的多达千万钱，少的也有六七百万。"

管仲问："利息是怎么算的？"

宾须无说："利息大约为百分之五十。"

管仲"哦"了一声说："这么多，是一半啊！借债的人负担得起吗？"

宾须无说："借债的人已经有八百多家，许多贫民生计难以维持，只能用儿女去抵债。一个16岁的女孩子只能抵一百钱。他们把这些女孩子弄去，好看的就养起来做妾，差点的就翻翻价卖掉。"

过了两天，隰朋也从北方回来了。原来他在回来的路上生病了，因而晚了些时日。

管仲关切地问了问隰朋的病情，身体仍然有些欠安的隰朋道了声谢后，便把自己去北方的情况一一道出："北方的百姓住在靠海的洼地，有的以煮盐为生，有的靠捕鱼、砍柴为生。表面上看，资源还是比较丰富的，但借债人家还是高达九百余家。借债一百，利息二百，成倍翻，与其他地方不同的是，借时就扣了双倍的高息。放贷的大户放出去六七百万甚至上千万钱。"

听完隰朋的汇报，管仲吩咐他回家好生休息，然后马不停蹄地直奔齐桓公处。

管仲告诉齐桓公，从四位大臣了解到的情况看，放贷的总计放出了钱三千万、粮三千万钟，借债的贫民达三千多家。然后他感慨地说："民众生活得并不好啊！如果他们没有饭吃，没有衣穿，甚至还要卖儿卖女，我们执政的怎能心安？我们的国家又怎能不穷？军队又如何善战？"

齐桓公点点头，然后问："仲父有何良策？"

管仲其实已经胸有成竹，本想把想好的方案一吐为快，可话到嘴边还是忍了。他心想，毕竟高氏、国氏在齐桓公登基的事上是立了大功的，现在主公心头热着，顺着我的意思去做了，万一有什么闪失，闹出不好的插曲，主公必会懊悔，我恐怕也没什么好果子吃。想到这里，管仲向齐桓公提出："请允许我与四位大臣一起商量个妥当的办法，再来禀告。"

齐桓公说"好"，然后要管仲快快拿出方案，立即实施，有什么需要他出面的，尽管提出。

有了齐桓公这句话，管仲更有信心了。

几天后，朝廷以齐桓公的名义发了一份通告：凡前来朝拜国君、进献贺礼者，都要献织有"镂（jù）枝兰鼓"花纹的美锦。没有的，不得入见。

布告张贴后，管仲又暗自下令，朝廷库存的"镂枝兰鼓"花纹的美

锦只进不出。此后一段时间内，"镰枝兰鼓"花纹美锦价格暴涨，每匹价格高达万钱。

与此同时，全国的放高利贷者都收到一个请柬，内容是齐桓公设宴请客。这些人收到国君的请柬，感到无上光荣，人人都春风满面地拿着"镰枝兰鼓"花纹的美锦赶到临淄赴宴。一时间，朝野都知道国君设宴招待富豪乡绅这件事。

国宴上，齐桓公起立，向与会的富豪乡绅们敬酒，对他们说，朝廷要支付百官俸禄，要搞建设，还要打仗，这些费用都来自税收。在座各位把钱、粮借给贫民，才使他们能完成向朝廷纳税的任务。因此，他向这些富豪乡绅们表示感谢。

到会的都是一些放高利贷发了横财的人，他们见国君设宴款待，还说感谢他们，个个志满意得，纷纷端起酒杯，接受齐桓公的敬酒。

齐桓公装出很高兴的样子，看着大家喝完酒之后，话锋一转说："我心里很不安哟！"

"君上为何不安？"有人不解地问。

齐桓公叹了口气说："百姓借高利贷向朝廷缴纳赋税，体现了百姓对本王的忠心。寡人身为国君，治下的子民竟要借高利贷度日，心里能安吗？寡人想替齐国子民偿还高利贷的本息，苦于国库里没有钱啊！"

众人一片哑然，不知齐桓公葫芦里到底卖的是什么药。

"唉！"齐桓公又长长地叹了一口气，显得很无奈，问道："市场上'镰枝兰鼓'花纹的美锦很贵吧？"

"贵得很嘞！"管仲答话说，"每匹价格动辄万钱以上呢！"

"仲父！"齐桓公问道，"国库里还有不少'镰枝兰鼓'花纹美锦吧？"

"是有一些，那是留给主公和后宫用的。"管仲与齐桓公唱起了双簧。

"罢了！罢了"齐桓公说，"全都拿出来吧！"

"干什么？"管仲故意问道。

"卖了，替百姓们把高利贷还了吧！"齐桓公说。

管仲回答道："好。"说完，便用眼光盯着那些参加宴会的放高利贷的富豪乡绅们。

到了这时候，大家似乎都明白了什么，但又都装作什么也不知道，只顾埋着头吃饭喝酒。

就在这时，大司理宾须无进来报告说，收到了许多民众呈上的状词，状告那些放高利贷者逼死了人，其中还有几份血书和街坊耆（qí）老们的联名状。说着，把这些状词、血书和联名状都交给了齐桓公。

齐桓公一边看，一边忍不住抹起了眼睛，叹息着说："寡人想让我的子民们生活得更好些，想不到有人却如此胡作非为！仲父以为如何是好？是不是该严惩？"

管仲回答："犯奸作科者理当严惩。"

然后齐桓公又转向高傒和国子道："两位上卿意下如何？"

高傒和国子并不知道具体的情况，众目睽睽之下，两位上卿也只好附和着道："理当严惩。"

"好！"齐桓公高声说道："那就交由仲父处置。"

管仲回答："遵命。"然后手一挥，说，"把丁惠带上来。"

丁惠是来自东方的富豪，高傒的亲侄子，放高利贷的大户之一，当时也在参加宴会。

侍卫当即将丁惠扭上来。高傒在座位上一看，脸色变得极为难看，但也不敢说什么。

管仲把手中的状词、血书和联名状一把扔在丁惠的脸上，厉声问他道："你知错吗？"

丁惠用眼睛看着高傒，希望他能为自己说几句话，没想到高傒却将脸扭向一边，装作没看见。

这时，只听齐桓公大喝一声："给寡人拖出去斩了！"

丁惠一下子跪在地上，连哭带喊地哀求着："君上饶命！相国饶命！小的知错了，小的再也不敢了……"

管仲与齐桓公对了一下眼神后，管仲拱手施礼道："主公，我看就饶他一命吧。但死罪可免，活罪难逃。就让他按照借贷凭条上的数目购买相同的'镂枝兰鼓'花纹美锦，以此赎罪吧。"

齐桓公"哼"了一声道："好吧，看在仲父的面子上，这次姑且饶

了你。下次绝不轻饶！"

丁惠哪里还敢说个"不"字，只是不停地磕头如捣蒜。

接下来待侍卫将丁惠带出宴会厅后，管仲笑着对一干富豪乡绅们说道："大家继续，务必吃好喝好，喝好吃好！接下来还有更重要的事情跟大家商量。"

那些放高利贷的富豪乡绅们眼见有大后台的丁惠都已经那样了，哪里还有心情吃饭喝酒，纷纷俯首下拜说："君上如此关心百姓，请允许我们将债券捐献出来，免除百姓的债务。"

"那可不行。"齐桓公体贴地说，"各位使齐国的贫民春得以耕，夏得以耘，寡人感谢你们都来不及，怎么能再让你们再出血呢？"

放高利贷的人个个都是人精。他们何尝不清楚，国君口头上说不要他们出血，其实是变着法子要他们放血。但高帽子已经戴在头上，想摘也摘不下来，只得接受齐桓公的"好意"，拿出所有的借贷凭条，按万钱一匹的价格，拿走等量的'鑢枝兰鼓'花纹的美锦。

就这样，朝廷以不到三千匹织锦的付出，帮四方贫民还清了高利贷的债务。

半个月后的一天，齐桓公与管仲在宫中一个亭子里下棋。守城官派人送来一个帖子，说是一位不愿意留下名姓的人贴在公告栏旁边的。

管仲接过去一看，乐了，递给齐桓公。齐桓公一看更乐了，说："仲父，上回我们合计的方法真管用，省掉国库多少开支啊！哈哈，帖上还说我们帮他们还掉高利贷是天下仁义之首举，他们还因之对国家感恩戴德……"

管仲笑笑说："贤德主公的威望就是这样来的。"

以商战助霸业

今天的人们对商战早已司空见惯，其实早在两千多年前的春秋时期，管仲就已经把商战玩得团团转。虽然，他的做法有点"阴损"……

就在齐国致力于国内建设时，后院起火了，发生了遂国事件。

遂国是周武王统一天下后，封舜的后裔于遂所建立的国家，位置大约在今山东省宁阳、肥城一带。

当年，齐国在北杏会盟之后伐鲁时占领了遂这个小国，并派士卒戍守。就在齐国偃兵息甲，埋头国内建设时，遂人乘机发难，国内因氏、颌氏、工娄氏、须遂氏等四大族不堪忍受齐人戍卒的欺凌，以美酒佳肴为饵，将戍守士卒灌醉，之后全部杀死，重新夺取了遂国政权。

齐桓公听说后，也不手软，迅即以大司马王子城父为帅，三下五除二就解除了四大族的武装，重新占领了遂国。

没想到，一波未平，一波又起。齐桓公刚刚派兵平定了遂国之乱，周王室又闹腾起来。

齐桓公十年（前676年），周僖王驾崩，太子姬阆即位，是为周惠王。惠王二年就发生五大夫之乱。国、边伯、石速、詹父、子禽祝跪五位大夫，见惠王即位后屡屡触犯他们的利益，便拥立公子颓起兵作乱。周惠王在郑厉公的协助下血腥镇压，平定内乱，部分作乱者逃亡到卫国，在卫国的协助下拥立公子颓为周王，与周惠王抗衡。卫国并派遣大军攻打周。至此，郑、卫两国一家帮助惠王，一家扶植公子颓，争战不休，结下了新怨。由于卫国一直是齐国的盟国，齐国由此对他们曾经扶持的郑厉公有了怨恨，两国关系跌到冰点。

这时节，自北杏会盟以后一直与齐国交好的陈国也不平静。陈宣公以蓄意谋反罪杀了公子御寇，与御寇关系密切的公子陈完受到株连，只身逃往齐国。齐桓公一向赏识陈完的贤德，便从中斡旋，想使双方和好。陈宣公不答应，齐桓公便将陈完留在齐国为官，由此得罪了陈国。齐、陈两国也结下嫌隙。

眼见天下又开始不太平，齐桓公问计于管仲。管仲认为当今天下虽然有些异动，但还没有乱到不可收拾的时候，齐国不妨韬光养晦，抓住难得的战略机遇期，进一步发展壮大自己。几年后，等实力有了较大的提升，再有所作为。

齐桓公听从了管仲的建议。

接下来的几年，齐国继续平平稳稳地发展着。然而不久后，新的情况又发生了。

一天，管仲带着几个随从到齐国各地检查国家粮食库存情况。转了几个地方，管仲发现，秋收刚过去不久，国家粮库的存粮竟然所剩无几。距离明年夏收还有整整半年，不用说动兵，就是日常开支也不行。这是怎么回事呢？

经过调查，管仲发现，随着齐国在诸侯间的威望上升，商家认为齐桓公好战性格不会改，要不了多久，一定会发动战争，首先遭殃的一定是鲁国。于是，商家就在齐鲁两国之间以稍高于市价的价格囤积粮食。这样一来，朝廷自然就不容易收到粮食。国库没有粮食，怎么办？强行征收商家手里的粮食，一定会触动许多人的利益，因为有些商家的后台就是公卿大夫将军们。

随着调查的深入，管仲还发现，在国内商家囤积粮食之时，其他诸侯国特别是近邻鲁国也对出口到齐国的粮食抬高价格，有时还高得离谱。

总不能对这种情况听之任之吧？

思索良久，管仲突发奇想：我何不借他们之手来操一次盘，让我齐国坐收渔利，同时也给那些敢与国家抗衡的人一些颜色看看。

打定主意后，管仲决定付诸实施。

三天之后，管仲在相国府召开了有亚相鲍叔牙和几位大夫参加的筹粮会议。

此时已接替去世的雍廪成为大司田的宁戚说道："粮食带头涨价的国家，是那些与齐国关系紧张的国家，其中有鲁国和南方的楚国。楚国地大物博，输出一些粮食于国内本无大碍，但也乘机大涨粮价，简直是趁火打劫！"

大司理宾须无说道："再这样高价大批量收购进口粮食也不是办法，会掏空了国库。"

大谏官东郭牙表示异议："不尽量收购进口粮，也没有其他办法来

解决国内粮荒啊。”

管仲听完大家的议论后，说道："这些天，我仔细分析了各个衙门呈报的统计报表，我认为，目前国内的存粮如果按户口定量供给，捱到明年夏收是比较困难，但支撑三五个月还是没问题的。因此，我想用这几个月时间做一些博弈。一旦博弈成功，就不但可以解决粮食问题，还能顺带着收拾一下鲁国。这两年，鲁国不是又开始和我们齐国过不去了吗？"

鲍叔牙说："我知道你一定有了好办法，能说出来听听么？"

管仲笑笑说："天机不可泄露。"然后接着说道，"不过需要各位做个表率，那就是带头穿一穿鲁缟缝制的官服，不知诸位是否赞成？"

缟是一种色彩光亮、质地润滑的丝织品，以薄著称。有一句俗语叫"强弩之末，势不能穿鲁缟"，可见其知名度。鲁国百姓擅长织缟，织缟业是鲁国百姓赖以谋生的支柱产业。

听完管仲的话后，众大臣表示没有异议。只有宁戚冒出了一句话："要我穿上鲁缟缝制的官服，我会感到很别扭！"

第二天，管仲的方案报经齐桓公批准后，文武百官们带头穿起了缟服。

退朝后，宁戚手里拿着刚从王宫库房领到的缟服，闷闷不乐地走着，迎面碰上了竖刁。

竖刁上下打量着宁戚问道："宁大人今日气色不佳，莫非遇上了什么烦心的事？"

宁戚发起了牢骚："哎！百官都穿鲁国的缟服，我感到浑身别扭！"

竖刁阴阳怪气地说："不瞒大人说，末将今日也是来国库领取缟服的，心里也特别不舒坦。论缝衣纺布，齐纨闻名九州，为何要去穿什么鲁缟？弄得齐国的百姓养蚕织补赚不到钱了，鲁国是我们的敌国，如果我们的士兵今后也穿着缟服与鲁军对阵，岂不是长他人志气，灭自己威风？"

竖刁的这番话说得宁戚浓眉竖起，涨了一肚子气却不好发作。

回家的路上，车行到半路，宁戚不断想着竖刁刚才讲的话，虽然

他已听闻了竖刁等人的一些恶事，对竖刁并无好感，但觉得竖刁刚才的话还是很有见地的，于是一气之下，一边嘴里嚷嚷着"这破衣服我偏不穿"，一边将缟服甩到了车窗外。

缟服在空中飘落，正好盖在路旁一个乞丐的脸上，乞丐扯下来一看，居然是一件崭新的缟服，激动得声音都颤抖了："谁说天上不会掉馅饼？哈，我得了一件宝贝了！"

乞丐一只手拿着破陶碗，胳膊肘还挎着破篮子，一只手高举着缟服，一路乐癫癫地叫着："我得了一件宝贝了！我得了一件宝贝！"

一辆马车缓缓地在乞丐的身后停了下来，坐在车里的人正是管仲，刚才乞丐狂喜的那一幕，管仲已循声望见，他觉得乞丐手上那件缟服应该是某一个官员丢失的，于是，便唤驭手停车，将乞丐手中的缟服买了下来。

三日之后，百官上朝。穿着青色缟服的齐桓公环视四周，发现一片缟服中，居然还有一位官员穿着紫色的齐纨官服，定睛一看是宁戚。

齐桓公不紧不慢地开了腔："诸位爱卿，寡人与大家一样也穿上了这一身缟服。这是朝中的决议，我不能违反，可是，就是有人比寡人还牛，不穿缟服就上朝了。"

百官们的眼光"唰"地一下都对准了宁戚，宁戚的脸涨得通红，他硬着头皮向前一步拱手言道："容禀主公，是臣今日上朝未穿缟服。朝廷提倡穿鲁缟，但臣以为，这样一来，本国的齐纨就要受到冷落，养蚕织布的百姓就赚不到钱了。再说，鲁国是曾经和我们刀兵相见的敌国，如今又开始和我们过不去，如果我们的士兵今后都穿着缟服上阵，岂不是长他人志气，灭自己威风？所以，臣不乐意穿缟服，不想隐瞒自己的观点。"

齐桓公看着宁戚，忽然想起了前几年的事。那是宁戚刚来齐国做大夫不久，一天他对齐桓公和管仲说，齐国的农耕技术太落后，他想亲自去推广先进的铁犁牛耕法。

铁犁牛耕法？管仲倒是有所耳闻，但齐桓公压根儿就没听说过。于是好奇的齐桓公不但批准了宁戚的请求，还亲自跑去参观。

那天，在齐都附近的一块山坡地上，围满了官吏和村民，大家都在

好奇地观摩着宁戚的铁犁牛耕法。

只见宁戚全无大夫的架子，卷起袖子，赤着脚下田，朝手心唾了几口唾沫，双手狠劲地搓了搓，完全是一副要耍真把势的样子。

从前百姓们耕地，穷人家用人拉犁，是前面有两个人肩上拉着拴在木犁上的绳子，后面一人扶着犁把；富人家有牛，是靠人走在前，牵着牛脖子上牛套的绳子往前走，后面还有一人扶着犁把犁田。人的体力、步伐限制了牛犁田的速度，尤其是拐弯的时候，就更慢了。加之用的是青铜犁铧（huá），用不了多久，犁头就磨钝缺口了。

宁戚的办法，是只需一人在牛屁股后面操作，一手抖着套着牛鼻子的绳子，一手扶着犁把犁地，牛走得比人快。而且，人把绳子一抖动，牛的鼻子顿时就可以感觉绳子抖动的信号，就自觉地转弯，很灵活，速度快。还有，由于是铁犁，重心稳，犁起地来又快又深又匀。

应当说，20 世纪 90 年代之前出生的中国人，但凡家在农村，大都见过这种牛耕法，由此可见这种农业技能对中国社会的影响之大。但是，在春秋中叶出现这种耕地法，却让人却吃惊不小！因为，谁也没有想到，牛鼻孔竟然可以穿绳子！而且，鼻孔穿了绳子的牛居然那么听话。更重要的是，这种耕地法要比以往的耕地法快上几倍。真说得上是当时的一项技术创新。

宁戚演示成功了，事先准备好的鼓乐演奏起来了，一派锣鼓喧天。有人上前给宁戚披上了红绢带，更多人跑到地里看个究竟："咦？牛怎么能这么听人使唤？哦——原来是牛鼻子穿了根绳子。"

"瞧，这地，犁得多深，庄稼长势一定好。"

"有了这种耕地法，肯定能不误农时，齐国农业增产肯定是有希望了！"。

……

听着人们的议论，管仲很高兴，他和齐桓公商量后，当场宣布由宁戚接任大司田的职务。

鼓乐手把鼓擂得更响，把锣敲得更欢了。

宁戚眼里噙着激动的泪花，胸脯也因激动而起伏着，他为自己能一

展才华而骄傲，而自豪。

还有一个人，比宁戚更加激动，他嘴唇上的胡须都在微微颤抖着，他看得更深、更远；他深知，一旦普及铁犁牛耕法，齐国农业的产量会翻上几番，齐国就要率先从青铜时代走向铁器时代！一切难以料想的变化，就要轰轰烈烈地发生在不远的将来。

这个激动的人，就是齐桓公。

就算是现在，一想起这件事，齐桓公依然激动不已。

可是，家有家规，国有国法。宁戚不穿鲁缟就是违反了朝廷的规定，应该受到处罚。可是齐桓公又真心不想这么做。

那该怎么办呢？

齐桓公默思良久，然后才淡淡地笑着说道："大司田啊，你心里大概在想，你是有功的大臣，寡人不会因为你穿戴什么衣裳上朝而罢了你的官。你的想法也对，寡人的确不会因为你穿戴什么而罢了你的官。但是，既然决定了的事情，就一定要按执行，即使个人有什么想法，也得穿上这身缟服。寡人早就说过，朝中事情悉由相国处置，这件事就交给仲父你来处理吧。"

管仲知道齐桓公在踢皮球，不过幸好他有办法处理这件事。只见他微笑着说道："刚才宁大夫所言，说明了宁大夫心系天下苍生，这是为官者必备的良心。让我们为宁大夫这种怜悯天下的情怀点个赞。"

看到大家纷纷鼓掌，宁戚不好意思地低下了头。

管仲接着说道："可是我们之所以让大家穿鲁缟，并非是跟我们的父老乡亲们过不去，也不是灭自己志气长他人威风，而是一种经济策略。这种策略用来干什么？自然是为齐国好，但策略的内容和要达到的效果，抱歉我不能在这里讲。但是，我希望宁大夫和诸位大臣相信，只要我们按照君上的要求去做，大家都穿上鲁缟，以此带动天下百姓也尽可能地穿上鲁缟，那么我现在以齐国国相的名义和我的人格起誓——用不了多久，大家就会得到一份天大的惊喜！"

"我们听管相国的！"

"我们听管相国的！"

……

听到管仲一番发自肺腑的发言，群臣一片欢呼。

这时，宁戚慢腾腾地走到齐桓公面前，支支吾吾地说道："其实臣也想穿，只是发给臣的缟服半路丢失了。"

齐桓公不想捅破窗户纸，笑着说道："哦——那就要再买一件了，可是，官服在民间是不能随意缝制的。寡人这里倒是多了一件，可以卖给你。"

接着，桓公凑近宁戚的耳边小声道："朝中的确有人丢了官服，而且，是被一位叫花子捡了去，是相国出高价买了下来。寡人得知此事后，又从相国手里高价买下了这件官服。那我卖给你？"

宁戚扭扭捏捏地轻声答道："那——臣出高价买下来。"

桓公呵呵笑起来："大司田不小心丢失了官服，主动表示愿意出高价再买一件，为我们做出了好的示范，这比寡人送他一件衣裳要好得多啊！"

文武百官看到君臣这幕喜剧性的结尾，都轻松地笑了起来。

就这样，在齐国君臣的带动下，齐国的百姓纷纷穿起了以缟为面料做成的衣服。一时间，穿缟织衣服成为齐国的一种时尚。缟的需求量猛增，市场上供不应求。管仲又下令不准齐国百姓织缟。于是，齐国市场上缟的价格猛涨。

这天，管仲带着两名随从到市场上察看行情，见满街的人穿的都是缟织品衣服，布店里购买缟的人排成队，生意火暴。管仲凑过去，正看到有鲁国商人同布店老板谈生意。

布店老板对鲁国商人说："五天之内，你先给我运十车缟过来，有问题吗？"

鲁国商人有些为难地说："价格怎么算？"

"齐国的市价你都知道，不用我多说。"布店老板说，"按市价，七成归你，三成归我，除掉费用、税收，我已经没有多少赚头了，薄利多销，图个热闹。"

鲁国商人算了算说："好，就按你的意见，签个协约吧！"

管仲向一名随从耳语了几句，带上另一名侍卫，走进了街对面的茶楼。

鲁国商人同布店老板签协约后离去，管仲的随从跟在后面，靠近茶楼时，随从上前对鲁国商人打招呼道："老板，我家主人想见见你，行吗？"

"有何事见教？"鲁国商人一边打量着这位管仲的随从，一边礼貌地问道。

"当然是想和老板合伙做生意了，而且是大生意。"随从说道。

鲁国商人问："你家主人在哪里？"

随从伸手向旁边的茶楼一指道："里面请！"

这位随从带着鲁国商人走到管仲的桌边，管仲站起来说："老板请坐。"

茶楼伙计沏了一杯上好的茶端上来。鲁国商人在管仲的对面坐下来，端起茶杯，轻轻地吹了吹，呷了一口，放下茶杯，看着管仲，等待管仲说话。

"客商是哪里人？"管仲礼貌地问。

"俺是鲁国人，不知先生有何见教？"鲁国商人问。

"我想收购缟织品，你有吗？"管仲问。

"要多少，价钱如何？"鲁国商人反问道。

管仲伸出十个手指说："你给我贩来十匹缟，我给你们三百斤铜；贩来百匹缟，我就给你们三千斤铜。有多少，要多少，但必须是鲁国所产的缟，其他地方出产的不要。"

鲁国商人的脸色立马就变了，似乎是有点惊呆了。因为管仲给出的价格，超出市场价格一倍，他立刻把身子往管仲身边伸了伸，有点儿不相信地问："先生说的可当真？"

"君子一言，驷马难追。现在就可以签约，怎么样？"管仲反问道。

谁能跟钱过不去啊？鲁国商人毫不犹豫地就跟管仲签了约。

再说鲁国商人回国后，开始大肆收购鲁缟。很快，齐国大量收购缟织品的消息就传遍了全国。鲁国百姓一看织缟有利可图，纷纷放弃农业生产，转而从事缟的纺织。

鲁庄公知道这个消息后，以为发大财的机会到了。他想，鲁国靠织缟就能换回齐国的铜，即使不向百姓征税，财政上单靠织缟的收入就很充裕了。于是，他鼓励全国人民织缟。一时间，织缟几乎成了全鲁国人的主业。

没多久，管仲派到鲁国去打探消息的细作回来报告，说鲁国人都在忙于织缟，在路上来回奔波的人，都与织缟有关，人们不停穿梭，使得路上尘土飞扬，十步之内连人都看不清楚。

管仲听到细作略带夸张的报告后，高兴地进宫去见齐桓公说："主公，这下可以收拾鲁国了。"

"真的吗？"齐桓公的兴趣也来了，"怎么办？"

"请主公脱去身上的缟面料做的衣服，改穿我们齐国的帛料衣服，并命令朝中大臣不得穿缟面料做的衣服，带领百姓不再穿缟。同时，封闭边境关卡，严禁鲁国的缟进入齐国，断绝与鲁国的贸易往来。"

"可以！"齐桓公毫不犹豫地答应了。

又过了一段时间，管仲派到鲁国去打探消息的细作又回来报告说，由于鲁国弃农织缟，农事因此荒废，齐国突然停止收购缟，造成鲁国大量的缟积压。缟卖不出去，就没有钱买粮食。鲁国由于弃农织缟，土地荒芜，虽然鲁庄公已紧急命令百姓种粮食，然而，生产粮食有一个周期，不是三两个月就能生产出来的。因此，鲁国目前缺少粮食，粮价暴涨，每石粮食的价格高达千钱。

听了细作的报告，管仲哈哈大笑。他确实可以笑了，因为此时齐国的粮库货源充足，而且粮价每石才十钱。

那么，前一段时间齐国不是闹粮荒吗？由于商家囤粮，官府不是收不上粮食而进口高价粮吗？怎么几个月后，情况有了巨大的逆转？

其实这正是管仲的神机妙算。

原来，当齐国人因穿鲁缟而导致缟价暴涨时，那些囤粮的商人纷纷以平价甚至低价抛售粮食，转而跑到鲁国收购并囤积缟。这也不难理解，逐利本就是商人的本性。可这样一来，管仲的如意盘算就达成了。因为他命令官府大量吃进低价粮，使得齐国各地的粮库都装得满满当

当。而现在，当鲁国缺粮了，他又命令官府以超高价向鲁国出口粮食，而且一不高兴了，还时不时地来个限量出售。

管仲的做法对鲁国的打击是致命的。遭受重击的鲁国一下子陷入困境，如此高昂的粮食价格，使鲁国的百姓难以承受。而且有时候，就算你费尽九牛二虎之力好不容易筹集了一点购粮钱，说不定人家又不卖了，告诉你明天再来。可人是铁饭是钢，一顿不吃饿得慌。于是，大批的鲁国难民纷纷涌入齐国。这些难民的流入，给正缺乏劳动力的齐国增加了一批生力军。

由于齐国已经颁布了新开垦的荒地三年免交赋税的优惠政策，这些涌入齐国的难民便各找荒地开垦，使得齐国大片荒地被开垦出来，齐国的经济实力因此而大增。

鲁庄公虽然还是有一些血性的，但在内外交困中，他再也拿不出勇气，再也没有本钱与齐国斗下去了。终于，在母亲的斡旋下，鲁国完全屈服于齐国。

齐桓公十六年（前670年），鲁庄公遵母亲文姜的遗命，娶齐桓公之女哀姜为妻。齐鲁两国再添联姻之好，双边关系更加巩固。

这时候，郑国国君郑厉公已死，即位的郑文公也想与齐国重新和好，但他对于是否与齐国结盟又举棋不定。

这也不难理解，好歹郑国也是个大国，作为大国之君，郑文公确实存在着一种矛盾心理：如主动请求结盟，齐国肯定认为郑国人胆小如鼠，而小瞧了郑国，郑国到底也是个曾称雄一时的堂堂大国啊！如不结盟，齐国对几年前郑国帮助周惠王攻打卫国一事肯定耿耿于怀，决不会轻易罢休，有朝一日势必兴师问罪。如果大军骤至，郑国国势不振，兵无斗志，无力抗拒齐军乃至诸侯联军，除了请降之外别无他路。如若被逼走投无路而屈辱请降，还不如现在请盟……

就在郑文公举棋不定的时候，齐国使臣送来齐桓公的一封书信。郑文公展开观看，原来却是一封表示修好的书信。书信中言辞恳切，有理有节，字里行间没有一丝一毫盛气凌人的霸气。这让郑文公大为感叹，对群臣说："素闻齐侯心胸博大，更有满腹韬略的管仲辅佐，将齐国治理得有声有色，颇有称霸天下的气势，今日只见一书信，便可窥见全豹，确是非同凡响。郑此时不与齐结盟，更待何时！"当即修书一封，表示愿与齐国重归于好，结盟为友。

得到郑国愿意结盟的消息后，齐桓公很是振奋。这天，他正与管仲和鲍叔牙等人议论齐郑结盟之事，陈国国君宣公也派遣使者送来书信，表示愿重修旧好。齐桓公大悦，禁不住说道："寡人今日双喜临门啊！"

君臣击掌相庆。

高兴之余，齐桓公又问管仲："是否可以考虑再次召开诸侯会盟大会了？"

管仲说："君上稍候，还有一个邻国需要摆平。"

齐桓公想了想，对，确实齐国还有一个东方邻国莱国没有摆平。

莱国，是商周时期东夷古国，西周时期成为诸侯大国。春秋初，疆域西起今临朐，东至胶东半岛，北至渤海，南至今诸城、胶州。早在齐国姜太公时期，就曾与齐人争夺过营丘（位于今山东淄博东北部），可见其实力不弱，胆子也不小。后来，齐国与莱国长期对立，谁也不服谁，谁也吃不掉谁。齐国要想称霸中原，当然要解决这个后顾之忧。

齐桓公当即和管仲讨论起莱国的问题。

"仲父啊！"齐桓公说，"莱国土地广阔、肥沃，又有特产紫草（染料作物），国力很强，有什么好办法能灭了他们吗？"

"又想用武力征服吗？"管仲半开玩笑半认真地问。

"如果腿上有一块土，不拿掉它的话，它会自己跑掉吗？"齐桓公笑着说，"这个道理仲父难道不懂吗？"

"杀敌一千，自损八百，兵戎相见，代价太大。"

"仲父有好办法？"

"当然有！"管仲不慌不忙地说，"还是照方抓药，打一场特殊战争。"

"特殊战争？"齐桓公挠挠耳朵问道，"仲父能说清楚点么？寡人这段时间又娶了几个美妾，身体有所欠佳，思考能力有所下降。"

管仲哈哈大笑着把自己的计划悄悄告诉了齐桓公。原来，他想继续沿用收拾鲁国的方法来收拾莱国。

管仲收拾鲁国的方法，用今天的话来说，叫商战。商战如果发生在国与国之间，则称之为贸易战。在经济发达的现代，国与国之间的贸易战已是司空见惯，不足为奇。但搁在两千多年前，这确实是个奇迹。

说完自己的计划后，管仲一本正经地叮嘱齐桓公说："主公，此乃天机，就算美姜晃花了眼，枕边风吹软了耳根，也泄露不得。一旦泄露出去，前功尽弃，齐国将损失惨重。"

"有必胜的把握吗？"齐桓公有些担心。

"当然有。"管仲说，"只要依计而行，齐国不费一兵一卒，定能使莱国臣服。"

"好，就按仲父的意思，打一场特殊战争。"齐桓公毫不犹豫地答应了，接着说，"不过，我要带点彩头。"

"什么彩头？难道主公会赌上美姜？"管仲也来了兴趣。

"我敢赌，你敢要吗？相国夫人的脾气……"齐桓公笑着打住了话头，然后说，"彩头很简单，如果齐国胜了，我为仲父摆酒庆功，如果不尽如人意，仲父摆家宴请客。"顿了顿，齐桓公狡黠地一笑说，"请相国夫人抚琴助兴。"

"这有何难！"管仲大笑着说，"特殊战争一定会以齐国大胜而收场。到时，臣还是请主公到府上喝酒，让夫人为主公抚琴助兴。"

"好！"齐桓公大声道，"君子一言，驷马难追。"

在齐国、莱国的交界之处，有一座不知名的小山蕴藏着十分丰富的铜矿资源，齐国虽然工商业非常发达，但对该山的铜矿却一直没有进行开采。

一天，这座小山脚下忽然来了大批齐国士兵，他们安营扎寨之后，一部分人上山采掘矿石，另一部人则在山谷中设炉冶炼。不远处的山坳里，还有人在进进出出，入口处有人把守，闲杂人等不得入内。

时间不长，庄山上的矿石开采出来了，冶炼的炉火也升起来了。矿石中的铜也被提炼出来了。但冶炼出来的铜并没有运走，而是运进了旁边的山坳里。

山坳内是一个铸币作坊，集聚了齐国最好的工匠，他们将铜锭化

成水，倒进模具，铸成了锃亮锃亮的铜钱。钱币铸造出来后，并没有运走，而是藏在山坳的山洞里。

几乎是在同一时间，齐莱两国交界处的各个路口，到处都张贴着高价收购紫草的布告。

紫草是一种多年生草本植物，中医认为它具有凉血、活血、清热、解毒的功效。由于其根部富含紫色物质，因此又是一种制作染料的原材料，是当时莱国的特产。

很长一般时间，柴草市场供求一直比较平衡，市场价格也比较稳定。但布告公布的收购价格，比平常的市场价格高出一倍。而当时虽然是紫草的种植季节，但莱国的农人家里还有上年没有售完的紫草，听说齐国高价收购紫草，于是奔走相告，一传十，十传百，大家肩挑背驮，纷纷将家里的紫草运到齐国设在边境的收购站售卖，狠赚了一笔。特别是那些家里储存紫草多的人家，赚得更多。

有些精明的人见紫草能赚大钱，便连夜铲除自家地里的庄稼，改种紫草。

听说齐国高价收购紫草，莱国国君高兴得几乎睡不着觉。他对大臣们说："许多国家都使用齐国生产的铜币，而紫草则是我莱国的特产。我们用自己的特产去换齐国的铜钱。这样一来，齐国终将被我们兼并掉。"

大臣们也纷纷附和着。

这样一来，整个莱国人大部分都放弃了粮食种植，改种获利颇丰的紫草。一时间，整个莱国几乎成了一个紫草种植园。

见莱国放弃种粮而种植紫草，管仲心里暗暗高兴。待到第二年紫草收获季节，他突然悄悄撤走了铸铜钱的士兵，并下了一道命令：禁止进口莱国的紫草。

当时正是紫草上市季节，莱国的紫草一下子堆积如山，卖不出去。由于莱国民众都去种植紫草去了，荒芜了庄稼，如当年的鲁国一样，国内市场上粮食奇缺。

于是，和当年的鲁国全无两样，莱国市场的粮食价格暴涨，而且还是有价无市。而此时齐国市场上的粮食价格，便宜得让莱国的人听

见就想哭。

这样一来，莱国的民众自然纷纷越过边境，投靠齐国。莱国的人口本就不多，莱国国君一看，这样下去恐怕自己真要成孤家寡人了，于是不得不臣服于齐国。

这件事犹如一阵风，立即传遍天下。各诸侯国无不佩服管仲的足智多谋，同时，也对齐国产生了一种难以言状的畏惧心理。

眼见时机已成熟，齐桓公和管仲商定，于齐桓公十九年（前 667 年）夏天在幽地（今河南省兰考县）会盟诸侯。

此时的齐桓公，已非北杏会盟时的齐桓公了。他饱经磨炼，又耳濡目染，深受管仲的影响，处理内政、外事都越发老练、达观。对于幽地会盟，他早已心中有数，却故意笑着问管仲："仲父，寡人这次会盟诸侯，还是应以简便为本吗？"

管仲也报之会心一笑，说："当然！"

桓公有些不甘心地问："仲父屡屡劝寡人作'衣裳之会'，难道寡人就没有展示一下齐国兵威的机会吗？"

所谓"衣裳之会"，是相对兵戎相见的"兵车之会"而言，指的是和平会盟。

管仲见桓公心情很好，便认认真真地开导他说："所谓会盟，只不过是一种形式而已，盟主也只是一名号，没有威望，仅凭借周天子之命或靠武力威慑，会盟只是有其形而无其实，北杏会盟、柯会盟、鄄会盟，多少都属此类。兵车再多，仪式再隆重，也改变不了其实质，只是程度不同罢了。现在却与以往不同，主公威名越来越响，虽还说不上名震天下，但对众诸侯已经生出一种威严，确是渐渐有了中原霸主的气派。可以说，正是到了不求其形、只求其实的时候了。再说，兵车之会多是为平定战乱、讨伐不服而开，纠集天下诸侯，可壮大声势，给被征伐者以震慑。衣裳之会，则多为解怨修好，所以当简便行事，以营造一种欢快平和的气氛。此次会盟本是由郑国和陈国两国国君主动请盟，参与的诸侯越多，知道陈、郑两国主动请盟的人就越多。如若再轰轰隆隆开去上千辆的兵车，固然可以搞得惊天动地，让主公您的名声远播天

下，但却会大大伤害郑国和陈国国君的面子啊！"

静静听完管仲的话后，齐桓公点点头说："仲父放心，寡人已经明白啦！那就只作衣裳之会吧。"

前667年的幽地会盟果然十分简单，只有齐、鲁、陈、宋、郑五国诸侯。齐是盟主国，郑、陈是请盟国，宋是东道主。之所以选择在宋国的幽地会盟，管仲是有其良苦用心的，这样做可乘机调解郑、宋两国的世代积怨。

这次会盟的国家虽然不多，但意义绝非往昔的会盟可比。因为这次会盟，一没有借助周天子的威望，二没有大军威逼，是真正意义上的衣裳之会。五国君侯也不再像以往会盟那样，各怀不同的心思，哭丧着个脸，把个好好的会盟弄得像去集体奔丧似的。在这次的盟会上，各国君侯谈笑之声不绝于耳，举手投足间透着自然、舒展，气氛融洽而又轻松，如沐春风之中。

会盟结束后，齐桓公做东，设宴款待各国诸侯和随行大夫。席间，众人频频举杯，气氛热烈而友好。酒至半酣，鲁庄公不无羡慕地说："齐侯有管相国，真是莫大之福啊！我当初没听从施伯的话，真是肠子都悔青了。如那时能够留下管相国为鲁所用，那么今日稳坐盟主之位的大概就不是齐侯，而是另有其人啦。"

齐桓公哈哈大笑，没说话。

陈宣公从前与齐国一直交好，只是近两年才有了一些芥蒂，他对管仲也非常熟悉，因此接口说："如果齐侯答允，陈愿出兵车千辆换取管相国。千辆兵车，那等于陈国的半壁江山啊！"

郑、宋两国国君也说了一些类似的话。

听完众人的发言后，齐桓公才得意洋洋地笑着说："仲父之于寡人，犹如人的魂魄之于躯干，失了魂魄，小白岂不成了一具僵尸？"

听见众人都快把自己夸到天上了，管仲哪里还坐得住！他慌忙离席，向众诸侯施礼说："各位君侯的夸赞，管仲实在愧不敢当。想当初，鲁侯殿下如果听从施伯大夫的话，恐怕早已取去管仲的颈上人头。我家君侯也曾当众折箭为誓，要将管仲碎尸万段，以解一箭之仇。两位国君

均以社稷、百姓为重，不计私利，不积私怨，才有了管仲的今日，管仲对两位君侯正是感激不尽，敬仰有加。今日盟会，管仲斗胆进言，万望各位君侯以本国社稷、天下百姓为重，同心协力，勤修内政、亲善睦邻、尊重王室、征讨邪恶、扶助弱小，使天下永享太平，国家长治久安，百姓从此不受战乱之苦。臣以为，若如此，诸位君侯必将留名千古……"

管仲的一番"和谐论"说得众诸侯不断点头，赞叹不已。

就在众人酒酣耳热之际，周天子忽然派召国国君召伯廖为特命全权代表，带来了一个喜讯：周惠王赐命齐桓公为"方伯"，继承当年姜太公的职位，并执掌对天下诸侯的征伐大权。

春秋时期的"方伯"，是指管理某一个地带地方诸侯的长官，多由当地较大的诸侯担任。例如西伯侯，是管理西方的方伯。

周天子的这一赐命，无疑让齐桓公拥有了"盟主"的合法地位，顿时使齐桓公的盟主宝座大放异彩。齐桓公的兴奋之情可想而知，以至于他端起酒杯，连干了数杯，却还依然不醉！

这也不难理解。要知道，齐桓公打着"尊王"也就是拥戴周天子的旗号，已经足足折腾了十几年，"盟主"称号也叫得滥了，然而到了这时，却才首次获得周王室正式承认，他能不高兴吗？

此后，整个黄河下游地区的大小诸侯国，在齐国"尊王"的旗帜下，结成了一个庞大的集团，齐桓公也才真正成为名副其实的中原霸主。

当然，周惠王虽然智商有限，但也并非傻瓜一个，绝不会平白无故把这么大的权力拱手送人。周惠王的心里其实很清楚，齐桓公从兴霸大业开始之日起，就施行管仲的策略，打起"尊王"的旗号，确确实实给周王室增辉不少，至少比起之前众诸侯对自己的不理不睬，现在的处境要好得多了。但周天子的心里也很明白，齐国之所以这样做，并非真的要"尊王"，而不过是拉着虎皮做大旗罢了。可既然你能利用我，我为何就不能来个顺水人情，也利用你齐国一番呢？于是，才有了这道赐命。

果不其然，在齐桓公接到的同一道谕旨里，周惠王要求齐桓公代他征讨卫国。理由是，当初他刚刚即位时，五大夫叛乱，卫惠公曾援助忤逆公子颓与周王室抗衡。可这都过去多少年了，卫国也没有得到应有的惩罚，现在既然我已认同你为"盟主"、赐命你为"方伯"，那你就代我去惩治卫国吧。

其实周惠王所说的这件事已经过去快十年了，难道他这么小家子气，对此还耿耿于怀，非要报了这仇不可？

当然不是！

周惠王即位之初，公子颓及其同党五大夫发动的篡位叛乱，虽然一时得手，但很快就被平息。公子颓等逃到卫国，得到卫惠公短时的庇护，叛乱并没有形成气候，也没有对惠王的地位构成多大威胁。再说，当时在位的卫惠公已死，现在是卫懿公在位，根本用不着再去小题大做。那周惠王为什么还要下此谕旨呢？

原因很简单。周天子不过是想借机试探一下齐桓公口中说得那么悦耳动听的"尊王"，究竟有几分是真的？也想乘机试探一下自己这个堂堂的天下"共主"是否还有权威。

正喝酒喝在兴头上的齐桓公脑袋还很清醒，他当然明白周天子的用意是什么。不过踌躇满志的他一则不想让周惠王失望，二则也想借机试探一下盟主的威力，于是当即答允下来，让召伯廖回复周天子。

前666年春，齐桓公准备伐卫。他与管仲商讨，是否需要召集诸侯之兵组成国际联军？

管仲自信满满地说："主公不是一直要一显齐国的兵威吗？伐卫正是时机，臣已打探属实，卫懿公不过是一个只知养鹤的无能昏君而已，有其君必有其将，卫军必然不堪一击，只齐军足矣！"

听管仲一说，齐桓公想起来了，卫懿公确实有个特殊的爱好，就是喜欢养鹤。鹤的洁净羽毛、修长颈项、亭亭而立的身姿，常常让这位卫懿公喜不自胜，如痴如醉，还因此给鹤授予爵位，给以俸禄。俗话说："上有所好，下必甚焉。"懿公好鹤，那些想求官邀宠的大小官吏便千方百计驱使百姓捕鹤。于是，卫懿公的宫中到处都养着鹤，宫苑不够了，就不断扩建，百姓负担越来越重，怨气也越来越深。

这样的国君斗斗鸡可能还可以，哪里能领军打胜仗！于是齐桓公点起一部分精兵强将，亲自率领出征讨伐卫国。

卫懿公即位还没多久，没有经过大风大浪，尚不知道厉害，听说齐桓公亲率大军犯境，他热血一冒，头脑一热，也亲率卫军应战。结果犹如鸡蛋碰石头，两军刚一交锋，卫军便溃败。卫军退到城里，被齐军团团围住。

此时的齐桓公不过是想在展示兵威的同时显示自己"尊王"的诚意而已，并不想灭了卫国，因此他让隰朋大声宣读周天子的讨伐谕旨，数落卫国的罪状。

直到此时，爱鹤爱到骨髓里的卫懿公方才如梦初醒，明白了为何受到讨伐，便大呼冤屈。他认为那些事都是先君惠公干下的，与他没有丝毫关系。于是，他命人备下五车金银玉帛，送到齐军大营，请求讲和、免罪和入盟。

齐桓公问管仲："仲父认为，此事该当如何处置？"

管仲说："周王朝有制度，本人有罪不牵累子孙。卫国既然愿意遵从王命加入盟约，应该答应他们的请求为是。"

于是齐桓公接受了卫国的讲和，并允许它入盟。

经过此事后，齐桓公的名声更加响亮，他在中原的霸业也逐渐稳固起来。

第六章　天地同悲哭仲父

犯我者，虽远必诛

就在齐桓公的霸业渐趋稳固的时候，北方的少数民族山戎侵犯齐国北面的燕国。齐桓公在管仲的谋划下，义不容辞地出兵相救……

会盟以后，黄河下游地区各诸侯国出现了一个相对安定的时期。诸侯国间的仇杀争战大大减少，各国也很少出现内乱。黎民百姓在饱经战争之苦以后，终于可以安居乐业，休养生息了。齐桓公霸业渐趋稳固，再也用不着在中原诸侯中东征西伐。

由于解除了后顾之忧，在管仲的精心谋划下，齐桓公开始了称霸的又一伟业——"攘夷"。

可别小看这个攘夷。

中国历史上的圣人孔子曾充满深情地说："管子相齐，九合诸侯，一匡天下，民至于今受其赐。微管仲，吾其被发左衽（rèn）矣。"意思是说，我们老百姓到今天都受到管仲的恩赐，如果没有管仲的话，我们就要被少数民族、游牧民族同化了。

"被发左衽"是少数民族的服饰发式特点。"被发"就是散着头发，重环垂耳；"左衽"就是他们穿的衣服是左边压右边。中原汉族人穿衣服是右边压左边。其实哪边压哪边都无所谓，但在中国古代，这个服

装、发型要一变，就意味着礼制的崩坏，意味着国家要灭亡，道统要灭绝。这就是人们常说的"头可断，发型不能乱"的原因。

比如，明末满族人入关之后，发了一道剃发令，让汉族人改学满族人发型，一律削发留辫子，很多人不愿意，于是就遭到清兵的镇压。留头不留发，留发不留头，鱼和熊掌不能兼得。即使这样，江阴城的军民为了抵制剃发令，为了留发，也抵抗了八十多天，最后全城被清军杀得尸横遍野。有对联为证：

八十日带发效忠，表太祖十七朝人物；

十万人同心死义，留大明三百里江山。

今天的人看起来，恐怕觉得这件事有点过于荒诞，十万人同心死义，就为了这个发型。

其实以前的中国人一向把这个事看得特别重要，身体发肤，受之父母，轻易不能动。年纪小的时候还可以剃头，冠礼成年之后头发就不能剃了，要蓄发蓄须，直到临终。所以明末崇祯皇帝在煤山殉国的时候，无颜见列祖列宗于九泉之下，以发覆面，头发散开长得能拖到腰部。

所以，孔子说，如果没有管仲"尊王攘夷"、力保中原的话，当时的中原就被少数民族同化了，发型一换，就轮不到后面这些事了。

言归正传。所谓"攘夷"，意即抗拒异族入侵，亦即对游牧于长城外的戎、狄（甚至还包括对侵扰中原诸侯的南方楚国）进行抵御和打击。

我国北方一直是少数民族主要的繁衍地。春秋时期，北方边境外的少数民族也发展起来，其中实力最大的一支叫山戎。

山戎又称北戎，为匈奴的一支，其活动地区在今河北省北部。春秋时期，屡次南犯，成为中原各国的严重威胁。周惠王十四年（前664年）冬，山戎首领统兵万骑，攻打燕国，想阻止燕国同齐国通好。燕国国君庄公亲率两万将士出战，却在一个叫鬼泣谷的地方中了山戎部落令支国首领密卢的埋伏，只逃出千余人。接着，山戎人连拔三城，燕国急

派使者向齐国求援。

此时，齐桓公已将注意力放在了南方强国楚国身上，因此不太想支援燕国。但管仲认为，当时为患一方的，南有楚国，北有山戎，西有狄人，都是中原诸国的祸患。齐国要想征伐楚国，必须先打败山戎，北方安定了，才能专心去征伐南方。如今燕国被侵犯，又求救于我国，举兵率先征伐，必能得到各国的拥戴。

齐桓公深以为然。

可是如何救呢？

管仲建议，先争取其他诸侯国支援，组织联军出征，这样胜算更大。

齐桓公觉得这个办法好，立刻派特使飞马驰骋各国，希望各国能够提供兵力支援。没想到的是，无一国愿意随霸主齐桓公去冒此风险。有诸侯甚至回话说，燕国国君庄公与我们素无往来，他的死活我们凭什么要管？另有诸侯告诫齐桓公，戎族不好惹啊！什么山戎、夷戎，都是野蛮人，生活的地方地理环境凶险，加上剽悍，谁去谁赔上老命……

怎么办？

齐桓公只好召开朝廷会议，研究应对办法。这时恰逢管仲生病，但他不顾病痛，带病上朝慷慨陈词，力主出兵救燕。鲍叔牙、隰朋、宾须无、东郭牙、宁戚等大臣也表示支持。上卿国子和高傒虽然反对出兵援燕，但见支持的人太多，也就不再作声。最终，大家通过了管仲提出的出兵方案。

管仲认为，这次出兵与历次不同，这次危险度更高，兵员素质也要高。为此，管仲建议齐桓公举行一次誓师大会，让士兵们集体宣读一下讨伐誓言，借此提升士气。

齐桓公问："要不要将讨伐山戎的誓言给诸侯国都送一份？"

管仲摇摇头说："先别这样，还是等胜利回来再说吧。"

这倒不是管仲想低调，而是他的心里对伐戎的胜算其实并无多大把握。但是他心里在想，平时齐国口口声声"尊王攘夷"，现在山戎侵犯燕国，迫使燕庄公逃难，这种情况下不去救，"尊王攘夷"岂不成了空话？燕国过去对中原诸侯不亲，那是他的错，但不能因为这一点就不施

救。虽然此去吉凶未卜，但只要有一线希望，就应抱着十分的努力。只要"尊王攘夷"能够成功，哪怕丢掉自己的生命也在所不惜。

当然，这些心里话，管仲一句也没有透露给齐桓公。他还决定拖着病体代齐桓公出征，但桓公坚决要求亲自率军出征。

桓公说："仲父，你身体欠佳，还是留家里吧，让宁戚随我去就行了。"

管仲摆摆手说："主公，此次征伐非同小可，老夫虽然已年过花甲，但远征的机会不多了，不要让我抱憾终生吧……"

最后，齐桓公决定，管仲随军出征，王子城父做前锋，隰朋、宾须无、陈完等随行。国内就留鲍叔牙与宁戚主政，负责粮草供应。

一切安排妥当后，第二天，誓师大会在齐国国都城北的玄门外展开。一片空旷的高岗地上，聚集着当时诸侯各国中军事力量最强大的齐师。只见手持锐器的齐兵每三千人组成一方阵，整齐列队为六个方阵，排在出征队伍的最前方，紧挨着的是五百乘一队的战骑列队。在当时，除山戎外，诸侯各国唯有齐国能有这样一支骑兵。最后是两万辆战车，每辆战车上有四名武士，左右两名武士为前锋，后面两名接援，整个战车也排成阵势。另有步卒十万，号称二十万兵力。队列后面是四架高耸的鼓塔，每座由六匹战马驭着，鼓塔上各有一名壮士，擂起战鼓，震耳欲聋！

接着，齐桓公站在高台上率领群臣祭天。祭毕，齐桓公声音高亢有力地说道："戎夷国小心大，妄图占我中原沃土，简直是蚍蜉撼大树，可笑不自量！今天，我奉周惠王之命，率军讨伐山戎！勇猛的将士们，让我们一起攻入戎巢，取下戎贼首级！"

在一片震耳欲聋的鼓声中，台上台下的将士一起高喊："齐军必胜！齐军必胜！……"

三鼓过后，军威大振。

齐桓公与管仲对视一眼后宣布："出发！"

浩浩荡荡的齐师向北进发。

虽然此时北进的部队只有齐军，但既然一开始就打出了联军的旗

号，怎么说也要有别的诸侯国参加吧，哪怕一两个也行。否则，单独一个齐国，成何联军？因此，在路过鲁国时，管仲请齐桓公将军队停在齐国境内的堂阜（今山东蒙阴县境内），自己陪同齐桓公前往鲁国会见鲁庄公。没想到齐桓公刚走到鲁国边境，鲁庄公就已在此恭候了。

管仲看这阵势，心中一阵欢喜，心想鲁国如此重视，看来一定会出兵相助。然而令人想不到的是，鲁庄公与齐桓公见面后，说的全都是自己如何身心交瘁、力不从心之类的话题。

齐桓公有些生气地说："鲁侯，今日我齐师为救燕国，倾全国之力，你应该立刻出兵与我同行，怎么老是说身体不行？多没劲！"

鲁庄公一听，干脆闭嘴不说话了。管仲看出了鲁庄公的心事，暗示齐桓公不必急躁，多给鲁庄公一些考虑时间。

没想到齐桓公却有些恼怒地大声说道："有什么考虑的，你看他才多大？一脸要死不活的样子。仲父你已经六十多岁，身体也欠佳，却愿意随我去履行天朝的使命。唉！你这叫我怎么说他好呢？"

鲁庄公见齐桓公这么说话，也不恼，只说一句，我马上召集大臣朝议，转身就走。

齐桓公追问："你还赶回都城去开会？"

鲁庄公说："就在这儿的驿站开，让他们赶过来。"

齐桓公还想说什么，被管仲拦住了。

鲁庄公连夜在齐鲁边境的驿站举行了朝议。面对声势浩大的齐军，鲁国的大臣们却很是悲观，一阵叽叽喳喳的议论后，文武大臣齐齐朝鲁庄公跪下，异口同声道："师行数千里，入蛮夷之地，必不返矣。"

鲁庄公见大家都这么说话，知道了问题的严重性，干脆丢下跪一地的文武大臣，转身就朝外走。倒是太子追了上来，提醒他："君父，您还没说散朝哩。"

鲁庄公这才想起，忙对太子说："你去走一趟，告诉季友，他已在齐军队伍里了，那就让他替我去伐戎吧。你还要让他告诉我舅舅齐侯，就说鲁国之兵长期没有参加战斗，别说去与剽悍的戎狄作战，恐怕捉只鸡都成问题啦！"说完，上车先离开了。

齐桓公听到鲁国太子的传话，气得七窍生烟，恨不能立刻兵伐鲁国。幸好管仲按住了齐桓公，劝道："庄公如此说，必有他的原因。你想，那戎狄是什么兵，燕国又是什么状况？谁都怕去了回不来！何况鲁侯将最小的弟弟季友让我们带上，也行了呀！"

齐桓公愤愤不平地说道："难怪别人不愿意出兵，连我的外甥都不愿意，还能指望谁？仲父，你说一句，这兵还向不向北去？"

管仲把腰一挺，用大义凛然的口气说道："臣愿随主公前往，虽死而无憾。"

"好！"齐桓公连鲁庄公给他们准备好的送行宴也干脆不接受了，马上开拔，向北而行。

再说侵犯燕国的山戎部落令支国本是一个小国，其原本的活动范围大致在今河北省遵化、迁西一带。它的西面是燕国，东面是孤竹国（活动范围在今河北省卢龙县到辽宁省朝阳县一带）。令支国地势险要，令支国山戎人又多是牧民，善于骑射，行动迅速，战斗力很强。他们国家虽小，却经常进犯中原。过去曾侵犯过齐鲁两国的北部。现在他们听说齐国在中原致力于霸业，怕燕国也加入齐国的联盟，于是其国王密卢和大将速买就带领上万骑兵侵犯燕国，想截断燕国通往齐国的通道。

当齐桓公率军来到时，令支山戎人已蹂躏燕国百姓两个多月，掠夺了大量的妇女和财物，包围了燕国国都，眼看就要攻破城池，忽然得到齐国大军来救燕国的消息，于是就放弃了攻城，解围而去。

齐国大军进驻，燕庄公出城迎接，对齐国远道来救深表感谢。他激动地说："令支山戎人已去远了，请君和大军在这里歇息几日，再回去。"

桓公说："不用客气，贵国遭到山戎侵略，寡人理应来救。"

管仲说："山戎这次撤退，没有受到任何挫折，如果我们大军一走，他们又还会打过来，照样烧杀抢掠。这次千军万马，来一趟不容易，不如趁此机会，打败山戎，免除后患。"

桓公说："行！"

管仲说:"这一带地形复杂,我军从未到过这里,道路不熟,行军困难,必须向导引路,望燕君能找几个可靠的人带路,以便我军直取令支国。"

燕庄公说:"这东边有一个无终国(在今河北省玉田县境内),离这里有七八十里,他们虽然也是山戎族,但受令支欺负,因此对令支国怀有怨恨,我们可以派人去和他们结好,把他们招来带路。"

管仲认为这个办法好,于是就派隰朋带着大量的黄金和玉帛去无终国接洽。那无终国早就受够了令支国之苦,早想报仇,但苦于力量不够。这次听说齐国大军要收拾令支,自然高兴无比,当即就派大将虎儿斑率领本国两千骑兵跟随隰朋前来助战。

齐桓公和管仲亲自接见了虎儿斑,送给他不少财物,令他作为前队,为大军带路。虎儿斑非常高兴地接受了命令。

大军走出两百来里地后,管仲见山路险要,问燕庄公说:"这是什么地方?"

燕庄公回答说:"这地方叫葵兹(大约在今河北省滦县附近),是山戎进入燕国的要道。"

管仲转身对齐桓公说:"这个地方地势显要,必须放一部分军队把守,并在此负责转运粮草。如果这儿不放军队,敌人一旦占领,就会截断我军粮道。"

桓公说:"那就请仲父安排吧!"

管仲将兵车、粮草分了一半给宾须无,让他率军在葵兹驻扎,又叫士兵上山伐木、采石,在葵兹筑关修城。筑好后,叫士兵歇息两天,把那些体弱多病人的留下,专门挑选了身强力壮的士兵,昼夜兼程,急速向令支进发。

听说齐兵前来征伐,令支国王密卢又惊又怕。大将速买献计说:"大王不必惊慌,齐兵长途跋涉,必然疲惫不堪,趁他们立足未稳,我们突然袭击,一定能打得他们落落而败。"

密卢说:"我也想不出高招了,你看着办吧。"

速买带领三千骑兵,分散埋伏在山谷丛林之中,专等齐兵到来。

没多久，齐兵先锋虎儿斑带领着本国骑兵来到山谷里。突然，前边冲出一支一百多人的骑兵，挡住虎儿斑去路。这是速买亲自带领少数人马前来挑战。

虎儿斑见速买人少，便下令战斗。一番打斗后，速买假装抵挡不住，往林中逃去。

虎儿斑带着士兵紧紧追赶，刚要接近丛林，忽然响起牛角号声，四面八方冲出令支军大队兵马，把虎儿斑的两千兵马冲得七零八落，首尾不能相顾。虎儿斑拼命厮杀，无奈双方兵力悬殊太大，他连续几次突围都没成功，眼看就要被活捉，情形十分紧急。

就在这紧急时刻，只听一声炸雷般的怒吼，一员大将挥着长矛直奔而来，他杀死了不少围困虎儿斑的山戎兵，救出了虎儿斑。来人正是齐军大将王子城父。速买见王子城父武艺高超，又见齐军大队人马到来，不敢恋战，急忙撤退。

王子城父率领齐军在后猛追不舍。然而齐军追到三十里开外，也没有追上速买，却被一座大山挡住了去路。片刻之后，齐桓公率领大部队也来到山下。

管仲问燕庄公这是什么山，燕庄公说："此山名叫伏龙山，山下不远便是令支城，也就是令支的国都。"

桓公问管仲："咱们是不是提兵直捣令支城？"

管仲略为思索了一下，说："令支虽然兵败，但伤亡不算大，令支城的防守应当很严密，如果强行攻城，我军的伤亡肯定不会小，不如占领伏龙山，在山上安营扎寨，休整军队。如果我没猜错的话，令支山戎人一定会前来寻战，到时我们可将之一举歼灭。"

齐桓公点点头，同意了管仲的方案。

于是，管仲指挥大军占领了伏龙山，并排好兵布好阵，单等令支兵来挑战。

一夜平安无事。第二天，果如管仲所料，令支国王密卢亲率速买和一万多骑兵，前来挑战。但一连冲了好几次，都被管仲布下的阵势挡住，不能冲进。

速买不甘心，在齐军营门前耀武扬威地大叫："别做缩头乌龟，有本事出来大战三百回合！"

齐兵听了大怒，想冲出去。管仲下令："出战者斩！"齐兵只好和令支山戎人对骂。

到了晌午时分，管仲在山头上望见令支兵渐渐稀少，有的还下了马，躺在地上，胡乱谩骂着。管仲来到虎儿斑营中，抚着虎儿斑的肩膀说："将军报仇雪恨的时刻到了！"说罢，在虎儿斑的耳边如此这段地吩咐了一番。

吩咐完后，管仲命人打开营门，虎儿斑带着部下，飞速杀出，直奔令支兵而去。

隰朋不无担心地说："会不会中令支兵的诡计哟？"

管仲笑着说："隰大夫的担心是有道理的，不过我已料到了。"说罢命令王子城父率领一军从左边杀出，又令东郭牙率军从右边杀出，并叮嘱他们："要互相支援，专杀伏兵。"

却说令支山戎人还是懂点兵法的，他们见齐兵坚壁不动，就暗暗将军队撤往山谷中埋伏起来，只留少数人马引诱齐兵。他们上次用伏兵战胜了虎儿斑，这次又想如法炮制。

一切都按照令支山戎人的想法在发展着。

就在虎儿斑带领人马快要跑到令支山戎人面前时，他们忽然掉转马头而逃。虎儿斑求胜心切，他见令支兵逃走，便勇猛追赶。正追得起劲，忽然听到齐军这边在鸣金收兵，便勒转马头，率兵而回。

这边密卢见虎儿斑掉头回去了，怕失掉战机，于是命令军队出战，追赶虎儿斑。只听一声牛角号响，隐蔽在山谷中的令支军一拥而出，猛兽般直向虎儿斑追去。

站在山头的管仲看得真切，见令支兵已全部进入包围圈，便令击鼓。只听一阵鼓响，隐藏着的王子城父、东郭牙两路大军突然冲出，扑向令支兵。这突如其来的情况，使密卢不知所措。速买也慌了手脚，无心恋战，只好保护着密卢冲出重围，弃军而逃。

令支兵见主帅逃跑，也作鸟兽散。齐兵个个奋勇争先，直杀得令支

山戎人死的死，伤的伤，溃不成军。

密卢和速买拼尽老命方才逃回宫中。密卢沮丧极了，不住地长吁短叹。速买气喘吁吁地安慰他说："这次兵败，大王不必在意，我们还可以利用险要地势，打败齐兵，转败为胜。"

密卢白了速买一眼，没好气地说："哪有那么容易！"

速买提高声调说："大王，您别急，先听我说。齐国如果进兵，必然要经过黄台山，别处无路可走。我想用木石把道路堵住，并多挖些深坑，用重兵把守，齐兵就算有百万，也难越过一兵一卒。再说那伏龙山方圆数十里都无水源，齐兵必然要用濡河（今潮白河）之水，如果我们把濡河截断，齐军缺水，将不战自溃，然后我们相机进攻，岂不是一举获胜？"

密卢说："你说得倒挺带劲，我问你，你靠什么攻？人马都快没了，就靠这几十个残兵败将？"

"关于人马嘛？"速买说，"这好办！咱们可以派人到孤竹国借兵。我想，咱们和他们关系一向很好，只要我们说明利害，他们一定会出兵的。"

密卢想了想，觉得也只有如此，于是对速买说："事到如今，只有这么办了，你加紧部署，千万不能让齐兵打过来。"

再说管仲见令支兵败退后，一连几天没有动静，心中疑惑，于是派探子去打听消息。探子回报说："黄台山路都已被令支兵堵塞。管仲听了，心想，可能是令支兵兵力不足，要转攻为守了，而且很可能想凭借天险据守，等待援兵。于是便亲自带领虎儿斑前往黄台山口观察地形，只见令支兵正在伐木、采石、挖坑、掘壕，想把山口堵死。

管仲见黄台山口确实是一夫当关、万夫莫开的险要关口，要从这里进兵，势必伤亡很大。他考虑了半天，忽然问虎儿斑："除此以外，还有别的道路可走吗？"

虎儿斑说："有。令支都城离这里并不远，超不过二十里，如果要走别的路，倒是有一条，但必须从大西南绕个大弯，经过芝麻岭，再越过青山口，然后一直向东去，再往北走五里便是令支都城。只是山高路险，车马很难上去。"

管仲高兴地说："没关系，只要有路，就有办法。你熟悉这条路吗？"

虎儿斑"嗯"了一声。两人边走边谈，回到了齐军营地。

二人刚刚回到营地，军需官就跑来说："报告相国，令支山戎人切断了水源，军中没有水喝，做饭也都很困难，如何解决？"

虎儿斑一听，着急地说："相国，这可不妙，芝麻岭一带都是山路，需要五六天才能走出去，如果不带水，那是不行的。"

这种新情况也是管仲先前没有料到的，他在营地里来回踱着步，思索着应对之策。突然，管仲命令军需官说："传令，凿山取水，先得水者赏千金！"军需官应声而去。

接着，管仲将领军将领们召集起来，商讨进军方案，大家热火朝天地讨论了一番。管仲听了大家的讨论，感到方案已经成熟，就对东郭牙说："你率领一军，声称回葵兹取粮，以迷惑敌人，然后由虎儿斑给你们带路，经芝麻岭直插青山口，一定要在第六天上午日上三竿时赶到令支，不可延误，也不可提前。我率领一军每天到黄台山口挑战，迷惑敌人，如果今天能找到水，明天一早就出发。"

布置完任务后，管仲和隰朋到营地四处看找水的情况，只见士兵们正漫山遍野地挖掘着，可全都一无所获。

这时，隰朋忽然想起了什么，急急忙忙地对管仲说："相国，我从小听说蚂蚁找有水的地方筑穴居住，应当找蚁穴处掘水。"

管仲按隰朋的主意让士兵在伏龙山的北面搜寻蚁穴，结果又未找到水源。

隰朋又说："蚂蚁冬天找暖和的阳坡居住，夏天才在凉快的背阴坡居住。现在是冬季，蚂蚁一定在山的阳坡居住，不能乱掘。"

士兵们按照隰朋所说，果真在伏龙山的阳坡山腰处找到蚁穴，掘到泉水。

齐桓公听说这件事后，称赞隰朋说："隰朋亦可称得上是圣人了！"因此，将该泉称为圣泉，伏龙山也改龙泉山，后来又简称龙山（位于今河北省唐山市滦县境内）。为饮水思源，使甘泉永存，后人砌石为井，

名为龙泉井，至今古井尚存，泉水清冽如初。

再说齐军挖出水后，士兵们奔走相告，士气更加高涨。

这时东郭牙按照管仲的部署，对外声称要回葵兹去运粮草，却秘密地在虎儿斑的引导下，领军日夜兼程向芝麻岭进发。

这边，管仲也没闲着，每天都叫王子城父、隰朋等，轮流率兵到黄台山口挑战，迷惑山戎。

五天过去了，令支兵拒不出战。第六天的上午，密卢正在王宫饮酒，传令兵大声报告说："齐兵打过来了，离这不远了！"

密卢和速买急忙骑上战马，直奔黄台山口而去，刚出城不远，便见齐兵旌旗漫天，潮水般从山口冲了下来。这时一个令支兵向密卢报告："齐兵已从南边杀进城中，占领了国都！"速买知道齐兵已从小路上插了过来，无心迎战，便保护着密卢向东南而逃。

毫无疑问，这是管仲的声东击西之计发挥了作用。再说东郭牙占领令支国都后，留下一部分人马守城，自己带领其余人马前去追杀密卢。大军一气追赶了三四十里，见山路崎岖，令支山戎人已越跑越远，只好领军返回。

管仲率领一军从黄台山口下来，正遇东郭牙追赶密卢返回，两军在城外会师。管仲命令整顿军容，列队入城。令支百姓捧着美酒佳肴，立在道路两旁欢迎。

管仲对齐桓公说："令支百姓如此欢迎我们，我们应下车安抚。"齐桓公认为他说得对，于是和燕庄公等下车向道旁的山戎人施礼问候。

管仲站在车上，大声下令："百姓和山戎士兵无罪，一个都不准杀害，违令者斩！"

令支百姓都欢欣鼓舞起来。

管仲问投降过来的令支兵："你们大王投奔何处去了？"

降卒们回答说："我国与孤竹国是邻居，向来和睦。贵军来后，曾闻大王向孤竹国请求救援，想来一定是投奔孤竹国去了。"

管仲还从降卒们口中得知，孤竹国虽然只距此百十里，却有崇山峻岭相隔，要去往那里并不容易。

齐桓公问管仲有什么好法子？管仲没有回答，却问燕庄公："君上是否应该回去了？国不可一日无主，况且您出来已经数月。"

没等燕庄公回答，虎儿斑抢先答道："燕君刚刚与我说过，我们要等齐师凯旋才分开，望齐侯准允。"

管仲见他这么说，心里踏实了许多，于是对大家说："这个孤竹国，与令支他们不同，也与你虎儿斑的无终国不同。它是山戎族人建立的大国，从商朝开始便建有都城，难攻易守！去那儿山高路陡，没有熟人引路，很难到达。"

众人听了，一时无语。

这时，恰巧鲍叔牙从齐国国内派遣千夫长高黑运五十车粮食到达。高黑原系山戎族人的一员武将，因前段时间得罪了酋长，怕被报复，只好潜逃离开山戎来到齐国临淄，被鲍叔牙收留，编入齐军中。

高黑的到来，令管仲异常振奋，他建议齐桓公，从新降人员中挑选若干精干士兵，由高黑率领，探寻前往孤竹城的路。

燕庄公感觉此战太艰难，建议放弃。管仲告诉他，孤竹国敢收留令支王，便是与中原为敌，齐军走后，他们定会再来进犯你燕国，后患无穷。

齐桓公也认为，应当借此机会彻底将其打败，使山戎无进攻中原的念想。

听管仲和齐桓公这么说，燕庄公也就不好再说什么了。

这时，高黑告诉管仲和齐桓公，就他所知，如果抄近路前往孤竹城，必须通过太行与卑耳山（位于今山西平陆西北）之间的一条宽溪和峡谷。如今正值夏季，山中虽险，但凉爽可行，只是车马难过……

"这么办吧。"齐桓公说，"就由高黑率队先行探路。"

管仲随即提出，自己与隰朋跟随高黑去看看，虎儿斑做护卫。齐桓公应允。这一行人，长途跋涉，进入山中，很快到了那个峡谷地带，果然是山险溪急，路狭人车难行。

虎儿斑问："是否继续前行？"

管仲说："这种地方只能过人，车马无论如何无法通过，还是回去

商量后再说吧。"

在商量时，齐桓公坚持无论条件多艰苦都一定要讨伐孤竹国。管仲也表达了同样的意思。齐桓公笑着说："仲父总是支持我，此行也一定能成功。"

大军修整了一段时间后，齐桓公与管仲带上五千骑兵及数万战车、步卒，开始朝卑耳山进发。越往山里走，行走越艰难，有时几乎没路可行，人尚勉强可行，战车就完全不行了。于是有人建议干脆放弃战车，改为人行。管仲不许。他说："山戎桀骜难驯，不用战车，很难使他们驯服。"

为了鼓舞士气，管仲又像他当年从鲁国坐槛车回齐国时那样，再一次发挥了他音乐家的天赋，即兴作词作曲，教士兵唱了一首振奋人心的歌。其歌词用我们今天的话来说就是：

山路啊，十八弯，道路曲曲又折折，
茅草啊，拦路；顽石啊，塞天。
我驱战车啊，不畏艰险。
风儿吹拂着我，
就如飞翼啊，落在双肩。
翻越千山啊，我只等闲。
车轮滚滚啊，马蹄疾。
车声隆隆啊，人心欢。
车轮转转啊，顷刻到那边。
直捣戎巢啊，敌寇吓破了胆。
立功孤竹啊，青史留名万年。

在歌声中，士兵们顿时精神抖擞，行进速度加快。齐桓公在一旁感慨地说："音乐原来还有这么大的作用，看来寡人还得想方设法增加点音乐细胞……"

管仲笑笑说："人在疲乏的时候，音乐确实可以使人精神愉悦，忘

记身体的劳累。不过主公常听常唱的那些靡靡之音恐怕只能让人想起香闺香床，难有激励人心的作用，还是多听点多唱点那些正能量歌曲吧。"

齐桓公大笑道："仲父通达人情世故，寡人真是佩服万分啊！"

两人一路说笑着，不知不觉就来到了卑耳山的宽溪前，前面探路的高黑带了一个原先住在这山里的人告诉齐桓公和管仲，军队与战车过小溪时要特别小心，只能从右边的水里过，左边的水很深很深……

齐军在高黑的指引下，顺利通过了宽溪，很快进入了峡谷地带。这段路更险，马只能单只通过，车就无法可行。怎么办？管仲打量了山涧的藤条，亲自动手，用藤条做绳索，将车用藤条绳索吊起从树枝上晃荡前行，马驮减负，人肩扛货。就这样，整整三个月，五千骑兵数万步卒才安全通过卑耳山溪地带。《史记》对此记载说："束马悬车，登太行，至卑耳山而还。"

出了卑耳山，隰朋按管仲的话，寻一隐蔽处休整三天，派出探子，了解情况，准备出击。

孤竹国也打听到了齐军前来征伐的消息，孤竹国王忙召集部下商量计策。大将黄花说："齐国敢冒如此风险来进攻我国，那都是因为令支王侵略燕国造成的。如果我们与齐国作战，败了，国将不存。与其如此，不如将令支王杀了，与齐国讲和。"

孤竹国王有些为难地说："人家兵败来求你，你却杀了他，这成什么啦？"遂不同意黄花的建议。

这时，另一位大臣站出来说道："我国北部的旱海，人称迷谷，是一望无际的沙漠。人死后，尸体都会丢在那儿，白骨堆山，阴森恐怖，让人毛骨悚然。刮风时，飞沙走石，人马都站不起来，很难辨认方向。人若进入此地，很难活着走出。我们不如派人去齐军诈降，将他们骗到旱海，令他们有进无出。"

孤竹国王说："这个办法损是损了点，但还真不错，可谁愿意去诈降呢？"

大将黄花主动要求担当此任。

三天后，齐桓公整顿好队伍，迅速进军抵达孤竹都城无棣（今河北

卢龙南）。刚刚安营扎寨，哨兵就来报告，说有个叫黄花的孤竹人带来几个人前来投诚。

齐桓公立即召见黄花。只见黄花手上提着令支国王的头颅。桓公让见过令支国王的虎儿斑等查看，确定是令支国王的首级，于是问他为什么这么做？

黄花回答说："我早就听说过国君您的威名，也知道我国不是贵国的对手，因此力劝我主投降，但他不听，现在已从沙漠逃走，向别国借兵去了。臣不愿再追随他，只好杀了令支国王前来投降，并愿意带您去追我主。"

这时候，应当说，无论齐桓公、管仲，还是燕庄公等，大家都已相信黄花所带的头颅系令支国王的，但他所说孤竹国王已逃入沙漠的话是真的吗？

管仲紧皱眉头，总感觉有些不对。

齐桓公立即派了几位大将带兵进入无　城，经过几番搜索，果然没找到孤竹国王。桓公相信了黄花的话，表示要快刀斩乱麻，以最快的速度擒拿孤竹国王，以绝后患。

见齐桓公态度坚决，加之黄花不停地怂恿，管仲只得顺从，但私下交待王子城父、隰朋等，要他们处处小心，同时又让陈完与自己寸步不离，以防不测。

齐桓公决定让燕庄公带着燕军留守无　城，自己亲率大军，趁黑由黄花带路追剿孤竹国王。

见齐桓公已相信自己，黄花心中暗喜，悄悄派人先去向孤竹国王报告，然后带领齐军疾速奔沙漠而去。

黄花做梦也没想到，他的行动早就被管仲派人暗中监视着。他派出的细作，刚刚离开齐军即被抓获。经过审讯，管仲截获了黄花的密谋。他迅速找到齐桓公，告知了相关情况。

大家深感不妙，仔细一看，不知不觉中果然已进入一望无际的大沙漠。只见黄沙茫茫，好似静静的大海，既分不清东西南北，也辨不出前后左右。这里确实称得上是"旱海"。

大家赶紧找黄花，黄花却已不知去向。齐桓公这才知道确实中了黄

华夏第一相：管仲

花的奸计。这时太阳已经下山，夜幕笼罩着大地，四周漆黑一片，西北风一个劲地刮，冻得士兵直发抖。

好不容易等到天亮，才发现人马已零散不全。齐桓公命令赶快寻找出去的道路，但大队人马转来转去，怎么也走不出这个迷谷。

时间一长，军队的给养发生困难。情况非常危急，再不找到出路，大军就会困死在这里。

管仲在一旁思索了良久，忽然有了一个设想：既然狗离家很远也能寻回家去，那么军中的马尤其是老马，会不会也有认识路途的本领呢？

于是他对齐桓公说："主公，我认为老马或许有认路的本领。我们骑乘的无终国的马很多是从山戎弄来的，不如挑选几匹无终国的老马，让它们在前边走，兴许可以找到出去的路。"

齐桓公虽然将信将疑，但又没有别的办法，就同意试一试。于是管仲挑了几匹老马，让它们在前边走，大队人马跟在后头。几匹老马不慌不忙地走着，果然走出了大沙漠，回到了原来的路上。

大家死里逃生，都佩服管仲足智多谋。从此，"老马识途"也成为一句广为流传的成语。

那么，老马真的能识途吗？

相关研究表明，这还真有科学依据。因为马的脸很长，鼻腔也很大，嗅觉神经细胞也多，这样就构成了它比其他动物更发达的"嗅觉雷达"。这个"嗅觉雷达"不仅能鉴别饲料、水质的好坏，还能辨别方向，自己寻找道路。马的耳翼很大，耳部肌肉发达，转动相当灵活，位置又高，听觉非常发达。马通过灵敏的听觉和嗅觉等感觉器官，对气味、声音以及路途等形成牢固的记忆。所以，马是能够识途的。

走出大沙漠，所有人都松口气。齐桓公下令好好休整。

再说黄花将齐桓公骗进沙漠后，迅速与孤竹国王会合。黄花问："大王，怎么没先赶走燕军呢？"

孤竹国王惊讶地说："我没接到你的消息啊，我还在纳闷，你说派人送信于我，怎么没送到呢？"

黄花喊声"糟糕"，心想他们没准儿已被齐军截获了，还是赶快夺

回都城要紧。于是孤竹国王与黄花率将士杀回都城。此时在孤竹都城镇守的燕庄公兵力少，几乎没抵抗便被迫撤出城去。

孤竹人又占领了都城。

听到这个消息后，管仲忽然想出一条妙计，他让虎儿斑、高黑等人带领一队齐军扮成孤竹民众，趁乱混进城去，约好夜半时分动手。这天深夜，孤竹国王尚在睡梦中，听到炮声，急忙派人打听。这时，黄花闯进来说："齐军已走出沙漠，现杀入城中，我主快走，不然来不及了。"

孤竹国王大惊，连裤子都来不及穿好就匆匆逃命去了，可惜为时已晚。他们刚刚跑出王宫，便被齐军团团围住。黄花力战而死，孤竹国王被活捉，随即被斩首。

齐桓公命人将孤竹国王的头颅挂在寨门之上，警示戎族不可侵犯中原。同时安抚孤竹民众。戎族其他酋长得知齐桓公灭了令支、孤竹，个个惧怕，纷纷主动遣使求和。管仲建议在燕国与所有戎酋会盟，签订和睦协议。齐桓公认为这个建议非常好，于是采纳照办了。

讨伐山戎一战，至此终告结束。齐军从前 664 年冬天出发，至第二年冬天返回，历时整整一年。

逃过一劫的燕国军民，对齐桓公自是感激万分。齐军回朝时，燕庄公更是一路相送，一激动就不知不觉地送进了齐国境内。

这下可麻烦了，因为按照当时周天子的禁令，诸侯没有天子授权，不能随便进入他国疆界。虽说这个时候周天子不算啥了，可齐桓公高举的大旗是"尊王"，表面工作还是要做到位的。

就在燕庄公尴尬万分，不知所措时，齐桓公哈哈一笑，当场大手一挥，对燕庄公说："这地归你了。"

燕庄公感动得一把鼻涕一把泪。就这样，齐桓公用一小片领土，换得了燕国上下对齐国霸主地位死心塌地的认可。

前已述及，在救燕时，鲁国也曾表示出兵支援，但实际上按兵未动。对此齐桓公很气愤，在返回齐国的路上，他想顺道出兵惩罚鲁国。

管仲不同意这样做，他劝说齐桓公："鲁国是齐国的近邻，又有亲戚关系，不能为了一点小事就出兵，影响不好。为了齐国的声誉，我们可主动改善两国关系。这次救燕胜利，得到一些中原没有的战利品，不如送给鲁国一些，陈列在周公庙里。"

齐桓公听了觉得很有道理，就赞成了这个意见。这样做对鲁国上下震动很大，其他各国反映也很好。齐桓公"仁义之君"的形象也有了进一步的提升。

"定鲁救邢存卫"，该出手时就出手

管仲向来认为，当老大就要有老大的样儿。因此，当鲁国、邢国和卫国各自出现问题时，作为霸主的齐国，该出手时就出手……

讨伐山戎归国的次年，某天，齐桓公正在吃着早饭，忽然齐国常驻鲁国的大夫吉由前来禀报："鲁庄公已逝世数月，众公子争权夺位，刀剑相向，鲁国大乱。"

听此消息，齐桓公不由得悲喜交加。他悲的是鲁庄公一世英名，却就此无声无息地与世长辞，虽然鲁庄公对他的盟主之位时有不服，齐鲁两国也多有交锋，但他好歹也是一个故人，现在突然没了，心里多少有一些悲凉之感；喜的是鲁庄公一死，争霸少了一个强劲的对手，原来碍于庄公的面子不便对鲁国动武，现今鲁国一乱，他作为中原盟主，正可进行干预，乘势征服这个对手和邻居。

接下来，吉由细细地描述了鲁国大乱的细枝末节。

原来，鲁庄公于前662年夏天病重后，自知不久于人世，便开始考虑继承人。遵循旧制，应该是嫡长子继承君位，但由于夫人哀姜未育，只能立哀姜的妹妹叔姜之子开为太子，可庄公却不喜欢公子开。他又想到了宠妃孟任之子斑，但公子斑不是长子不能继承王位。另一妾成凤生的公子申，当然不是长子也不能继承王位。

鲁国当时的规矩是，无长子继承，王位就可以传给君主的弟弟。

鲁庄公共有庆父、叔牙、季友三个同父异母的弟弟，他们早就暗中

不和，而且都觊觎着鲁庄公之后的君位。

鲁庄公心里很清楚，大弟庆父凶残专横，且自己隐隐约约地知道他与自己的夫人哀姜关系暧昧，因此不愿见他，就叫来二弟叔牙商议后事。谁知叔牙早被庆父收买，当即说出庆父才能出众，可以继位。

庄公没说什么，之后又叫来三弟季友。季友明白庄公的心意，盛赞公子斑的仁德，愿竭力拥戴斑继承王位，此事就这样敲定了。

这年秋，鲁庄公驾崩，季友设计毒死了叔牙，孤立了庆父，宣布遗诏，让公子斑登上了王位。

庆父哪能忍下这口恶气，在密室里与哀姜尽情欢愉之后，二人就谋划起来，一致的意见是除掉新君。但让谁继位呢？哀姜极力怂恿庆父登基。

庆父认为时机尚未成熟，认为先立叔姜之子8岁的公子开当个傀儡，再伺机而动为好。由于公子开是哀姜的亲外甥，她也就同意了。

这天，恰巧公子斑的外公去世，趁公子斑去吊唁的时候，庆父发动政变，让公子开当了国君，这就是鲁闵公。同时，庆父派人在途中截杀了公子斑。

季友感到自己的人身受到了威胁，便赶紧带着公子申逃到邾国去了。

当齐桓公从吉由口里得知鲁国的上述情况后，便对管仲说："仲父，寡人觉得鲁国这样乱下去，也不是个事，不如干脆将它吞并算了。"

管仲说："我们跟鲁国是有着友好关系的姻亲国家，不能轻易对它对干戈，不妨先看看再说。"

齐桓公想了想，也对，于是听从了管仲的意见。

不久，庆父感觉新君的地位并不稳固，就慌慌张张地跑到齐国去争取援助。由于鲁庄公的夫人哀姜、叔姜都是齐国公主，鲁闵公自然也是齐桓公的外孙，因此齐桓公倒也高兴，不再细究。

似乎是觉得自己傍上了齐国这棵大树，庆父此后越发猖狂，随意诛杀异己，欺压良善，与哀姜的亲密接触，也毫无顾忌了。

前661年，庆父干脆杀掉了鲁闵公，自立为国君。

这一下，齐桓公坐不住了，作为中原霸主，他对邻国的动乱不能熟视无睹，况且被杀的还是其亲外孙。于是在管仲的建议下，桓公派大夫仲孙湫以吊唁名义去鲁国查看情形，准备采取措施。

数日后，仲孙湫回来报告说："不去庆父，鲁难未已"（如果不除去庆父，鲁国的灾难是不会终止的）。这就是成语"庆父不死，鲁难未已"的典故。

齐桓公于是决定对鲁国用兵。

管仲知道后，婉言相劝说："作为盟主，讨伐别的国家需要师出有名。臣以为庆父的罪恶还没有为全天下的人知晓，我们以何名义讨伐？而且臣派出的细作已回来报告，说鲁国人对庆父的讨厌已快到了极点，所谓'多行不义必自毙'，我们不如再等等看，一定会有事情发生……"

齐桓公问："仲父有把握吗？"

管仲回答说："臣已派人到齐国放出风声，说齐国要对付庆父，这事应该八九不离十吧。"

果不其然，不久后，鲁国人见庆父连杀两个国君，又胡作非为，已满腔愤怒，加之又听齐国放出风声说要对付庆父，就纷纷起来反抗他。这时，身在邾国的季友发出讨伐庆父的檄文，并拥戴公子申为国君，鲁国人热烈响应。

庆父自知罪孽深重，又寡不敌众，就载了满车的珠宝玉器献给莒国国君，仓皇逃到莒国避难去了。季友则在齐桓公的帮助下，带着公子申回到鲁国，并立其为新君，这就是鲁僖公。

季友觉得只要庆父还活着，就始终是个威胁，于是决定借莒国之手除掉他。他知道莒国国君是个贪财之人，便派人带了许多黄金献给他。

收到黄金后，莒君心花怒放，再加之他听说齐国有意干预这件事，便立刻让人告诉庆父说，莒国国力弱小，很害怕惹起祸端，还是请公子改奔他国为妥。

见庆父犹豫不决，莒君干脆下令把他驱逐出去。庆父感觉无路可走，想到齐国的竖刁曾受过自己的贿赂，而且齐侯桓公乃自家舅舅，总不能见死不管吧？于是便奔往齐国。

到了齐国边境，守关的齐将也知道庆父的恶名，但也知道他与齐桓公的关系，因此既不敢擅自接受他，又不敢赶他走，便让他先住在边关的驿站里。

事有凑巧，鲁国公子奚斯此时恰好访问齐国归来也在该驿站小憩。奚斯是一厚道之人，看庆父流亡无处去，便想将他带回国。庆父倒是说了句实话："你先去问问季友，关键是他能不能容我，还请你帮我传句话，请季友看在血脉相通的份上，留我一条性命，我甘愿长期做个平民。"

奚斯回到鲁国后，将庆父的话代为传达。鲁僖公心软，点了点头，正想说话时，只见季友抢过话头大声道："弑君犯上的人都不诛，何以警戒后人？"鲁僖公见季友如此说，也只好作罢。

季友又私下对奚斯说："你去告诉庆父，如果愿意自己了结，我会考虑让他儿子活着。其他的话，一句也别说。"

奚斯领命而去，到了庆父居住的驿站后，他觉得难以启齿，但又不敢违抗季友的命令，便立于门外号啕大哭。

庆父闻其声，知是奚斯来了，不禁悲伤地哀叹道："子鱼（奚斯字子鱼）不入见而哭声甚哀，是他们不愿意放过我啊。"于是便自缢而死。

至此，鲁国断断续续长达两年之久的内乱，在齐桓公的干预下，终于平息。

鲁国的事刚平息，邢卫两国又传来了不好的消息。

齐桓公二十六年（前660年），西北方的狄人继山戎之后也起兵进攻中原，先攻邢国（即今河北邢台市之地）。

作为霸主的齐桓公，当然不能置之不理。管仲也很关心这个问题，他对齐桓公说："戎狄之人性情十分残暴，贪得无厌。诸夏各国都是亲戚，一国有难，大家都应相助，不能袖手不理。满足现状的安乐是很危险的，出兵救邢才是上策。"

齐桓公很欣赏管仲的想法，就派兵救邢国，邢国很快得救。

不久，狄人又出兵攻卫国。卫懿公正要率鹤出游，听说狄人打来，便命令征兵抗敌，老百姓纷纷逃避，不肯从征。卫懿公急了，叫手下硬抓来

一百多人。卫懿公问他们为什么逃避，众人说："君用一物，足以御敌。"

卫懿公问："何物？"

众人答道："鹤！"

"鹤也能战？"懿公问。

众人道："既不能战，则是无用之物，君用有用之物养无用之物，所以百姓不服！"

卫懿公听了满面羞惭地说："寡人知错了，我把鹤全放了，从此愿听百姓的呼声。"

卫懿公还真说到做到，叫人立即放鹤，那鹤经过常年喂养，眷恋故居，都不肯离去了。大夫石祁子、宁速见状，跑到大街上宣传国君有悔过之意，百姓们才稍微聚集了一些。

这时狄人已杀到卫国境内，卫懿公把玉石大印交给石祁子，把君王佩剑交给宁速，说："国家之事，全交给你们，我率领百姓抗敌，不胜狄人，誓不归还！"说完立即率领军队前去御敌。

可惜一切已经晚了。

一路上士兵们都怨声载道，责骂卫懿公重鹤轻人致有今日。军队全无斗志，如何打得胜仗？很快崩溃。卫懿公也被狄人包围，左右劝他逃命，他说："算了吧，我养鹤亡国，现愿一死酬谢百姓！"结果卫懿公被狄人砍为肉泥，卫军也全军覆没。

宁速逃到齐国，准备迎接在齐国避难的公子燬回国即位。齐桓公给公子燬好马一乘（每乘四匹），衣服五套，牛、羊、猪、鸡、狗各三百只，又命公子无亏率车三百乘送公子燬归国。

此时的卫国都城已被狄人抢劫一空，城墙宫殿也都毁坏。公子燬虽已被立为国君，但无宫可居，只得寄居民间。公子无亏见状留甲士三千，帮助修城筑寨，自己则回到齐国向齐桓公报告了卫国的惨状。

齐桓公听后感伤不已，打算继续帮助卫国筑城。管仲说："卫国都城地势不好，不易防守，不如另外选择地方，重新筑城，这样就能一劳永逸。"

齐桓公听从管仲的建议，决定迁卫都于楚丘（今河南浚县东）。随

即命人布告诸侯，共同帮助卫国筑城。此后，卫国虽沦为小国，但好歹得以续存下来。

第二年，还未等邢国恢复元气，狄人又来第二次洗劫。这次的形势十分严峻。

齐桓公问计于管仲。

管仲献计说："狄兵刚刚开战，邢国力量未竭。此时与北狄交战，事倍功半。不如等待时机，邢国势不能支，必然溃败，狄兵虽胜邢国，必然疲惫。驱赶疲劳之师援助溃败的邢国，此所谓力省而功大啊！"

齐桓公采纳了管仲的计谋，屯兵于聂地（今河南濮阳），观望狄人和邢国的战争。两月之后，邢国军队大败。齐桓公和管仲立即联合宋曹两国前去救邢国。

当齐宋曹三国军队到达时，邢国百姓如见亲人，纷纷投奔，狄人抵挡不住，往北而逃。

邢国国君看着国都破败不堪的惨象，长叹一声说："寡人连个安身之地也没有了！"

齐桓公安慰说："邢侯不必忧伤，寡人同宋伯、曹公帮你建城。"

狄人犯境的时候，邢人都跑到夷仪（位于今河北邢台境内）避难去了，那里山高林密，易守难攻，齐桓公建议邢侯把国都建在那里。邢侯很高兴地答应了。于是不到一个时间，齐桓公帮邢侯在夷仪建了一座新都城，宗庙、朝堂、庐舍包括日用品在内一应俱全，牛马牲畜粮食布匹之类全部从齐国运来，邢国上自邢侯下至百姓对齐桓公无不感激称道。

就这样，邢卫两国虽遭狄人洗劫，但在齐桓公、管仲的主持下，得以复国。当时人们都赞赏地说：邢国人迁进新都城，好像回到了老家；恢复后的卫国，人们心情高兴，也忘记了亡国的悲痛。

应当说，这时候的齐桓公"定鲁救邢存卫"，名望大增，已经是名副其实的霸主了。但齐桓公仍不满足。因为他认为，围在他屁股后边转的，都是一些中小诸侯国，含金量不是很足，有一个大国就不怎么把齐国的霸业放在眼里。

这个国家，叫楚国。

于是，齐桓公决定，找机会和楚国过过招。

两强相遇，和为贵

齐桓公称霸中原的时候，楚国正在南方大地蓬勃兴起。俗话说，一山难容二虎。于是，齐楚两强终于发生了碰撞……

春秋时期，中国南方大地有一个国家叫楚国。

楚国，又称荆、荆楚，最早兴起于古荆州之地的楚部落。虽然当时的人们把楚国叫作"南蛮"，但楚国其实并非如此。

按照司马迁在《史记》中的说法，楚人的先祖是五帝之一的颛顼（zhuān xū），而颛顼是黄帝之孙，所以楚人也是炎黄子孙。

但是，楚人的部落一直在向南方发展。在夏、商两朝，这个部落起起落落，一段时期在中原跟华夏集团走得很近，而另一段时期又跟南方少数民族混在一起。

渐渐地，他们就形成了和中原不太一样的文化，连语言也有了分歧。由于这些原因，楚国一直被中原诸侯视为异己，不怎么招人待见。

到了周文王时期，楚人的首领为周文王之师。这样一来，楚国就跟中原王朝重新建立了联系。

但是，大部分时候，周王室对楚的态度都很冷淡。直到周成王时，才给楚人首领封了个子爵。

周王室这么对待楚人，楚人当然有意见了，所以二者的关系一直若即若离。后来，楚国首领干脆自己封了王，将周王室撇在了一边。

周王室那时候已经开始衰微了，周天子连中原诸侯都管不过来，更别提去管楚国了。所以楚国国君的爵位就变成了王爵，虽然这是他自封的，但是从名义上讲，已经和周天子平起平坐了。

楚国地处长江中游，据有江淮流域，是春秋战国时代各诸侯国中地

盘最大的，而且楚国自然条件也很好，地广人多，资源丰富。

正当齐桓公在北方指点江山时，楚国开始崛起了。当时楚国的国君是楚成王。成王的国相对楚国进行了一场改革，使楚国的国力迅速强大。

这位国相的改革内容其实跟管仲的大同小异，最重要的就是削弱贵族的势力。在改革前，楚国贵族巨室封邑过大，滋生了种种弊端。国相下令，贵族巨室都要割出一半田产归公，以充国用。他自己也以身作则，先把自己的地盘割给国家，令别人无话可说。

这楚成王的智商和情商明显比前辈们高，他不但在国内进行改革，还和中原诸侯们取得了良好的关系，最后又主动向周天子送上了贡品。

那会儿已经没有多少国家把周天子当回事了，看到楚国来给自己捧场，周天子一高兴就把祭祀祖宗的肉赏给了楚成王（这是很高规格的赏赐了），还给楚成王下令，以后你就好好镇守南方，南方的少数民族要是不老实，你可以去征讨，只要不北上扰乱中原就行了。

本来啊，周天子的话是没有多少人听的，可楚成王抓住了这个机会，他就开始代替天子行使起了讨伐的职责，虽然不能往北打，可在南边那块他是没少折腾。于是，楚成王就先后灭掉了江淮间的众多小国，地盘不断扩大。随后，楚成王在国相的建议下，发起了全国总动员，动员楚国原住民大量开垦江汉之间可耕的土地。楚国的国力因此而大增。

周朝曾经在汉水一带封了很多同姓诸侯。到了西周晚期和春秋早期，这些姬姓诸侯国差不多都被楚国摆平了，灭亡的灭亡，臣服的臣服。

楚国把自己这一亩三分地打扫得差不多后，就将目光转向了北方。这样一来，齐楚两个大国，就难免迎头相撞。

不过，楚国一开始并没有要和齐国较量的意思，而是看中了地处中原的郑国。

当年郑庄公虽然称霸一时，但此时的郑国已经是一个二三流的国家了。楚国原本可以轻轻松松地拿下郑国，可比较麻烦的是，郑国是齐国的盟国。

齐桓公虽然在北方大会诸侯，可楚国不管这一套，他们看上了就想要，不给就打。楚国一连发动了两次军事进攻，郑国顶不住了，就打算投降。不过，在大臣们的劝说下，郑国国君暂缓了投降的计划，转而向齐国求救。

楚国一打郑国，管仲就明白了楚国的意图——明摆着是冲齐国来的。

可不巧的是，这时候，齐桓公家里出了点儿事。他从蔡国娶来的老婆，也就是那位多才多艺的蔡姬，因耍小姐脾气惹怒了齐桓公，齐桓公就把她赶回老家去，本意是让她回去后好好反省反省，但没说要把她休了。结果蔡国人没弄清形势，一看姑奶奶被人赶回来了，就给她又说了一门亲事，把她给嫁走了。

齐桓公一看着急了，怎么说蔡姬还是他老婆吧，自己还没同意呢，就被娘家人给改嫁了，这不等于给他戴了顶"绿帽子"吗？这不是在打他的脸吗？换谁谁都受不了，何况还是一国之君。

这时候，有人告诉齐桓公说，知道小小的蔡国为什么胆子这么大吗？是因为它的背后站着楚国！

齐桓公心想，你楚国倒是有几分实力，但我也不怕你，不过我也不先收拾你，你不正欺负我的盟国郑国吗？那我正好借蔡姬之事，讨伐你的邻国兼友国蔡国。

于是，怒不可遏的齐桓公决定立即对蔡国用兵。管仲怎么劝说也没有用。但管仲的心里很清楚，若对蔡国用兵，别国必然会认为齐桓公为一己之私欲而讨伐同盟之国，自己好不容易为齐桓公树立起来的仁义形象马上就会垮掉，从而导致中原诸国在信念上的危机。搞不好，中原又会回到以前那种一盘散沙的局面，这就大大帮了楚国的忙了。

经过一番认真的分析，管仲反复权衡利弊得失，最后他决定把齐桓公报复蔡国的军事行动变成一次与楚国正面较量的战争。管仲向来是反对以武力解决问题的，但事已至此，不得不冒这个险了。

前656年初，齐桓公和管仲约鲁、宋、陈、卫、郑、许、曹等国组成八国之军南下，讨伐蔡国。然而竖刁接受了蔡国国君的贿赂，竟私自将军事机密泄露给了蔡侯。

蔡侯大吃一惊，向楚国逃去，并向楚成王详细阐述了管仲的计谋。

楚成王立即传令检阅兵车，准备迎战，与此同时，又急忙撤回深入郑国的兵力。

此时，齐桓公已经带兵到达了上蔡（今河南省上蔡县），其他七国的诸侯也陆续赶到了。八个诸侯国的精锐尖兵，浩浩荡荡望南而进，直达楚国边界。

面对大军压境，楚成王可能心里也没底，便派大夫屈完作为使者前去谈判。

屈完见到齐桓公的第一句话就是："我们国君让我问问您——'君处北海，寡人处南海，唯是风马牛不相及也。不虞君之涉吾地也，何故？'"意思是说，你们居住在大老远的北方，我们楚国在遥远的南方，相距很远，即使是我们两国走失的牛马狂奔而去，也跑不到对方的境内，没想到你们竟然进入我们楚国的领地，这是为什么？（成语"风马牛不相及"即典出于此。）

齐桓公也不算那么没文化的人，但对这个冷不丁冒出来的成语显然没听明白是啥意思，一时傻愣着干瞪着眼居然答不上话来。不过，幸亏还有管仲。

只听管仲义正词严地回答说："从前天子将齐国封给我们的祖先姜太公的时候曾说过，天下的大小诸侯，无论谁有任何不守法的情况存在，你们都可以去征讨。自从周王室东迁，各国诸侯越加放肆，对周天子越来越不恭敬了，现在我们国君桓公被封为方伯，是名副其实的盟主，于情于理都应该修理那些不守规矩的诸侯。"

管仲的铁嘴钢牙这么一说，等于把齐国置于道德的制高点上，让楚国落了下风。

不过，管仲似乎觉得这些话还有点"大而空"，于是又说了些实实在在的理由。他说："楚国地处南荆，应当每年向周王室进贡苞茅草，以便周天子将酿好的酒过渡干净，从而完成祭祀。可现在，你们却不向周王进贡苞茅草，公然违反王礼，这次征讨正是为了这件事。不仅如此，你们也太过分了，当年周昭王南征，至今未回，这事不是与你们有关吗？你们无论如何也没办法推卸责任。我们现在兴师来到这里，正是

为了问罪你们。"

管仲的这些话隐藏着深刻的含义：假如楚国不承认其"苞茅不贡"是有错的，那表明它并不承认周王室的权威，这就等于楚国不承认其是周王朝大家庭的一员，不与中原的华夏族同类，只是南方的"蛮夷"之国。如果这样，楚国就是中原诸国同仇敌忾所要"攘"的"夷"。这显然是想要争霸中原的楚国所不能接受的。而如果楚国承认其"苞茅不贡"是有错的，也就等于承认自己是周王朝大家庭的一员，而且是有罪的一员。由于齐国有替王室征讨有罪诸侯的权力，这就等于承认齐国向楚国兴师问罪是应该的。而且齐国是可以代周天子行使征伐之权的霸主，楚国既然是周王朝大家族的一员，也就应该承认齐国的"霸主"地位。

至于管仲所说周昭王南征未回一事，就纯粹是"狼在上游喝水却怪下游的羊污染了水源"。当年周昭王曾率兵伐楚，结果楚国老百姓给他弄了个胶糊的船，这个船在江心散了，周昭王也给淹死了。这事发生在前977年，都已过了几百年。管仲这么说，就像是在故意找碴。而且，他还给楚国戴上了一顶害死天子的大帽子。

不过，管仲的这些理由看起来确实很冠冕堂皇，至少让己方在道义上站住了脚——看，我们齐国来征讨你们是师出有名的。还有，如果楚国害死周昭王这件事情坐实了，那就算把你们楚国从这个地球上抹去，都不为过。

屈完也许没有想到那么多，但他受命而来，有一点是非常清楚的，那就是尽量避免与以齐国为首的诸侯联军开战。然而，要楚国承担"周昭王南征而不复"的罪行也是不行的。所以他权衡一番，只能避重就轻，暂时解决眼前的危机再说。

他对管仲说："周王室已经衰微很久了，朝纲混乱，而各家诸侯越来越强大，朝贡废缺，天下都是这样，岂止是楚国？"接着他话锋一转，继续说道，"虽然如此，多年没有进贡苞茅草，确实是我们的过错。至于昭王南征未回发生在汉水，你们还是去汉水边打听好了。就算是发生在我们的国家内，也不是我们的过错造成的，而是由于他所乘的舟不

牢固的缘故，我们国君不敢随便引咎请罪。这些我会回复给我们国君的。"说完就回去了。

管仲见屈完的态度比较强硬，知道仅靠谈判还不能解决问题，要使其屈服还必须依靠相应的军事手段，于是就命令八国之军进到陉山（位于今河南郾城南），驻扎下来。

诸侯都不明白管仲的用意，急忙赶来问："我们的大军已经长途跋涉来到楚国边境，为什么不渡过汉水和他决一死战而逗留在这呢？"

管仲说："楚国既然已经派遣使臣来和我们谈判，必然是有所准备了，兵锋一交，胜负难以预料。如今我们驻扎在此，遥观其势，楚国惧怕我们人多势众，定会遣使求和。这样，我们不费一兵一卒就达到了以讨蔡之名而出、以降服楚国而归的目的，不好吗？"

诸侯都不相信管仲所说的话是真的，一时议论纷纷。

正如管仲所料。北方联军与楚军对峙半年后，楚国有大臣对楚成王说："管仲通晓军事，没有万全之策决不会发兵。现在他率领八国之军，陈兵在我们的疆界，却又不和我们交战，其中一定有什么谋划。我们不可轻举妄动，不如派遣使者再次前往，和他休战讲和。"

楚成王点点头，表示同意："可是派谁去合适呢？"

这位大臣说："还是派屈完大夫吧。屈大夫学识渊博，人又精明，而且已经与管仲打过交道了，定能不辱王命。"

楚成王道："既然如此，就请屈完大夫再辛苦一趟。"

屈完说："为君上效命，臣义不容辞，但有一个建议，望君上采纳。"

楚成王道："屈大夫有话请讲。"

屈完说："楚国不向周王室进贡苞茅草，确实是楚国的错误，臣已替君上承认了。君上您如果也承认这一点，那就没有必要打仗，答应齐侯的条件就行了。如果是这样，那臣此去齐营，定当努力化解楚齐两国的矛盾。如果是去下战书，臣不能胜任，可另派别人。"

楚成王想了想，回答道："寡人派屈大夫为特使，有权处理任何重大事情。战也好，和也好，由屈大夫根据情况决定吧。"

屈完道："君上如此信任屈完，屈完决不辱王命！"

屈完再至齐军，首先见到了王子城父，他拱手施礼道："我乃楚王特使，求见齐侯，有要事相告！"

王子城父心中暗暗称道："仲父真神人也！"他让屈完稍候，之后急忙奔进齐桓公大帐，说道："君上，仲父果然神机妙算，楚王又派使者来了。"

管仲笑道："楚使复来，必是求和无疑，请君上以礼相待。"

齐桓公免不了又夸赞管仲一番，然后笑着对王子城父道："请楚使进帐！"

待屈完进帐施礼毕，齐桓公笑吟吟地问他："不知屈大夫此来有何见教？"

屈完道："我们国君因没有按时向周王室进苞茅之贡，引发齐侯率八国大军来征讨，对此，我国国君已知罪了。请齐侯给我国国君一个知过改过的机会，退兵三十里，我们国君一定唯齐侯之命是从！"

桓公道："寡人此次率军征讨，就是因为楚国不尊王室，只要楚国知罪改过，寡人的任务也就完成了。好吧，寡人退兵三十里，在召陵（今河南省漯河市召陵区）驻扎，以待消息。"

屈完当即返回楚都向楚成王禀报说："齐侯已答应臣的要求，退师三十里。臣已代君上答应立即向周天子进贡苞茅，君上不可失信。"

没想到楚成王却反悔了，冷笑道："齐侯那么容易就退兵了？一定是害怕了吧！哼，这一车苞茅事小，可丢寡人的面子事大。"

屈完气愤地说："君上授权臣去齐营讲和，现在却又出尔反尔，如此反复无常，定当引人耻笑！"

其他大臣也纷纷说道："齐侯等八国之君，尚不失信于一名楚国的大夫，难道能让屈完大夫食言于君上吗？君上金口玉言，一言既出，驷马难追。"

见大家众口一词，楚成王苦笑着点了点头，说："好吧，那就请屈大夫带八车金帛，前往召陵犒劳八国兵马，再准备一车青茅，让齐侯等人验收之后，直接向周室进贡就是了。"

屈完带着八车金帛，一车青茅，飞速赶到召陵，来见齐桓公。

齐桓公特意安排了一次盛大的阅兵式，让屈完及随行人员观看。这种安排当然不是礼节需要，完全是一种显摆和示威。

阅兵中，齐桓公问："咋样，这样的军队应该是攻无不克、战无不胜吧？"

没想到屈完却不吃这一套，他如前次般，仍然不卑不亢地说道："君上您若是以德服人，谁敢不服？但您若是想以武力压人，我们楚国也不是吃素的！我们那儿水网密布，您这些战车还真发挥不了多大作用。"

齐桓公也在心里掂量了一下，若两军真是硬碰硬，自己还真没有把握能取胜。

于是，在这种平衡下，双方都妥协了，签约和解，达成召陵之盟，然后各自撤回。

那么，这次的南北相争谁胜谁败呢？

应当说，齐国率领的八国之军还是有巨大收获的。一是蔡国被狠狠修理了。蔡国被整无形中也是对其他小国的一个警告：不跟齐老大走注定是要吃大亏的；二是郑国的危机解除了，不必整天提心吊胆地防着楚军侵袭；三是楚国签字了，承认了齐桓公的老大地位。当然，最大的赢家还是齐桓公，至此，齐桓公霸主的地位达到了一个新的阶段。

而楚国也有巨大的收获。八国大军气势汹汹而来，结果只不过是换走了一纸协议而已。这种纸上承诺，只要需要，楚国可以一天签一万份。而且，在适度的让步中，既避免了因蛮干而导致的惨败，也保全了国家的体面，不失为明智之举。

不过，从历史的角度看，召陵之盟是一次非常重要的节点。这次军事行动虽然不能以斩杀了多少人头来计算，但这毕竟是一次最大规模的联合行动，显示了中原诸侯们抵御外敌的决心和信心，有效地遏制了楚国的进一步扩张。楚国正是通过这次行动，看到了继续北进前途的渺茫，暂时偃旗息鼓停止了侵袭的计划。

更重要的是，通过召陵之盟，说明在春秋时期的军事思想当中已经高度重视发挥武力威慑的作用；说明当时的人们已经认识到，强大的武力威慑和成功的外交斡旋，是达到不战而屈人之兵的重要手段。

按照《史记》记载，召陵之盟后，楚国果然遵守盟约，向周天子进贡了苞茅草。不仅如此，楚国还进贡了丝绸，估计是希望齐国别再挑理了。

楚国的进贡把周天子高兴坏了，周惠王一高兴，就把祭祀的胙（zuò）肉赏给了楚王，让楚国使者带走。

在古代祭祀的时候，牲口被杀后要献给神吃。神当然不吃了，但也不能浪费，所以祭祀完成后，天子会将原本献给神的肉，切出来发给亲近的大臣，这种肉就叫胙肉，属于厚礼。

虽然周王一高兴把胙肉赏给了楚王，但问题是这么一块肉，要怎么完好地从洛阳带回楚国国都呢？那时候又没有高铁、动车，也没有冰箱，这肉带回去不就坏了吗？

对于这个问题，周天子考虑得还是挺周到的。他赏给楚王的胙肉不是死的，而是活的———一只小猪，上供时都是赶过去的。

可能是楚国的进贡让周惠王产生了一种错觉，认为有了楚国的支持，自己又可以指挥诸侯了。于是在第二年，也就是前655年，当齐桓公组织诸侯再一次会盟时，周惠王派人游说郑国国君，让他不参加会盟。

听到这个消息后，齐桓公气得差点晕过去：老子可是打着"尊王攘夷"的旗号召集诸侯会盟的，这对你周王有什么坏处？别人都不理你了，我好好歹歹还把你挂在嘴上，你为什么要干出挑拨齐国和其他诸侯国关系、破坏齐国霸业这种损人不利己的事呢？

说起来，并非周惠王突然神经短路，而是事出有因。

原来，这是因为周惠王喜欢小老婆生的孩子，想来个废长立幼。对于周惠王的这一举动，齐桓公坚决反对。所以这次会盟，齐桓公就特意邀请了王长子，也就是后来的周襄王参加，以此明确向周惠王表态，王长子才应该是王位的继承人。

齐桓公的举动自然惹周惠王不高兴了。其实齐桓公也有自己的考虑。当时天下大乱的原因，就是君不君，臣不臣。如果周王因为小老婆

受宠，废长立幼，给天下树立了坏榜样，那还怎么让别人尊王？

所以，齐桓公坚决支持王长子。周惠王不高兴，于是派人游说郑国国君，让他中途溜号，导致会盟最终无果而散。

对于郑国的退出，齐桓公特别生气，立马率兵去打郑国。齐国一打郑国，楚国就上去把齐国的盟国许国给狠狠地揍了一顿。

这时候管仲意识到，天天打群架这种事以后得少干，否则对霸业无益。于是，他向齐桓公提出了八个大字，"招携以礼，怀远以德"。

这时候的齐桓公年纪已不小了，可能是打仗也打累了，也就完全采纳了管仲的方针。

经过管仲的改革，此时的齐国拥有了丰富的物质财富。此后，各诸侯国的使臣来齐国时，带的都是空口袋；回去时，这些口袋里都装满了齐国给的好东西。这就是管仲招携、怀远的表现。他还放低身段，用柔性的方法协调各诸侯国之间的关系，取得了很好的效果。

管仲这么一干，郑国首先幡然醒悟，觉得还是齐国大哥好，于是赶紧改变策略，与齐国恢复了友好关系。

到了前651年，齐桓公在葵丘会盟。这次大会来的诸侯很多，宋国、卫国、邢国都来了。

此时周惠王已死，周襄王上台。襄王因为是齐桓公给他撑的腰才继承了王位，所以特别感激齐桓公，还专门派了一位大夫代表自己参加会盟。

在这次大会上，周大夫代表周王向齐桓公赏赐胙肉。按照原先的规定，齐桓公要从高台上下来接受赏赐，这种礼节是必需的。

但这时候的齐桓公年事已高，正当他要下台时，周大夫说道："天子还有一条旨意，说您年纪大了，可以不下台了。另外还要再给您多加一个爵位。"诸侯再加一个爵位，那就跟周王的级别差不多了。

周王突然间给了自己这么一个荣耀，齐桓公有点不知所措，于是他问管仲该怎么办。

管仲说："天下大乱的原因是什么？就是因为君不君，臣不臣。"齐桓公马上明白了——该下拜还得下拜，不然"尊王"的口号就玩儿

不转了。

于是他走下台来，规规矩矩地行礼，同时说道："天子威严，国家体统，时时刻刻在寡人心中。假如寡人这次不下来，大模大样地接受赏赐，会让天子蒙羞。"

齐桓公这话一说，其他诸侯都彻底心服口服了。

葵丘会盟后，大家达成协议，主要内容有以下几条：

第一条，"诛不孝，无易树子，无以妾为妻"。就是不要废长立幼，也不要宠爱小老婆。

第二条，"尊贤育才，以彰有德"。就是要尊重和培育有能力和有品德的人。

第三条，"敬老慈幼，无忘宾旅"。就是要尊敬老人、爱护儿童。这是中华民族的传统美德。

第四条，"士无世官，官事无摄，取士必得，无专杀大夫"。就是要给底下的臣子相应的待遇和尊重，不能无缘无故地杀臣子。

葵丘会盟，可以说是齐国霸业的巅峰之作，齐桓公的称霸目的就此已基本达到。管仲的人生理想和政治抱负，至此也可以说是基本达到。

相星陨落，英容彪千古

有的人活着，他已死了。有的人死了，他还活着。管仲无疑是后者。虽然斯人已逝两千多年，但他永远活在国人的心中……

葵丘会盟后，管仲已进入古稀之年。按说到了这个年纪，别说是在医学不发达、人的平均寿命短暂的古代，就是在现代，人们也到了颐养天年的时候了。然而管仲却还没闲着，还一直在为齐国和天下的事情奔波忙碌着。

齐桓公三十九年（前647年），周襄王的弟弟叔带勾结戎人进攻京城，王室出现内乱，一时危机重重。作为天下霸主的齐桓公自然不能坐

视不管，他派管仲帮助襄王平息内乱。管仲完成得很好，获得周襄王赞赏。襄王为了表示尊重霸主的臣下，准备用上卿礼仪设宴为管仲庆功，但管仲没有接受。最后他接受了下卿礼仪的待遇。

平定周室之乱后，管仲不久便一病不起。

齐桓公很着急，经常去看他。

一天，二人谈到了人才的重要性。管仲叹道："现在百里奚到了秦国，依臣之见，齐国之后，霸主之位最后要落在秦国手上。秦侯狼子野心，不愿意侍奉天子，欲取而代之……"

百里奚是比管仲稍晚一些的著名政治家、思想家，秦穆公的贤臣。他在主持秦国国政期间，"谋无不当，举必有功"，辅佐秦穆公倡导文明教化，实行"重施于民"的政策，让人民得到更多的好处，并内修国政，外图霸业，开地千里，称霸西戎，统一了今甘肃、宁夏等地区，开始了秦国的崛起。正是由于他的努力，使秦国成为春秋五霸之一，并为秦国后来最终兼并六国、一统华夏奠定了牢固基础。

管仲这话，引起齐桓公久久的沉思。良久，他也感叹道："那么多的人才到齐国来，百里奚却与寡人擦肩而过，不能不说是憾事啊！"

接着，齐桓公问道："那我堂堂齐国人才济济，一定有百里奚那样的人才吧？所以，如果仲父你病情危急，不幸与世长辞的话，寡人将把国家托付给谁呢？"

管仲回答说："过去我尽心竭力，尚且不足以了解这样的人。如今病重，危在旦夕，又怎么能谈论这件事呢？"

桓公说："这是大事啊，仲父您一定要教导我。"

管仲恭敬地答应了，说："您想用谁为相？"

桓公说："鲍叔牙行吗？"

管仲回答说："不行。我深知鲍叔牙。鲍叔牙的为人，清白廉正，看待不如自己的人，不屑与之为伍，偶一闻知别人的过失，便终生不忘。"

见齐桓公还在眼巴巴地等着，管仲便向他推荐了隰朋。管仲说："隰朋的为人，眼光远大而又能虚心下问。对于国政该管的管，不该管的不管；对于家事该知的知，不该知的不知，举重而若轻，分得清主

华夏第一相：管仲

224

次。而且隰朋在家不忘公务，在公不忘家事；侍君无二心，也不忘自身。他曾用齐国的货币救济过路的难民，受惠者却不知道是他做的。隰朋是大仁大德之人。我认为能使国家长治久安的，还是隰朋啊。"

接着，管仲又对齐桓公的几个大臣进行分析："宾须无与人为善，但不能为国家牺牲其善；宁戚为人能干，但不能适可而止，而且有时有些迂腐……"

说完众大臣后，管仲知道齐桓公贪图享受，亲近小人。于是他还特别提醒齐桓公，千万不可任用易牙、竖刁和卫公子开方。

桓公说："易牙不惜烹煮自己的儿子以满足我的口味，这样的人还能够怀疑吗？"

管仲回答说："虎毒尚不食子，何况人乎！人的本性有不爱自己儿子的吗？自己的儿子都能忍心煮给别人吃，对君王又会有什么爱心呢？"

桓公又说："卫公子开方侍奉我都十五年了，他的父亲死了都不回去奔丧，这种人也不行吗？"

管仲回答说："如君上所言，卫公子开方舍弃了做千乘之国太子的机会，屈居齐国侍奉您十五年，父亲去世都不回去奔丧，如此无情无义，毫无父子情谊的人，如何能真心忠于国君？况且千乘之封地是每个人都梦寐以求的，他之所以甘愿放弃，心中所求的必定高过千乘之封。君上应疏远这种人，更不能任其为相了。"

桓公又问："易牙、开方都不行，那么竖刁怎样？他宁愿自残身肢来侍奉寡人，这样的人难道还会对我不忠吗？"

管仲摇摇头，说："不爱惜自己的身体，是违反人情的，这样的人又怎么能真心忠于您呢？请君上务必疏远这三个人。宠信他们，国家必乱。"

管仲说罢，见齐桓公面露难色，便说那还是先用隰朋吧，以后的事再说。

桓公说："好吧，寡人听你的。"

易牙听说齐桓公与管仲的这段对话后，便去挑拨鲍叔牙，说管仲阻

止齐桓公任命他为相。

鲍叔牙笑道："管仲荐隰朋，说明他一心为社稷宗庙考虑，不存私心偏爱友人。否则，我要真做了国相，哪里还会有你们的容身之处？"

易牙讨了个没趣，深觉管仲交友之密，知人之深，于是灰溜溜地走了。

就在管仲生病不久，楚国背弃与中原诸侯的盟约，派遣大军侵犯欲与中原诸侯结盟的徐国。徐国向齐国求救，并特意致书管仲，要他务必派兵来救。

徐国当时被中原诸国视作戎夷，是当时东夷中最为强大的一支，位置在泗洪（位于今江苏省西北部）一带，两年前周天子的弟弟叔带挑动诸戎攻打京城，便以徐国之君为首。管仲平戎时，说服其罢兵息战，因之与管仲有了交情。

管仲认为徐国是东夷之首，对诸戎有震慑之力，因此力劝齐桓公施以援手。

齐桓公见管仲病重，本不欲出征，听管仲如此说，便邀集鲁、宋、陈、卫、郑、许、曹等诸侯出兵救徐。八路人马会师后，重申了葵丘的盟约。尔后，依管仲之计，率军攻打楚国的附属国厉国，以解徐国之危。楚军果然来救，徐国之危遂解。

此时是前 645 年夏初。这一日，天空晴朗，万里无云，齐桓公独步帐外旷野。突然，他觉得自己无缘无故地心惊肉跳起来。按说自己救徐成功，本该欣喜才是，怎么突然出现这种状况呢？

难道……

齐桓公不敢再想下去，仓皇回到大营，命令即刻班师回国。

回到临淄后，齐桓公顾不上路途劳累，马不停蹄地率众大夫来看望管仲。果然，管仲已危在旦夕，两眼死死地望着上方，口已不能言。

齐桓公走上前，轻轻接住管仲的手，哭泣着说："都是寡人不好，不该在仲父病重之时出征，险些见不到仲父……"

管仲神色却极是安详，他仿佛听到了桓公之言，僵木的脸上微微露出一丝笑容。

管夫人田婧哭泣着说，管仲尚在能言之时，曾让她代为转话，要鲍叔牙、隰朋、王子城父、东郭牙等精心辅佐齐桓公；并要齐桓公记住他们曾说过的话，亲贤臣，远小人，以免齐国出现祸乱。听后，桓公和鲍叔牙、隰朋等无不泪流满面。

众人正在哀伤之时，管仲的两眼突然现出光芒来，他用眼神轻轻地掠过在场每个人的脸。看到隰朋之时，目光却停住了，安详的神色变得黯然。他的目光转向桓公，无力地伸出食指，指指隰朋，又指指自身，再轻轻摇摇头。这几个动作下来，已是累得喘息不定，便闭上了双目。

齐桓公和众人面面相觑，都不知道管仲这一串运作有何深意。桓公问田婧，田婧泪眼模糊，看了隰朋一眼，却支支吾吾地低下了头。桓公也就不好再问什么。

看望完管仲，众人辞别田婧，相继离去。唯独齐桓公刚刚出得门来，田婧便轻轻扯住他的衣襟，细声低语地说："主公暂且留步，妾有话说。"。

齐桓公回过头来，惊异地望着神色凄楚的田婧。田婧说："相国刚才指指隰朋大夫，又指指己身，神色黯然，是在示意大王，隰朋大夫将和他一样，不久人世。摇头，是告诫大王不可再拜隰朋为相。"

齐桓公一听，不明所以，急问何故？

田婧悲伤地说，管仲清醒时曾告诉她："天之生（隰）朋，以为夷吾舌也。其身死，舌焉得生哉？"意思是说，隰朋自幼接受了优良的教育，从而知书达理，聪敏大方，再加上他的口才很好，办事周到细致，尤其擅长待人接物，就像自己的舌头一样，可是，如果连自己这个身体都没有了，舌头还会独自存活吗？预言了隰朋也将不久于人世，随己而亡。

听了田婧的话，齐桓公大为吃惊，半天说不出话来。

是夜，管仲病逝，一颗明星陨落。

齐桓公闻听噩耗，来不及换衣服就慌忙赶来相府，抚尸仰天大哭，直哭得天昏地暗日月无光。

齐桓公命全国为管仲举丧，鲍叔牙、隰朋等与管仲交厚的重臣，昼

夜轮流为管仲守灵。

下葬这天，齐鲁大地一片阴沉。临淄城的大街上，千千万万的百姓披麻戴孝，跪立于大街两侧，等待管仲的灵车通过。灵柩一到，百姓们无不哭喊着"仲父"，大街上哭天恸地之声响成一片。

车至城门前，一位白发苍苍的老人端起酒杯，对着管仲的灵柩哭喊道："仲父，请喝下这杯酒，这是俺齐国千千万万百姓敬您的美酒！"说罢，和路两侧的百姓一齐跪下，齐齐磕了三个头。接着，老人将酒洒于灵柩前，然后又悲怆地说道："仲父，您的大功大德，齐国百姓将永远铭记在心，我们的子孙后代也将永远记住您。"

百姓们叩首再拜，号啕大哭。其景其情，感人至深。

听闻管仲去世的消息后，各国诸侯如鲁、燕、郑、邾、陈、卫、邢、曹、许等，纷纷派重臣前来吊唁，甚至连楚国的屈完、周王室的太宰孔等也都纷纷来齐吊唁。齐桓公更将管仲的生前封邑尽数赐予其子孙，并封其子孙世代为齐国大夫。

忙完管仲的丧事后，齐桓公没有听从管仲临终的劝告，还是拜隰朋为宰相。但隰朋为相不到十个月，就暴疾而亡。齐桓公为此又把他的口头禅说了一遍："仲父，真乃神人也！"

那么，管仲究竟为何能预测隰朋的生死呢？

有人说，管仲精通面相学。还有人说，管仲精于医理，是从隰朋脸上的颜色看出他已患了不治之症，将不久人世。

真是这样的吗？或许，连九泉之下的管仲自己也说不清楚，算是世间难解之谜中的一个吧。

隰朋一死，齐桓公环顾左右，有德有才之人只有鲍叔牙，于是欲拜鲍叔牙为相。鲍叔牙认为自己不合适，坚决不同意。

齐桓公说："太傅，现在朝廷里，你是寡人最信任的人，你不同意，那么让谁来做相呢？"

鲍叔牙这才说："我的缺点您是知道的，那得把易牙、竖刁、开方赶走，我才接受任命。"

齐桓公说："这事仲父早已说过，寡人一定照办。"

当天齐桓公就赶走了这三个人，并且不许他们再入朝。

鲍叔牙做了齐相以后，管仲的政策还能继续施行，所以齐国还能保持着霸主的地位，但一年后，鲍叔牙也去世了。

过了没多久，齐桓公觉得没了易牙、竖刁、开方三个人的周到服侍，感觉很不爽，于是他又召三人回到宫里。

前643年，齐桓公生了重病。易牙、竖刁、开方三人立马变脸。他们发动政变，拥立公子无亏，逼走太子，同时堵塞宫门，集中精力在内宫大施淫威，忙于篡权夺位。

可怜的齐桓公，一个人躺在病床上，没人送吃送喝，也没人照看，真是叫天天不应，叫地地不灵。

据说，有个忠于齐桓公的妇人，趁天黑偷偷翻墙进入齐桓公的住处，看到桓公已人非人鬼非鬼的样子，不禁悲伤落泪。齐桓公可怜兮兮地对她说："寡人饿了，想吃东西。"

妇人说："没地方能替您弄吃的。"

桓公又说："那给寡人一点儿喝的吧。"

妇人说："也没有。"

桓公哭着说："怎么会这样呢？"

妇人说："君上您不知道吧？易牙、竖刁和开方互相勾结作乱，他们把您囚禁起来，外面筑起高墙，堵塞了宫门，不许任何人进来，他们争权夺利都忙不过来，哪里还会给您吃喝，管您生死？"

齐桓公此时方才如梦初醒，可惜为时已晚。他一边流泪，一边叹息着说："想我小白一生，妻妾成群，儿子成堆，侍者数十人。威风之时，他们前呼后拥，阿谀逢迎，争讨寡人欢心。如今病危之际，竟无一人在侧，只有你来为寡人送终。可恨啊可恨！可叹啊可叹！"

妇人只好安慰他说："君上保重，万一不幸，小女子情愿一死，陪伴您同赴黄泉。"

此时的齐桓公，悲哀、愤恨、懊悔、宽慰几种心情交织一起形如搅翻了五味瓶。悲伤的是，自己英雄一世，到头来落得如此下场；愤恨的是，平时亲近之人，见自己已毫无用处，都远远离去，世态如此炎凉；

宽慰的是，终有一人前来看望他，自己不致孤单而去；懊悔的心情就复杂了，既后悔当初未能厚待眼前这位多情的妇人，更痛悔没听管仲之言，只落得死无葬身之地。

接着，齐桓公长叹一声，哀声说道："唉，仲父真有圣人的远见啊！如果死而有知，寡人有何面目去见他呢？"于是用衣袖遮住自己的脸，痛呼数声，悲惨地死去。

齐桓公死了十多天后，有蛆虫从门缝里爬出来，卫士才发现他已作古。易牙、竖刁、开方等人只顾扶持公子无亏争权夺位，对一代雄杰之死，依然不管不问。

齐桓公的遗体整整停放了六十七天无人收殓，尸体腐烂后臭气熏天，绿头苍蝇满宫飞舞，蛆虫到处乱爬，一直爬到宫外。直到公子无亏登上君位后，才将他草草敛殡。

此后，齐国的内乱并未就止平息下来。前642年春，受管仲、齐桓公生前重托的宋襄公，以无亏篡位无道为由，带着齐公子昭，纠集多国诸侯的兵马讨伐齐国，打败齐军，杀死无亏。宋襄公拿出齐桓公当年将公子昭定为太子的亲笔手书昭示于齐国臣民，公子昭遂继君位，是为齐孝公。齐国这才安定下来，这也算是管仲生前为齐桓公谋划的最后一计吧！

管仲、齐桓公一死，齐国的霸业即告土崩瓦解，但影响却并未消失。前641年夏，陈穆公仿效齐桓公，倡导中原诸侯重修旧好。同年冬，鲁、陈、蔡、楚、郑等国诸侯聚于齐国会盟，专为纪念齐桓公的霸业，重温齐桓公在世时的睦邻关系。可见齐桓公的霸主之业，对后来人的影响之大。

而管仲则以他傲视当世的文韬武略和恢弘气度，无可争议地成为振兴齐国、成就霸业的一代英才。司马迁在《史记》中对此评价说，他有"九合诸侯、一匡天下"之功。他的一整套治国平天下的策略，在许多方面都具有独创性，有些于今仍有影响。为此，后人将他誉为"圣人之师""华夏文明的保护者""华夏第一相"。

管仲当之无愧！